区域性主流媒体策略研究

策略研究

卜 宇/著

人民出版社

目　录

序

关于媒体,国内外都有相当多的研究成果,对中国主流媒体特别是区域性主流媒体的社会学论文与著作则比较少,开展这方面的研究有相当大的难度,因此很富有挑战性。本书运用社会学视角对一家区域性主流媒体进行了深入的研究,提出了一些既有理论价值又有应用意义的学术观点,是这个研究领域一项成功的探索。

本书作者卜宇先后在南京大学学习哲学与社会学专业,毕业后在南京日报与地方党政部门工作,现在当南京日报社总编辑,有多年媒体工作经验。他在读社会学专业硕士研究生的时候,我让他给社会学本科学生上了一门传播学课程,使用的教材是我写的《社会传播学》,该书书名是我老师费孝通先生题写的。卜宇熟悉媒体,研究媒体问题有他的优势,我多次鼓励他选择社会传播学领域的课题作深入研究并形成成果,这有利于他对媒体问题形成系统的思考,有利于他提升做好媒体工作的水平。

在本书出版之际,我高兴的是,当时我鼓励他选择与自身工作相关的选题作研究,是一个正确的决定,有点成就感。当然,真正值得庆贺的,是他凭着自己扎实的专业功底和很强的研究能力,驾驭了这个有一定难度的选题,拿出了这样一个相当不错的研究成果。

确定课题后,怎样建构理论?他说,他对布尔迪厄的场域理论有兴趣。我说,可以使用布尔迪厄的场域理论,但是需要厘清这一分析框架的模糊性,深化其理论的薄弱环节,运用实际材料丰富与修正场域理论。如何正确认识我国区域性主流媒体的基本状况、运作思路和传统做法,特别是如何用场域的视角分析研究我国区域性主流媒体,是有挑战性的,同时也带来了创新拓展的空间。展开这项研究,对搞清楚我国媒体的生存环境,透彻解读区域性主流媒体的源点问题、根本性特质和个性化特征,以及我国区域性主流媒体的新闻场生态环境等一系列基本问题,促进主流媒体影响力的提升与优化,具有一定的学术价值。

本书包含多个创新点。作者比较恰当地运用了布尔迪厄场域分析视角,对中国区域性主流媒体的一系列基本问题作了系统深入的分析,并形成了逻辑比较严密的理论框架,形成了一些独到的学术见解。在我国社会,区域性主流媒体具有重要的地位,它对整个社会舆论场发挥着引领引导作用。随着媒体市场化竞争加剧,我国媒体格局发生巨大变化,市场类媒体迅速发展,新兴媒体不断崛起,区域性主流媒体受到巨大挤压,从受众面来看,呈现某种"边缘化"的趋势。如何让区域性主流媒体不仅能生存下来,而且能在社会舆论中更好地发挥主导作用,这影响到主流意识形态和主流价值观的有效传播,关系到党的执政基础的巩固和强化。本书在这方面的理论探索,具有重要的现实意义。

作者着眼于提升和优化区域性主流媒体影响力的基本取向,基于对区域性主流媒体及其置身的社会生态环境演变的系统梳理和准确把握,揭示了新闻场内部的运作规律,体现出独到的领悟力。深入研究了区域性主流媒体的新闻场与政治场、经济场、公众生活场等场域之间的互动关系,富有启发性与解释力。对区域性主流媒体的一系列基本问题的探讨,得出了一些新的观点和基本判断,拓展了若干新的领域与场域理论,丰富了主流媒体研究的内涵。因此,对于承担传播主流意识形态和主流价值观职责的区域性主流媒体来说,是十分重要的。

看完全书,还能引发我们对相关问题的进一步思考。新闻场行动者要更有效地消减来自其他场域的侵蚀和影响,并获取更多资源和运作发展的空间,自主地履行好职责,还需要研究政治场、经济场等场域内部如何制定规则规范行为;对新闻场产生重要影响的政治主场域以及其他相关场域,是如何内生成新闻场内部结构和行动者惯习的,而这一结构和惯习又是如何对社会生态环境各领域产生影响的,相互间的转换机制是什么,等等。

我还想,主流媒体在商业化的冲击下应如何保持本色、如何发挥舆论导向作用,是需要长期研究与解决好的重大问题。首先流行"主流媒体"提法的西方国家报业,有许多值得我们关注的地方。现代化进程中出现的大众文化发展与繁衍,推动了西方媒体的商业化,将多数媒体淹没在市井新闻的炒作之中,但社会需要体现国家价值与民族思想的旗帜。应运而生的是一些思想挺拔、旗帜鲜明的报纸,显示了主流媒体的风采。目前,我国街头报摊将老百姓与媒体更加紧密地结合了起来,"小报"与主流媒体具有互补功能,但应该防止其过度商业化。我每天看多种主流媒体,也买"小报"浏览。我有点担心,"小报"产生负面影响的内容似乎多了。办报理念的变革与创新是值得鼓励的,但不能任其过度推进商业化,导致低俗之风泛滥。

这话好说,做起来可不容易。主流与非主流媒体的老总,我认识不少,但我一直有个想法也没有与他们交流过,那就是运用语意分析方法研究与规划媒体的内容。见到刚刚出炉的"2009年度中国主流媒体十大流行语",其中,经济类是创业板、保增长、反对贸易保护主义、地王、消费券、IPO 重启、克莱斯勒、迪拜世界、"中国制造"、3G 牌照发放；社会生活类是被 XX(被就业、被增长等)、楼 AA(楼脆脆、楼歪歪等)、X(房、水、电、油、天然气等)价上涨、蜗居、家电下乡、绩效工资、食品安全法、后悔权、整治互联网低俗之风、全民健身日；国内时政类是上海世博会倒计时、"7？5"事件、王彦生、海上阅兵、"小金库"治理、舍己救人大学生英雄集体、流失海外文物、社会法庭、防灾减灾日、西藏百万农奴解放纪念日。通过这些流行语，分析过去新闻与经济、社会、政治场域的互动，设计未来主流媒体的发展取向，规划年度工作，应是一个可行的方法，不知道是否有人愿意试试？就留给读者考虑吧！

宋林飞

2009 年 12 月

第一章　导　　论

现代社会中，媒体扮演着十分重要的角色，发挥着越来越重要的作用。媒体承担着传递信息、引导舆论、传播知识、促进教育、传承文化、提供娱乐以及监测社会环境、协调社会关系等诸多功能，对社会公众的生活产生了重要影响。

在众多媒体中，作为在一定区域能发挥引领引导作用、承担传播主流意识形态和主流价值观职责、具有一定权威性并对受众产生深刻影响的区域性主流媒体，其地位和作用尤为突出。一些区域性主流媒体以高端的读者群、高品质的内容、传播的权威性和公信力，在区域性舆论场中发挥着主导作用。还有一些区域性主流媒体在与其他各媒体竞争中呈现出"边缘化"趋势。因此，用新的视角对中国区域性主流媒体进行深入剖析解读，实现提高传播有效性、强化社会影响力的运作取向就显得十分重要。那么，究竟用什么样的视角展开对区域性主流媒体的研究呢？我们在比较分析中发现，布尔迪厄实践社会学中有一个十分重要的概念——场域，场域及其理论具有很强的解释力，也是一个开放性、适用性强的分析视角。布尔迪厄对场域的界定具有不确定性和模糊性，其对场域间关系的分析在深度和广度上也都存在着不少缺陷，但这同时也给中外学者留下了巨大的拓展空间，形成了不少研究成果。梳理和吸收布尔迪厄及其后继者对场域的研究，对展开本课题的研究还是很有意义的。用这一视角分析中国媒体特别是区域性主流媒体的一系列基本问题是一创新性的尝试，让我们找到了新的突破点和拓展空间。

　　书中对我国区域性主流媒体这一新闻场以及与此相关的政治场、经济场、公众生活场的界定作了详尽讨论，并对其内部逻辑和运作方式进行了深入分析，还对新闻场与其他相关场域之间的互动关系进行了系统阐述。中国新闻场特别是区域性主流媒体内部存在的最突出的基本问题是什么？媒体之所以为媒体的普适性角色规范和区域性主流媒体的个性化特征又是什么？对区域性主流媒体运作具有根本性影响的源点问题是什么以及如何解决？新闻场与其他哪些场域相关性强，新闻场又是如何与这些场域所构成的社会环境进行互动的，以及在互动中新闻场行动者的行动为指向提高传播有效性、强化社会影响力采取了哪些策略性行动？这一系列问题在本书中都会作详尽探讨。本研究不涉及新闻业务具体操作层面的问题，即便研究新闻场内部的问题，也不是停留在新闻学等学科中涉及的新闻要素、标题制作、导语写法、图片摄影、版面安排等具体新闻业务操作层面，而是探究外部环境因素对新闻场侵蚀的生成机理。最后，还探讨了保证区域性主流媒体运作取向的制度安排。

第一节　区域性主流媒体的界定

　　本研究的整体设计将从区域性主流媒体的内涵分析、基本定义、研究方法以及基本理论框架等方面展开，本章将提供区域性主流媒体场域研究的总体性看法，并以此为脉络——作深入讨论。

　　区域性主流媒体是最基本的概念，是研究的对象，对其进行较为详尽的讨论是十分必要的。只有概念清楚，才能明确研究对象，限定研究范围和内容。在文献查阅中,我们发现国内外学者对主流媒体这一概念有不少论述,这给我们很多启发。梳理、分析主流媒体这一概念之后,我们将对区域性主流媒体这一概念作进一步的明确界定。

一、西方语境中的主流媒体

不仅在中国存在"主流媒体"的概念,在西方社会语境中(主要是美国社会语境中)也存在"主流媒体"的提法,与其最对应的词汇为 mainstream media。对于什么是主流,何种媒体可以称为主流媒体,在西方语境中也有不同的观点。

第一种是以媒体受众群的语言差异及数量多寡为区分标准。以此为标准,主流媒体在美国社会中就是指英语媒体,而其他少数民族群体的媒体则被称为非主流媒体。在这种界定取向中,与主流媒体相对应的一个概念是族裔媒体(ethnic media)。相对于以少数族裔 (主要包括亚裔、西班牙裔和黑人群体等) 为服务对象的小众化媒体而言,英语媒体便成为理所当然的主流媒体。近些年来, 随着美国社会多元化价值理念的传播,族裔媒体的影响力与日俱增,但英语媒体作为主流媒体的身份也越来越得到强化和确认。[①]

第二种是以媒体是否能够坚持自由的价值观为区分标准。以此为标准,主流与非主流的划分主要以媒体组织的价值观来确定,主流往往指向所谓的自由(liberal)传统,主流媒体是指那些能够坚持自由主义传统的媒体,而非主流媒体主要指那些传统的保守

---

① Paul,P.:"The Demographics of Media Consumption:News, Noticias, Nouvelles",*American Demographics*,Nov. 2001,pp. 26 – 32.

价值观念的媒体。根据这种区分标准,诸如福克斯新闻网(FOX)之类的媒体可以被界定为非主流媒体,原因是尽管其拥有庞大的受众数量和巨额的经济收益,但与三大新闻网和美国有线电视网(CNN)相比较而言,福克斯的新闻操作遵循了最为彻底的反精英立场,对三大新闻网和有线电视网的所谓主流议程采取怀疑主义的态度。①

第三种划分标准与上一种相似,但指向完全相反。这种划分方法中,有个词汇与主流媒体相对应,叫激进媒体(radical media),即被认为是一种大众传播极端民主化的表现形式。那些很难在主流媒体发言的人们,可以借助此类激进媒体的渠道,就自己关心的问题发表意见。激进媒体对社会运动来说极其重要,那些兼具记者身份和社会活动家身份的人们可以在这个渠道上找到那种主流媒体上无法设置的反议程(counter-discourse)。从这个意义上来看,主流媒体被认为是代表着专制顺从(monarchical deference)的保守力量。②

以上都是从价值观层面对主流与非主流媒体进行划分的,除此之外,关于主流媒体的内涵界定,最常见的对应概念应该是小报化(tabloidization),这两个概念之间的对应关系反映出新闻业自身操作理念的差异:主流新闻坚持以事实为基础的报道传统,而小报化风格则向来在讲一个动听故事时不考虑提供事实。麻省理工学院教授诺姆·乔姆斯基一篇题为《主流媒体何以成为主流》的文章中将美国社会中的媒体按照这种标准区分为两种:一种就是美

① Anderson,B. :"Why FOX News Beat the Mainstream Media",*American Enterprise*,Mar. 2004,pp. 52 – 53.

② Atton,C. :"News Cultures and New social Movements:Radical Journalism and the Mainstream Media",*Journalism Studies*,Nov. 2002,pp. 491 – 505.

国社会中绝大部分的媒体,为普通的受众提供文化娱乐之类的媒体,也就是小报;另一种就叫做主流媒体(mainstream media),又叫"精英媒体"(elite media)或"议程设置媒体"(agenda-setting media),也就是通常所认为的"严肃高级大报",这类媒体的受众大多数是社会中的特权阶级,如政治领袖、商业领袖、学术领袖以及参与设置公众议程的记者们。主流媒体设置新闻框架(the framework),所有二三流的媒体每天都在这个框架内筛选新闻,"冷静、客观、独立、理性、深刻、建设性"等是其显著特征。如纽约时报、华盛顿邮报等注重严肃重大的题材,不惜资本深入挖掘,用独特的视角和引人入胜的叙述方式吸引读者,在美国新闻界引领潮流上百年,拥有较好的信誉和较高的社会地位。除报纸之外,通讯社、杂志、电视也有大家公认的主流媒体,如三大通讯社:美联社、路透社、法新社;三大周刊:《新闻周刊》、《时代周刊》、《经济学家》;美国四大电视网:ABC、NBC、CBS、CNN,它们均是西方主流媒体的代表。这些公认的主流媒体在西方国家乃至全世界的新闻传播中,扮演着重要角色,不仅能够及时对新闻事件进行报道,甚至能够主导新闻事件的走向和政府及国家领导人的决策。①

　　不过也有学者指出,依据这种小报和精英报纸的划分标准,尽管近些年来美国主流媒体在重大事件和重要时刻所表现出来的以事实为基础的冷静依然令人钦佩,但主流媒体的黄金时期显然已经成为明日黄花,用以区分主流媒体和小报八卦的标准越来越成为没有区别的区别,纽约时报和国家问询者报(美国著名小报)之

---

① Chomsky, N.: What Makes Mainstream Media Mainstream, Http://www. chomsky. info/articals/199710 － － . htm.

间新闻操作理念的差异正在日益模糊。①

　　中国学者邵志择总结西方主流媒介特征时与诺姆·乔姆斯基的论述有不谋而合之处。他指出西方主流媒介的特征主要体现在以下几个方面——依靠主流资本：主要指主流媒体无一例外都是大资本的产物；面对主流受众：受众为社会中上层人士，即使报道下层的情况，也以主流受众视角叙述，反映主流社会观点；主流表现方式：以那种雍容大度的自由主义、严格的职业性"客观"报道方法来表现；体现主流观点：民主、自由、人权的主流观点；享有较高的社会声誉。②

　　西方学者对主流媒体五个方面特征的定义，特别是其中如面对主流受众、体现主流观点、享有较高的社会声誉等内涵已经被中国学者借用到对我国主流媒体的定义中。

二、中国语境中的主流媒体

　　我国学者对主流媒体概念的定义有众多争议，事实上中国主流媒体的概念本来就是随着社会结构的变革及社会语境的变迁而被建构出来的，并非是一开始就有的。

　　回顾中国媒体发展历史，在党建立后的相当长一段时间，媒体数量非常有限，有的只是"党报党刊"以及党直接领导下的通讯社、广播电台，媒体是党的宣传机构，媒体运转完全依靠国家财政维持，没有面向市场的其他类型的媒体，因此也没有主流媒体和非主流媒体之分。

----

① 　Washington, L. Jr. : "Facts, Fallacies, and Fears of Tabloidization", *USA Today*(*Society for the Advancement of Education*), Nov. 1999, p. 67.
② 　邵志择：《关于党报成为主流媒介的探讨》，载《新闻记者》2002 年第 3 期，第 15 页。

随着改革的不断深化,传媒的管理体制也发生深刻变化,一大批面向市场的媒体迅速成长发展。1978年,财政部批准了人民日报等8家中央新闻单位实行企业化管理,改变了原有的机关报办报模式。随后体制外媒体大量出现。有些媒体面对市场竞争的压力,为吸纳广告投放,片面追求收视率、阅读率,使媒体不可避免地出现低级庸俗、格调低下等种种问题。但经过多年的发展,市场类媒体也在不断实践与反思中逐渐成熟,意识到一个媒体在受众中要能够立得住,绝不能靠猎奇媚俗吸引眼球,关键是要提升媒体品质,增强传播的有效性,扩大自身的社会影响力。也有市场类媒体开始提出塑造主流媒体形象,最早提出的是华西都市报,该报1998年就鲜明地提出"迈向主流媒体",并积极付诸办报实践,此外,南方都市报等媒体也体现出这样的运作取向。至此,中国媒体才开始讨论主流媒体和非主流媒体的区分。

在这些讨论中,关于主流媒体的概念并没有形成一致的看法,而是普遍存在自说自话的问题。综合各方面研究,主流媒体定义主要有以下几种维度:

(一)以政治资源和政治权威定义主流媒体

从政治资源和政治权威的维度来定义主流媒体,就是将非市场类的、在政治上处于较高地位和较高权威的媒体归为主流媒体,其余的市场类媒体被归为非主流媒体。

以此划分,党报是最典型的主流媒体,与党报对应的市场类报纸则是非主流媒体。无论是革命年代还是建设时期,党报都是党和国家方针政策的宣传者、主流意识形态的传播者、社会舆论的引领者,是传媒领域内最受行政保护和控制的核心资源,党报在数十年内保持着最高的发行量和最强大的影响力。随着传媒大众化、市场化改革的深入,新兴的市场类媒体迅速兴起,尤其是以互联网为代表的新媒体的出现,使党报受到明显挤压,呈现出"边缘化"趋势。即便如此,从信息的权威性和公信力等角度看,党报依然在相当一部分受众中得到信任和支持,拥有相当的优势资源。因此,不少学者从政治资源和政治权威的维度出发,将党报界定为主流媒体。

有学者认为:"媒体之所以被公认为主流媒体,就是因为它们具备极强的政治意识、大局意识和责任意识。"①主流媒体就是指在某一城市或某一地区起舆论主导作用的媒体。② 这种舆论引导的效果是受众唯党报等媒体是瞻,"不管有多少错综复杂的信息,读者、受众在一条信息面前,总要看看党报怎么讲,国家的广播电台、电视台怎么说……特别是在发生重大事件的时候,读者、受众的态度更是倾向于上述主流媒体。"③"作为大众传媒的机关报既是党和政府重要政策和信息的发布者,同时也是公众权利、利益的维护者和公众所需信息的发布者,这两者应是高度统一的,因为党的一切工作、政府的出发点和最终目的都是为人民群众谋求利益。"④对于电视台、电台以及网站等媒体,不少学者也从政治资源和政治权威的维度进行定义。

新华社"舆论引导有效性和影响力研究"课题组的研究成果提出,主流媒体有六条标准:

第一,具有党委政府和人民的喉舌功能,具有一般新闻媒体难

---

① 程言之:《面对突发事件主流媒体不应沉默》,载《新闻记者》2006年第6期,第40页。

② 祁念曾:《主流媒体与大报风范》,载《新闻界》2002年第1期,第52页。

③ 江绍高:《新形势下主流媒体的导向作用》,载《科学社会主义》2001年第1期,第41页。

④ 柏健:《探寻、回应底层真实的声音——论主流媒体的社会责任感和使命感》,载《新闻前哨》2005年第2期,第9页。

以相比的权威地位和特殊影响,被国际社会、国内社会各界视为党、政府和广大人民群众意志、声音、主张的权威代表;

第二,体现并传播社会主流意识形态与主流价值观,在我国即是社会主义意识形态和与之相适应的价值观,坚持并引导社会发展主流和前进方向,具有较强影响力;

第三,具有较强公信力,报道和评论被社会大多数人群广泛关注并引以为思想和行动的依据,较多地被国内外媒体转载、引用、分析和评判;

第四,着力于报道国内外政治、经济、社会、文化等领域的重要动向,是历史发展主要脉络的记录者;

第五,基本受众是社会各阶层的代表人群;

第六,具有较大发行量或较高收听、收视率,能影响较广泛受众群。

据此标准,新华社“舆论引导有效性和影响力研究”课题组认为,目前中国的主流媒体主要有:

第一,以人民日报、新华社、中央电视台、中央人民广播电台、求是杂志、光明日报、经济日报为代表的中央级新闻媒体;

第二,以各省(自治区、直辖市)党报、电台和电视台的新闻综合频道为代表的区域性媒体;

第三,以各大中城市党报、电台和电视台的新闻综合频道为代表的城市媒体;

第四,以新华网、人民网等为代表的国家重点扶持的大型新闻网站。

该课题组认为,一些都市报类、经济类、娱乐休闲类、信息服务类媒体发行量较大或收听收视率较高,在一些地区占有一定市场份额,具有一定品牌效应和影响力,可视为对主流媒体的某些功能作了拓展、延伸和补充。①

新华社"舆论引导有效性和影响力研究"课题组虽不是单纯从政治资源和政治权威的维度来定义主流媒体的,因为在评价主流媒体的标准上加上了一条:"具有较大发行量或较高收听、收视率,影响较广泛受众群",但是在归纳何种媒体能被称得上主流媒体时,却是将政治维度的媒体视为主流媒体,而只将发行量较大或收听、收视率较高的其他媒体视为主流媒体的补充。

依照这种划分,副省级城市的党报是较为典型的区域性主流媒体。2009年7月,经向全国15个副省级城市日报的总编办了解核实,列举各报最新的办报理念如下:

《广州日报》:追求最出色的新闻　塑造最具公信力媒体

《深圳特区报》:办全国最好看的党报

《厦门日报》:办海峡西岸最好的主流大报

《杭州日报》:权威、亲民的城市党报

《南京日报》:责任铸就形象

《长江日报》:影响有影响的人

《成都日报》:权威　深度　责任

《济南日报》:权威信　公信度　影响力

《青岛日报》:青岛市高品位大报,党政机关、商务及专业人士必读报纸

《大连日报》:真知引导生活

《西安日报》:铸就权威　引导舆论　崇尚公信　追求卓越

---

① 新华社"舆论引导有效性和影响力研究"课题组:《主流媒体如何增强舆论引导有效性和影响力之——主流媒体判断标准和基本评价》,载《中国记者》2004年第1期,第10—11页。

《长春日报》:责任成就公信力

《沈阳日报》:真实权威 当然要看《沈阳日报》

《哈尔滨日报》:权威·实用·互动

(《宁波日报》暂时没有向社会公开的办报理念)

从以上部分副省级城市党报的办报理念来看,公信、权威、影响、责任、影响力等是重复最多的关键词,反映了区域性主流媒体运作的基本取向。

(二)以经济指标定义主流媒体

从经济指标出发来定义主流媒体即从传媒的规模进行定义,区分主流和非主流的标准更倾向于经济指标,也就是更加关注媒体的市场影响力,以媒体的发行量、收视率、阅读率以及广告额等数据来评价其竞争能力和市场定位。这种观点将主流理解为媒体的经济实力和规模的大小,在某种程度上还将媒体的规模与媒体的市场表现相等同,即媒体的规模越大,其市场表现力也就越强。这主要是都市类报纸在发展过程中谋求其主流地位而提出的定义方法。在1999年11月召开的第二届全国都市报总编会暨理论研讨会上,一些都市报在市场竞争中获得优势后,不甘于社会公众对其"小报小刊"的定位,提出了"迈向主流媒体"的倡议。可见,一些都市报正以市场表现力来谋求社会公众对其主流媒体地位的认同。

(三)以影响力定义主流媒体

此类定义方法强调,媒体的社会影响力和品质的重要性,包含对受众素质、层次、数量及引导舆论和政策功能等方面的较高期望。这种观点认为,主流媒体最重要的一个衡量标准是其影响力,这种取向侧重于媒体社会功能的发挥,注重媒体在设置议程、引导舆论、影响政策等方面释放的能量。例如有学者提出,以质取胜的价值指向导致主流媒体的本质"是以它的思想影响力受到社会主导阶层的关注,成为社会主流人群每天必阅的媒体"①。所谓主流,实质是指报纸对社会生活的影响力。② 主流媒介就是"依靠主流资讯满足主流受众,运用主流的表现方式体现主流观念和主流生活方式"、在社会有较高声誉的媒介。③ 还有学者提出,判断主流媒体的核心标准应是社会影响力,而社会影响力 = 权威 + 市场,是报纸的权威性和市场性相结合的产物。④ 主流媒体不能光靠"自封",而要靠有效传播得到读者的真心认同。⑤

　　综上所述,西方学者对于主流媒体的定义还是有一定借鉴意义的,如面对主流受众、体现主流观点、享有较高的社会声誉等标准,国内也有不少学者认同。中国国内的三种定义方法中,经济维度的定义遭到了不少人的质疑,有学者指出:"单纯靠规模和数量进行扩张来构建媒体影响力的价值模式已经成为过去……在新闻信息的选择、处理上,有自己的高度,有自己的独到见解,发出自己权威的声音才能对社会舆论产生引导和主导作用,才能产生更大的影响力。"⑥从影响力维度去定义主流媒体不失为一种有价值的定义方法,但是就目前的研究成果而言,影响力本身就是一个模糊

---

① 刘建明:《解读主流媒体》,载《新闻与写作》2004 年第 4 期,第 3 页。

② 孙玮:《人类会娱乐至死吗——波兹曼〈娱乐至死〉引读》,载《新闻记者》2005 年第 10 期,第 67 页。

③ 邵志择:《关于党报成为主流媒介的讨论》,载《新闻记者》2002 年第 3 期,第 15 页。

④ 罗建华:《"后都市报时代":向主流媒体演进》,载《新闻战线》2004 年第 8 期,第 80 页。

⑤ 林晖:《中国主流媒体与主流价值观之构建》,载《新闻与传播研究》2008 年第 2 期,第 45 页。

⑥ 蔡雯、许向东:《"注意力"不可忽略　主流媒体如何提升"影响力"》,http://media.gxnews.com.cn/staticpages/20050311/newgx42311774 – 336112.shtml。

的概念,国内目前关于媒介影响力指标的建构还处于初级阶段,我国还没有出现统一的衡量媒介影响力的指标。因此,从这一维度出发定义主流媒体,不具备操作意义。在 20 世纪 90 年代以来,21世纪经济报道、经济观察等少数财经类严肃报纸雄心勃勃地提出"服务中国最优秀人群"、"理性和建设性"等口号并付诸实践,其作为新兴阶层代言人的色彩非常鲜明。这些媒体已经显现出一些大报风范,被称为"新主流媒体"。不过这种新主流媒体预先就被排除在本研究的主流媒体范围之外。相比较而言,从政治资源和政治权威维度定义的主流媒体更能得到认同和统一,正如有学者指出的,"传媒社会公信力和思想性是主流媒体的真正的命脉所在,真正的影响所在,真正的力量所在"。① 本研究也将采用这种从政治资源和政治权威维度定义主流媒体的方式,将在政治上处于较高地位、具有较高权威性的媒体归为主流媒体。

三、区域性主流媒体的定义

　　上述对于主流媒体的讨论,并没有全国性媒体和区域性媒体的区分,大部分研究者在讨论主流媒体时都是将其放置国家范围的语境中进行阐述的。事实上,我国的全国性主流媒体与区域性主流媒体之间依然存在较大差异。在计划经济时代,党和国家对于媒体有着严格的管理,全国性媒体和区域性媒体处于两个不同的层次,其间不存在竞争关系,区域性媒体各自服务于自己的行政区,其间亦不存在竞争关系。随着传媒体制改革的深化,国家对于媒体的管理已逐步放松,使得媒体能够整合多种媒介资源,呈现出

---

　　① 林晖:《中国主流媒体与主流价值观之构建》,载《新闻与传播研究》2008年第 2 期,第 46 页。

跨区域、跨媒介发展的趋势,例如南方都市报、湖南卫视等都是跨区域发展的典型。但考虑到区域性媒体的经济实力、人才储备、新闻来源、制度限制以及所在区域的地缘政治、经济、文化影响力,对于大多数区域性媒体来说,成为全国性主流媒体的条件和能力还不具备,成为区域性主流媒体更具可行性。[①]

目前,国内虽有研究者提出过"地方主流媒体"或"区域主流媒体"的概念,但很少有对其进行学术上定义的,本研究对区域性主流媒体作如下定义。

所谓区域性主流媒体,是指在某一行政区域内或某一城市(包括省级和地市级)的官方宣传机构,它以主流意识形态和主流价值观贯穿整个传播过程,以自身的新闻运作逻辑规范行动者行为,在一定的区域能发挥引领引导作用,具有一定权威性、影响力和公信力并为广大受众共同认可的媒体。

第一,区域性主流媒体是区域性和地方性的,它仅在某一行政区域及其周边覆盖,其影响范围也基本未超出这一行政区域及其周边,未达到国家影响的层面,这是有别于全国性主流媒体的。

第二,区域性主流媒体以主流意识形态和主流价值观贯穿整个传播过程。主流价值观反映出一个国家意识形态和社会道德的基本取向,反映出一个国家主流社会的基本意愿,包括意识形态、

---

①　参见徐聪:《地方主流媒体如何做大做强》,载《城市党报研究》2002 年第5 期,第21—22 页;吴刚:《打造区域新主流媒体地市晚报的发展之路》,载《传媒》2004 年第6 期,第42—44 页;王庆洲、陈封:《在改革创新上突破发展——地市级党报应以自身优势努力打造地方主流媒体》,载《传媒》2007 年第7 期,第58—59页;浦争鸣:《公共危机中地方主流媒体舆情引领功用》,载《城市党报研究》2008年第3 期,第15—18 页;蒋星亮:《围绕地方特色弘扬核心价值观——从〈珠江商报〉的实践看地方主流媒体的责任》,载《地市报业》2008 年第10 期,第66—67页。

历史传统、民族精神、宗教信仰、道德风尚和生活方式等。① 主流
媒体首先是体现着主流的社会价值观,在世界任何国家,主流媒体
都是主流价值观的支柱,这是社会的共识。② 美国社会学家赫伯
特·甘斯把社会稳定和新闻媒体联系起来认识新闻传播的意义。
他认为,在西方各国,新闻报道的基础是媒体认为国家和社会应该
如何行动,媒介不仅仅是在报道正在或已经发生的事实,还在或明
或暗地提倡什么,反对什么,以其理想的图景力挺主流价值观。③
在我国,主流媒体也是与整个社会的主流意识形态和主流价值观
相适应的。

第三,区域性主流媒体具有相当的权威性和公信力。对于媒
体来说,最基本的要求是提供真实可信的报道,在信息的选择、处
理上,有自己的高度,有自己的独特见解,发出自己权威的声音,对
社会舆论产生引导和主导作用。

第四,区域性主流媒体不是自封的,它必须得到社会和受众的
普遍认可。主流媒体是通过争取而获得的,即要争取其受众的认
可和承认,当然这种认可是建立在其权威性和公信力基础之上的。
区域性主流媒体要以自身的逻辑树立起权威性和公信力,以获得
其行政区域范围内及其周边受众的认可。

此外,在市场竞争中,虽然党报党刊之类的媒体因政治权威和
政治资源而维持了其主流媒体地位,但也有个别学者指出,媒体要

---

① 俞正梁等:《全球化时代的国际关系》,复旦大学出版社 2000 年版,第 54
页。

② 林晖:《中国主流媒体与主流价值观之构建》,载《新闻与传播研究》2008
年第 2 期,第 41 页。

③ Gans, H. t.: "The message behind news", *Columbia Journalism Review*, Jun.
1979, pp. 250 - 253

"有作为才有地位,主流媒体地位的获取、维护、巩固,不是与生俱来的,更不是一劳永逸的"。① 因此,对于区域性主流媒体而言,如何维持这种主流地位也成为其面临的重要问题之一。

第二节　理论框架

书中的研究对象是区域性主流媒体,在上节中,对区域性主流媒体已作了界定。本节将对研究的整体理论框架作一个总括。研究中将深入分析新闻场的概念及其自身运作的两个基本逻辑,阐述新闻场与政治场、经济场和公众生活场等相关场域的互动关系,提出媒体普适性角色规范的恪守、独特角色职责的履行以及新闻场与其他场域互动中采取的策略性行动的取向,最后探讨了保证区域性主流媒体运作取向的制度化安排。(参见图 1.1 区域性主流媒体场域研究理论框架)

一、新闻场概念及其运作逻辑

用场域理论这一视角去分析研究中国区域性主流媒体,这是本书研究的主线。新闻场是整个场域系统中最核心的场域,是场域理论中最核心的概念。在文献综述中,我们对新闻场的概念也作了梳理,但这一概念在布尔迪厄等学者研究中具有很大的不确定性、模糊性。在本研究中,新闻场概念是贯穿始终的,整个理论框架是围绕新闻场这一核心概念展开的,因此有必要对所使用的新闻场概念作进一步界定和分析。

---

① 陈绚:《"主流媒体"赋予及政府关系的道德层面评价》,载《国际新闻界》2009 年第 3 期,第 6 页。

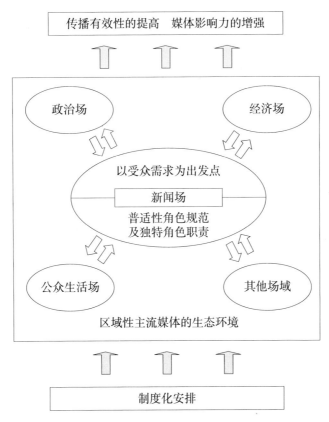

图 1.1 区域性主流媒体场域研究理论框架

新闻场是指在特定的行政区域范围内,由某个主流媒体机构或组织及其所生产出来的媒介产品所营造的一个有结构的社会空间,机构或组织内的行动者是占据这一空间的主体,它设计自身的取向,以其自身的运作逻辑而行动。在研究中,新闻场的概念与区域性主流媒体的概念是互用的,新闻场被看作是一个传播机构,它与区域性主流媒体的概念是等同的。新闻场的概念还作为分析问题的范式,为我们提供了研究中国新闻现象的若干视角。下面对中国语境下的新闻场概念作进一步界定。

首先,新闻场是一个具体的、历史性的社会空间,经历了一个逐渐生成的过程,是在一定历史条件下多个行动者参与"游戏"的结果,是一种客观关系结构。本研究中,由具体的媒体及其新闻产品所组成的新闻场本身不是一个超历史的、抽象的概念,它的自主性会随着社会环境的变化而变化。

其次,新闻场的行动者不是单一的,它以新闻采编人员为主体行动者,还包括媒体发行人员和经营人员。新闻采编人员是新闻内容的生产者,发行人员的职责是扩大媒体的覆盖面,经营人员的职责是为媒体的生存发展提供支撑力。新闻采编人员、发行人员和经营人员共同构成了新闻场的行动者。

第三,新闻场有着自身的运作逻辑,但这种运作逻辑也不是单一的。新闻采编遵循新闻规律,这是新闻场运作的主体逻辑;发行经营则遵循市场规律,它成为发行经营工作行动者的运作逻辑,新闻场内的逻辑是由这两个逻辑共同构成的,但两种逻辑的运行是对应于相应的行动的,是相对独立的,不能相互交叉和替换。遵从新闻规律这一逻辑在新闻场运作过程中起主导作用。

区域性主流媒体的特质以及社会形象,是由新闻场主体行动者遵循运作主体逻辑的状况决定的。新闻场运作的主体逻辑要遵循新闻规律,新闻规律在操作层面如新闻要素、标题制作、导语写法、图片摄影、版面安排等具体新闻业务的要求,本研究不涉及。这里着力研究的是中国社会区域性主流媒体带有根本性的问题,也是新闻场行动者需要遵循的基本逻辑。这个基本逻辑包括以下两个层面:

一是调整并确立区域性主流媒体的源点。所谓源点,就是媒体运作的出发点。弄清区域性主流媒体的出发点是什么,对承担传播主流意识形态和主流价值观的职责、提高传播有效性、增强媒体影响力是至关重要的。在中国社会特定历史环境中,区域性主流媒体一度是不需要考虑媒体运作出发点的。新中国成立后相当长一段时间,传统主流媒体都是广大党员干部每周政治学习的必读材料,那时基本不用考虑读者喜欢什么样的传播方式,当然也不存在读者愿不愿意看的问题,传统主流媒体的内容就是供读者学习领会党的意图和中央精神的,受众也是在自觉主动地接受媒体内容,有时甚至是抢着去学习领会。在那样一个带有浓厚政治色彩、非多元化的社会中,受众对政治高度关注同时又缺乏信息选择,区域性主流媒体特别是党报没有遵循新闻规律、创新传播方式的压力,即便"黑板报"式地运作媒体,同样不会受到受众的拒斥。随着改革开放的不断深入,社会分化加剧,多元化进程加速,公民社会逐步形成,信息渠道的多样化使受众的信息选择大为丰富,"我说你听"的灌输式传播在相当一部分受众中不再有效。面对新的社会环境,区域性主流媒体特别需要强化受众意识,实现媒体运作出发点的转换,确立以满足受众需求作为媒体运作的出发点,这是区域性主流媒体内部运作的基本逻辑。区域性主流媒体特别是党报首先要成为一张真正意义上的报纸,在传播方式上不能再是"我说你听"、居高临下式地灌输,而是要充分考虑如何让受众接受,满足受众需求。在这个转变过程中,一些传统主流媒体还存在认识不到位、转得不彻底的问题。传统主流媒体"党的属性"意识是需要强化的,党的主流意识形态和主流价值观要体现在媒体运作的全过程,体现在每篇报道之中,但媒体运作的出发点还应该放在受众需求上。不遵从新闻场运作的基本逻辑,忽视受众需求,忽视对受众的服务,发一些官样文稿,长此以往,区域性主流媒体就不能承担好传播主流意识形态和主流价值观的责任,传播有效性、媒体影响力也会日益消减。区域性主流媒体要能在社会舆论中发挥主导作用,就要调整媒体运作的出发点,强化"受众意识",

切实考虑如何让受众接受,满足受众需求。新闻场行动者要强烈意识到,一个读者不欢迎不接受的媒体,不论是主流的还是非主流的,都不能有效传播党的声音,宣传党的路线方针政策,传播主流意识形态和主流价值观。当今区域性主流媒体普遍缺乏强烈的"受众意识"。一部分区域性主流媒体的行动者没有遵循新闻场自身运作的基本逻辑,媒体的形象仍停留在"黑板报"状态;一部分区域性主流媒体的行动者受众意识有所增强,但媒体的整体形象并未得到明显改观,在媒体竞争环境中仍处于劣势;也有一些区域性主流媒体的行动者强烈地意识到实现出发点转换的重要性,全方位、深入了解受众需求,并将其作为新闻采编人员的行动取向,大大提高了媒体传播有效性,增强了媒体社会影响力。

二是梳理并强化区域性主流媒体的特质。所谓区域性主流媒体的特质,是媒体具有的影响媒体公众形象的普适性角色规范以及体现区域性主流媒体特性的独特角色职责的总和。中外媒体组织和媒体从业人员一直以来都在制订职业准则并倡导实践。这些准则中体现了做人的美好品格。其实,媒体就像人一样,也会有基本的特征,需要加以梳理整合,形成完整、美好的人格化形象呈现给受众。而且,人一切优秀美好的品质其实都应成为媒体必须具备或追求的品质,这也是新闻场自身运作的基本逻辑。因此需要对这些品质加以梳理,并且要让新闻场的行动者具备或追求这些品质。比如,要有责任心、要有正义感、要有社会良知、要有爱心、要同情弱者、要尊重科学、要崇尚法治、要追求真善美、要排斥假丑恶、要宽容包容、要真诚友善、要敬业、要理性、要公平公正、要有阳光心态……这些优秀的品质,会不自觉地流露在记者编辑的报道中,使媒体呈现出美好的人格化特征。如果新闻场的行动者不能遵循新闻场自身的基本逻辑,没有爱心、没有良知,对值得同情的人自私冷漠;玩世不恭、游戏人生,对应该严肃对待的事情麻木不仁;对问题缺乏理性判断,人云亦云、随波逐流,被别人牵着鼻子走;对事件无中生有、胡编乱造,不负责任炮制假新闻吸引眼球;甚至沾染上虚伪、刁钻、颓废、阴暗、痞味十足的不良习气……所有这一切也都会流露在媒体中,形成不好的人格化特征,不仅误导和伤害受众,也会影响媒体的品质,损害媒体的形象。不论是区域性主流媒体还是非区域性主流媒体,要想塑造自身的良好社会形象,获得长远发展,都需要排除各种因素的干扰,恪守新闻场自身的基本逻辑,遵从普适性角色规范,这是媒体之所以成为媒体的"底线"。不同类型的媒体还会有其独特的个性化特征,这些特征使媒体种类得以区分。我们需要对区域性主流媒体个性化特征加以梳理,区域性主流媒体独特角色职责的履行使其个性化特征得以显现。概括起来,区域性主流媒体独特角色职责主要包括提供对民众有价值的权威资讯、以创新思路策划热门话题、用喜闻乐见形式解读政策、用主流声音主导舆论。

恪守媒体普适性角色规范,履行好独特角色职责,是区域性主流媒体这一新闻场自身的重要逻辑。在新闻场与其他场域的互动博弈过程中,十分需要坚守自身的基本逻辑,以形成合作共赢的局面。

二、新闻场与其他场域之间的互动关系

新闻场是相对自主的,有自身的运作逻辑,它又不是孤立的,与其他相关场域产生互动关系。与新闻场最紧密的场域有政治场、经济场、公众生活场等,分析清楚新闻场在与这些场域之间互动博弈中所需采取的策略性行动,求得共赢局面,是本研究的核心内容。

　　新闻场与政治场的互动过程中,新闻场有着巨大的潜在拓展空间。在中国的政治生态下,政治场与新闻场特别是区域性主流媒体这一新闻场,具有强烈的一体化特征,政治场是新闻场的主场域。而在布尔迪厄的场域理论中,新闻场与政治场之间的关系没有受到重视,缺乏深入分析。在本研究中,新闻场与政治场之间互动博弈的关系是研究的重点。没有新闻场是不受政治场影响和制约的,中西方概莫能外。在中国社会,政治场对新闻场的影响和控制也是不容回避的,但新闻场的行动者可以通过采取策略性行动,恪守普适性角色规范和履行区域性主流媒体独特角色的职责,坚守自身的运作逻辑,提高传播有效性,并从政治场中获取信息方面的优势,还可以通过行政手段获取发行经营方面的优势。新闻场与政治场之间的关系不是单向的,是双向互动的,新闻场在与政治场的博弈中可以实现合作共赢。

　　新闻场与经济场的互动过程中,新闻场可以保持自己的相对自主性,消减经济场的干扰和侵蚀。这一点与布尔迪厄分析的法国社会经济场单向地侵蚀新闻场的情况有很大的差异。新闻场的行动者会采取策略性行动,以新闻场自身的逻辑应对来自经济场的影响,还能利用自身的有利资源实现与经济场之间的互动共赢。

　　新闻场与公众生活场的互动过程中,新闻场与公众生活场得以协调并实现进一步融合。新闻场行动者通过强化对作为公民社会核心主体的各类民间组织的报道,通过整合社会资源增进公益组织及社会公众开展各类社会公益活动,还通过将报道更多地投向普通民众,从而赢得社会公众的认同和支持,有效实现与公众生活场之间的融合,塑造自身的形象。

三、区域性主流媒体的运作取向

分析中国新闻场内部的基本逻辑,特别是区域性主流媒体的运作逻辑,不论是调整和确立区域性主流媒体的源点,还是恪守媒体普适性角色规范、履行区域性主流媒体独特角色职责,都有一个最基本的取向,那就是更好地承担社会责任,提高传播有效性,增强媒体社会影响力。

解决区域性主流媒体的源点问题就是把媒体运作的出发点确立为满足受众需求,其目的也就是通过新闻场行动者的运作,使媒体更能强化对受众的服务性,更能为受众所接受,从而提升传播有效性,增强媒体社会影响力。

解决区域性主流媒体的特质问题就是强化区域性主流媒体内部的又一逻辑,一个是普遍适用于各类媒体的角色规范的恪守,一个是体现区域性主流媒体特征的独特角色职责的履行,实质上就是实施媒体长期战略,打造媒体品牌优势,也就是提升传播有效性,增强媒体社会影响力。

在新闻场与政治场、经济场、公众生活场等其他各场域的互动中,恪守自身运作的基本逻辑,采取策略性行动,消减侵蚀和干扰,获取报道资源,经营发行资源,形成报道优势,增强经济实力,塑造责任媒体形象,其实还是为了提升传播有效性,增强媒体社会影响力。

总而言之,区域性主流媒体行动者所有的行为,都是为了更加有效地传播主流意识形态和主流价值观,更好地满足受众需求,增强媒体社会影响力,这是区域性主流媒体运作的基本取向。

四、区域性主流媒体运作取向的制度支撑

新闻场内部的基本逻辑是需要坚守的,这是媒体运作的基本"底线";新闻场与政治场、经济场、公众生活场等之间的互动博弈,也需要新闻场的行动者积极主动地采取策略性行动,以求得合作共赢的效果。区域性主流媒体行动者在这一过程中的一切行为,都有一个基本取向,那就是更好地承担社会责任,提高传播有效性,增强媒体社会影响力。那么,如何保证新闻场内自身基本逻辑得以坚守、新闻场与其他场域之间进行互动中行动者能主动采取策略性行动、将其指向传播有效性的增强及媒体社会影响力的强化呢? 这就需要思考在新闻场内部对行动者行为作制度性安排。这在本研究中也作了深入分析。

第三节　研究方法

每项研究方法的选择都是同研究目的和研究主题密切相关的。本研究的目的在于,通过对一个区域性主流媒体的个案分析,来探讨具有普遍性意义的理论问题,即探求由区域性主流媒体所构成的一个新闻场及其内部的运作逻辑以及新闻场与其他场域之间互动博弈共赢的关系,并适度将这一分析向区域性主流媒体进行推广。本研究不对整个中国社会环境中的区域性主流媒体进行全面宏观的调查,也不对具体的假设进行验证,而是从整体上采用定性的研究方法,具体操作上主要采取个案研究法,并适当结合文献分析法和参与观察法来分析。在研究过程中,为了考察个案研究对象——南京日报的受众需求,我们采用了问卷调查法及群体座谈会的方法。

一、个案研究法

本研究探讨的是区域性主流媒体的定位、内部运作逻辑、与生态环境各种因素的关系及互动过程中的基本方式、基本取向等一系列基本问题。对这些问题用什么样的分析视角去切入,我们发现布尔迪厄的场域理论既是一个很好的解释框架,也是一个可以多角度延伸的分析视角。我们研究的是区域性主流媒体共同的问题,用个案研究法能够对一个有代表性的区域性主流媒体的整体运作进行深入透彻地把握,有助于从普遍意义上弄清区域性主流媒体一系列基本问题的本质,得出若干判断。

个案研究法是一种从整体上来研究一个课题的方法,它通过详细的调查来了解一个实例所属的整体情况。对一个个案的深入分析可以发现课题研究的一些重要变量以及有用范畴,这些变量和范畴有助于形成若干假设,而这些假设又可用大量实例来验证。由此看出,个案研究法虽然是一种初步的方法,但对本课题的展开是非常有价值的。

本文选取的个案是南京日报,主要出于以下几个方面的考虑:

一是个案的代表性。根据本研究对区域性主流媒体的界定,它是一个行政区域内或某一城市的国家宣传机构,可以是地方党委的机关报,也可以是地方电视台、电台,还可以是新闻性党刊,但较有代表性的还是地方党报。它是主流意识形态和主流价值观的主要传播者,它更被期待发挥出引领引导作用,它也更需要强化以自身的新闻运作逻辑规范行动者行为,提高传播有效性,强化社会影响力。南京日报作为省会城市的党报,又是区域性主流媒体中具有很强代表性的地方党报,它具有区域性主流媒体的全部特征。

二是个案的典型性。虽然定性研究方法的研究成果一般并不具备推演性,但是在个案选取上仍然需要具备一定的独特性。本研究不仅要静态分析区域性主流媒体的属性、结构和运作机理,更重要的是要在变革创新中把握一系列基本问题的本质,厘清新的社会环境下运作规律和基本取向。南京日报作为一个区域性主流媒体,有着其他同类媒体具有的传统惯习,承载着党报的重要职责,更有错位竞争寻求创新突破的一整套策略、做法和经验,虽然它不能代表整个中国社会中的区域性主流媒体的发展全貌,但是对其进行全面、深入的探究能分析出区域性主流媒体的基本境况。

三是获取资料的便捷性。研究者本人有过多年的机关工作和媒体从业经历,目前负责南京日报管理工作。在工作过程中为适应新的媒体生态环境,主持设计改版方案,提高传播有效性和社会影响力,展开与其他媒体之间的竞争,还牵头组织报社日常的新闻生产,牵头策划与党委政府和企事业单位等之间的一系列协作活动。在此过程中,既可以对一个媒体整体运作思路进行盘整,也能对新闻生产、广告经营、征订发行等基础性工作进行具体把握,同时可以十分方便地获取有关南京日报的报纸定位、办报理念、报道策划、经营策略、发行方式和主管部门的规范要求、报社内部的管理细则以及各类成功案例和社会各界的评估反馈等资料。

可以看出,基于对南京日报这样一个有代表性、典型性意义的媒体个案的生存发展环境、内部基本架构、职能定位、运作模式、制度保障等深入的分析和梳理,再上升到对区域性主流媒体一系列基本问题的探讨和研究,对其作进一步提升和推断,贯通媒体内外因素,展开全方位触角,要找准问题的本质,作出基本的判断,是有把握的,是有实在支撑的。

二、问卷调查法

在研究新闻场内的基本逻辑时,需要客观地了解受众对区域性主流媒体的需求,这部分采用了调查研究方法中的问卷抽样调查法。为准确了解受众需求的具体状况,专门设计了读者调查问卷,并通过严格的随机抽样在南京日报读者中抽取了650位读者填答问卷,并用SPSS软件对数据进行处理,为进一步阐明区域性主流媒体自身的运作逻辑,提供了实证性资料。

加强对受众基本状况以及阅读需求的了解,对于媒体实现办报理念、提高传播有效性、增强受众认同性和接受度,具有重要意义。国外媒体经常会做一些实证性的调查,而国内媒体却很少严格规范地做这项工作。同类媒体中,往往采取电话征询意见、开读者座谈会、专家分析会等传统形式来了解受众需求,这些方式有一定效用,但还是粗放的、不精确的。媒体人往往会把自身推断出的"读者应该需要"的需求作为依据来组织新闻生产,这也是冒险的。南京日报以往也与其他媒体一样,用不精确的方式,"推断"受众需求。为办报的需要,南京日报结合改版,采取了严谨、规范的问卷调查,全面系统地摸清了受众评价、受众期待、受众建议。城市地位不同、发展状况也不同,南京日报受众的调查结果虽然不能完全推及其他媒体特别是不同性质媒体的受众情况,但相当一部分问题带有普遍性意义,对同类区域性主流媒体也有相当的适用性。

在研究过程中,我们还辅助以文献收集法和群体座谈法。

文献收集包括图书、期刊、学位论文、科学报告、档案等常见的纸面印刷品,也包括有实物形态在内的各种材料。不少文献资料是间接的、第二手的,但也有相当一部分是直接的、第一手的。本文的文献包含场域理论、新闻传播及各种形式媒体包括南京日报在新闻生产和新闻报道及发行经营工作中的案例、思考探索等。

群体座谈(或调查会)是一种无结构式的访问,即通过开座谈会,收集某一类人对某一问题的认识、看法和态度,它能在较短时间内获得较为丰富的资料。书中若干有关南京日报的案例,一部分是从已发表的报道中获取的,还有相当一部分是从采编人员专题座谈会上获取的,还有一部分资料是通过个人访谈的方式获取的。

第二章　场域和媒体影响力研究状况

本研究立足于用场域理论对我国区域性主流媒体进行系统深入的分析,以弄清新闻场内部及新闻场与其他场域间关系等方面的一系列基本问题,求得理论创新。场域理论是本研究的重要视角,因此,首先需要对布尔迪厄场域理论以及后继者对其的拓展、评述进行系统梳理;传媒影响力是媒体运作的基本取向,因此还需要对中外学者关于传媒影响力的研究成果进行综述。

第一节　场域研究现状

弄清布尔迪厄场域研究的基本脉络以及有关场域研究的现状,具有两个方面的意义:一方面,为研究的展开提供了一个尽可能丰厚的背景,可以为研究框架中若干部分的分析和讨论提供话题和角度,获得具体的启发;另一方面,综述场域研究能发现其在深度、广度以及思维方式等方面存在的不足,同时也为运用这一研究视角观照中国社会的现象找到进一步拓展的空间和深入的突破口,形成若干创新点。书中的研究假设和设计正是在梳理场域理论成果中提出的。

一、场域理论概述

这部分主要阐述布尔迪厄场域、惯习、资本这三个基本概念,同时对场域分析的意义和场域分析的路径进行解读。

（一）基本概念解析

1. 场域

场域，也称作场，是布尔迪厄实践社会学中一个十分重要的分析概念。在布尔迪厄的设想中，当代社会是一个高度分化了的社会，并非总是一个浑然整合的总体，而是由遵循着自己运作逻辑的不同游戏领域组合而成的。换句话说，社会世界是由相对自主的社会小世界（microcosmos）构成的，所谓社会小世界，就是客观关系的空间，也就是场域。因此，社会学真正的研究对象并不是单纯的个体，也不是社会世界整体，其研究对象应该是无数个体所构筑的一种"场域"，以及无数场域构筑的一种更大的场域综合性结构。

那什么叫场域？布尔迪厄曾经为其下过定义：

"从分析的意义上来说，场域可以定义为位置之间的客观关系的网络或构型。就这些位置的存在及其强加于它们的占据者（无论是行动者还是机构）的种种限制而言，这些位置在客观上是由它们不同类型权力（或资本）的分配结构中实际或潜在处境以及它们与其他位置的客观关系（支配、服从、类似等）所决定的，而拥有权力和资本，则意味着可以获取场域中利害攸关的各种特定利润。"①

布尔迪厄还从多个层面解读过场域的概念：

首先，场域是一个相对独立的社会空间。布尔迪厄说："我们可以把场域设想为一个空间，在这个空间里，场域的效果得以发

---

① ［法］皮埃尔·布尔迪厄：《科学的社会用途——写给科学场的临床社会学》，刘成富、张艳译，南京大学出版社2005年版，第13—14页。

挥,并且,由于这种效果的存在,对任何与这个空间有所关联的对象,都不能仅凭所研究对象的内在性质予以解释"①,因为关系系统独立于这些关系所确定的人群。场域的这种社会空间还具有相对独立性,相对独立性既是不同场域相互区别的标志,也是不同场域得以存在的依据。场域的相对独立性表现为不同的场域具有不同的逻辑和必然性,也就是说每一个场域都具有自身的逻辑和规则。一个场域特有的逻辑和必然性不可化约成其他场域运作的逻辑和必然性。布尔迪厄曾运用艺术场和经济场作为例子来证明这种场域内不可化约的逻辑和必然性:"艺术场域或经济场域都遵循着它们各自特有的逻辑:艺术场域是通过拒绝或否定物质利益的法则而构成自身场域的;而在历史上,经济场域的形成,则是通过创造一个我们平常所说的'生意就是生意'的世界才得以实现的,在这一场域中,友谊与爱情这种令人心醉神迷的关系在原则上是被摒弃在外的。"②

其次,场域是由客观关系所构成的。在布尔迪厄看来,根据场域概念进行思考就是从关系的角度进行思考。场域是客观关系的系统,而不是实体系统,这与布尔迪厄关系论的思维方式是一脉相承的。他说:"'现实的就是关系的':在社会世界中存在的都是各种各样的关系——不是行动者之间的互动或个人之间交互主体性的纽带,而是各种马克思所谓的'独立于个人意识和个人意志'而存在的客观关系。"③因此,一个场域的结构可以被看作不同位置之间客观关系的空间,这些位置是根据他们在争夺各种权力或资

①　[法]布迪厄、[美]华康德:《实践与反思:反思社会学导引》,李猛、李康译,中央编译出版社1998年版,第138页。

②　同上书,第134页。

③　同上书,第133页。

本分配中所处的地位决定的。

第三,场域是一个充满争斗的空间。布尔迪厄从未将场域视作静止不动的场所,因为场域中存在着积极活动的各种力量,而场域运作和转变的原动力一方面在于其结构,另一方面还特别根源于场域内相互面对的各种特殊力量之间的距离、鸿沟和不对称关系。它们之间的不断"博弈"不仅使得场域充满活力,而且使场域类似于一种"游戏"。布尔迪厄说:"作为包含各种隐而未发的力量和正在活动的力量的空间,场域同时也是一个挣脱的空间,这些挣脱旨在继续或变更场域中这些力量的构型。进一步说,作为各种力量位置之间客观关系的结构,场域是这些位置的占据者(用集体或个人的方式)所寻求的各种策略的根本保证和引导力量。场域中位置的占据者用这些策略来保证或改善他们在场域中的位置,并强加一种对他们自身的产物最为有利的等级化原则。而行动者的策略又取决于他们在场域中的位置,即特定资本的分配。他们的策略还取决于他们所具有的对场域的认知,而后者又依赖于他们对场域所采取的观点,即从场域中某个位置点出发所采纳的视角。"①

第四,场域的边界是经验的,场域之间的关系具有不确定性和模糊性。场域作为一个社会空间,应该有自己的边界。但场域的界限问题是一个非常难以回答的问题。布尔迪厄认为:"场域的界限只能通过经验研究才能确定。尽管各种场域总是明显地具有各种或多或少已经制度化的'进入壁垒'(barriers to entry)的标志,但他们很少会以一种司法限定的形式(如学术机构录取人员

---

① [法]布迪厄、[美]华康德:《实践与反思:反思社会学引论》,李猛、李康译,中央编译出版社1998年版,第139—140页。

的最高限额——numerous clauses）出现。"布尔迪厄认为,如果非
要确定场域边界的话,则可以从这种方式进行理解:"我们可以把
场域设想为一个空间,在这个空间中,场域的效果得以发挥,并且,
由于这种效果的存在,对任何与这个空间有关联的对象,都不能仅
凭所研究对象的内在性质予以解释。场域的界限位于场域效果停
止作用的地方。"①只有通过对每一个现实具体的经验世界进行研
究,"你才能估量出它们具体是如何构成的,效用限度在哪里,哪
些人卷入了这些世界,哪些人则没有,以及它们是否形成了一个场
域。"②因此,在布尔迪厄那里并不存在一种标准化的划分场域边
界的方法,这也促使其他学者利用场域理论进行经验性分析时需
要进一步思考和反思。而对于场域与场域之间"是如何相互联系
的? 它们之间的这种勾联的性质是什么? 它们分别具有的权重的
性质是什么?"③布尔迪厄认为同样难以回答,同样也需要通过经
验研究去界定。他说:"场域之间的关系……并不是一劳永逸确
定的,即使是它们演进的最一般的趋势也并非如此。"在布尔迪厄
看来,场域概念最主要的价值在于"促进和发扬了一种建构(对
象)的方式,使学者不得不在每次研究时都重新设想一番。它迫
使我们提出一系列问题:所观察的世界界限在哪儿? 它是如何试
图与其他场域发生'联系'的? 与哪些场域发生了联系? 在何种
程度上发生联系? 等等。它提供了一套系统连贯且一再出现的问
题,使我们既避免了实证主义经验主义的理论真空,又避免堕入唯

---

① 　[法]布迪厄、[美]华康德:《实践与反思:反思社会学引论》,李猛、李康
译,中央编译出版社 1998 年版,第 138 页。

② 　同上书,第 139 页。

③ 　同上书,第 149 页。

理主义话语的经验真空"。①

2. 惯习

惯习是布尔迪厄场域理论中的一个重要概念。布尔迪厄实践理论认为,行动者并不可化约为那种根据个人观念而理解的完全理性化的个人,而是被社会化了的有机体,被赋予了一整套性情倾向。惯习是行动者参与实践的原则和依据,是行动者在历史经验中沉积下来和内在化成为心态结构的性情倾向系统,是一种社会化了的主观性,它具有一定的稳定性,又可以置换,它来自于社会制度,又寄居于身体之中。它是一种开放的性情倾向系统,不断地随经验而变,从而在这些经验中不断地强化或调整自己的结构。②

首先,惯习被理解为一种性情倾向体系、一种生产实践与表象的体系。它既不是意识的产物同样也不是理性的产物,它本身是没有任何规律可循的。也就是说,惯习既不是一种主观主义的行为理论,也不是一种服从于客观主义所制定的各种"规则"的体系。构成惯习的性情倾向被规定为既具有"持续性",同时又具有"变换可能性"的系统。不过,这里的"变换可能性"仅仅指涉一种尽管外表可以改变但其原理和结构却不会发生任何变化的状态。总之,惯习是一个既具有持续性与稳定性同时又可能发生有限变化的性情倾向系统。

其次,惯习是一个兼具"被结构的结构"(structured structure)和"具有结构能力的结构"(structuring structure)双重含义的概念。一方面,惯习是外在结构化的结果,通过社会化过程,外在结构有

---

① [法]布尔迪厄、[美]华康德:《实践与反思:反思社会学引论》,李猛、李康译,中央编译出版社1998年版,第151页。

② 同上书,第171页。

了内化的倾向,从而为个体行为设立了限制,成为"被结构的结构"。另一方面,尽管惯习并不直接等同于惯习行动(惯习≠惯习行动),但它却体现在具体的惯习行动之中并通过惯习行动而外在化,具有一定的"结构能力",在这种情况下,惯习成为一个可以发明各种惯习行动及表象的"强有力的生成母胎"。而且惯习不只是单纯地复制经验,而是以一种独特的、创造性的方式,再生、重建和改造社会条件的一种主动性的动力因素。显然,它也是一种"结构化的结构"。①

3. 资本

在布尔迪厄的场域分析中,资本也处于重要地位,每个场域都有着自己特定的资本。资本是指行动主体(集体、阶级、阶层)为了获取、维护支配的正当性所挪用与动员的一切手段。

布尔迪厄将资本分成四种类型:(1)经济资本(economic capital),可直接以货币换算,财产权是其制度化的形式;(2)文化资本(cultural capital),在某一特定情况下可换算经济资本,文凭是其制度化的形式;(3)社会资本(social capital),指的是社会义务或"关系",在某一特定情况下也可换算成经济资本,贵族头衔则是其制度化的形式;(4)象征资本(symbolic capital),指的是将既有资本(经济资本＋文化资本＋社会资本的结果)"承认"为正当合理的,从而正当化这些人为的、任意的社会秩序的社会意义关系。

简而言之,场域可被视为不定项选择的、缺乏明确界限的关系空间,它为其中的社会成员标出了待选项目,但没有给定最终选

---

① 　[美]戴维·斯沃茨:《文化与权力——布尔迪厄的社会学》,上海译文出版社2006年版,第116—135页。

项,个人可按照自己的资本偏好,结合自有的资本构成,进行竞争策略的多种搭配选择,不同的人会出现不同的结果。在这些结果中,一方面可以体现出选择者的意志,即个体的创造性,另一方面可体现出选择的框架要求和限制。

(二)场域分析意义及路径

场域的概念在布尔迪厄学术生涯中应该算是一个后来居上的概念,如在《实践理论大纲》(1972)中,这一概念还处于若有若无的边缘地位,但到《实践感》(1980)中则无疑上升到核心的地位,再往后,几乎成为一个统领性的概念,用布尔迪厄的话来说就是:"场域才是首要性的,必须作为研究操作的焦点。"①场域的这一概念之所以能够成为布尔迪厄实践社会学的核心概念,并为后来的研究者一再加以运用和拓展,主要在于利用这一概念进行分析具有几方面的意义。

第一,场域概念鲜明体现出布尔迪厄关系主义的取向。从场域角度来思考,就是从关系角度来思考,把对世界的关注从有形事物转为客观关系。场域理论的突出特点就是从传统社会学实体论的思维方式转向关系论的思维方式,不仅注重社会问题的客观性研究,而且也重视社会成员的主观性交流和个人行动,在一定程度上融合了古典社会理论学家们的分歧,将那种要么结构要么能动、要么系统要么行动者、要么集合体要么个人在本体论意义上的先在性打破了。

第二,布尔迪厄的场域概念,非常强调社会生活的冲突性。在

---

① 成伯清:《布尔迪厄的用途》,载[法]皮埃尔·布尔迪厄:《科学的社会用途——写给科学场的临床社会学》,刘成富、张艳译,南京大学出版社2005年版,第13页。

布尔迪厄的心目中,场域就是一个争夺对特定资源控制权的竞技场。场域的斗争围绕着特定形式的资本展开,而在这种斗争中,布尔迪厄非常强调关于正当化原则的竞争,也就是在谋求符号暴力垄断权上的竞争。

第三,场域中的位置,依其资本的类型和总量,存在着支配与服从之分。不同位置的占据者的行动策略也各不相同,比如场域中居于支配地位者倾向于采取保守性的策略,新进者希望逐步接近支配地位往往采取继承性策略,而感到从支配群体那里毫无所获的人,则一般采取颠覆性的策略。此外,场域在布尔迪厄对整个社会运作机制的理解中,也处于一个至关重要的位置,即外在的一般制约因素,并不是直接作用于置身于特定场域行动者的,而是借助于场域中特定力量的特定中介作用。换句话说,一般的社会经济状况,通过场域而影响到行动者的实践。①

从具体操作上来讲,如何分析一个场域呢? 布尔迪厄认为至少可以从三个路径去展开。

第一,必须分析被研究场域相对于权力场域的位置。权力场域相对于其他场域如文学场域、科学场域等更具有“元场域”的特征,这个场域对其他场域产生不可忽视的制约作用。尽管每个场域都或多或少有一定自主性,遵循着自己的逻辑和必然性,但特定的场域相对于元场域以及其他场域的关系,无疑对这个场域产生着不可忽视的制约作用,尤其是从关系主义的立场出发,完全自主和孤立的场域是不存在的,即便数学和诗歌这种可能近乎理想状态的领域。比如尽管艺术家可以标榜“为艺术而艺术”,但包括艺

---

① ［法］皮埃尔·布尔迪厄:《科学的社会用途——写给科学场的临床社会学》,刘成富、张艳译,南京大学出版社 2005 年版,第14—15 页。

术家在内的知识分子,显然是属于"支配阶级中的被支配集团",这一基本定位为我们理解艺术场域提供了参照框架。

第二,必须勾勒出场域中各个位置之间关系的客观结构。场域中不同位置的占据者,为了控制场域中特有的正当形式的权威,会相互竞争和较量。由此而发生的关系,制约着不同位置的行动者的策略选择。

第三,必须分析行动者的惯习。惯习是将一定类型的社会经济条件予以内化的结果,但考虑到场域中所提供的有限实现机会,惯习在场域中往往是沿着相对确定的轨迹发挥。对于惯习的关注,也使场域更加具有动态性,为场域的转变提供了动力。①

二、场域理论的应用研究

场域、惯习和资本,是布尔迪厄超越客观主义和主观主义对立的思想体系中的三个重要概念。在布尔迪厄研究生涯的各个阶段,都渗透了他对这些概念逐渐深入的认识和最终的理论成形。布尔迪厄认为,组成社会的社会小世界就是各种不同的场域,例如艺术场、科学场、学术场、政治场、经济场、新闻场等。场域是作为实践社会学最重要的分析概念,因此,布尔迪厄并未将全部精力集中于对理论及概念的建构上,而是将这一概念用以实践分析。

20世纪60年代早期,布尔迪厄开始对学校教育、艺术、知识分子和政治的社会学进行研究。他认识到,在战后西方繁荣的社会中,"文化资本"——教育文凭和对资产阶级文化的熟悉逐渐成为决定生活机遇的主要因素,在个人禀赋和学术精英的遮蔽下,文

①　[法]皮埃尔·布尔迪厄:《科学的社会用途——写给科学场的临床社会学》,刘成富、张艳译,南京大学出版社2005年版,第15页。

化资本的不平等分配正悄然维护着社会等级结构;70 年代中期,布尔迪厄继续探究一系列处于文化、阶级和权力的交叉领域论题,他从学者的眼光和身份出发,对突出的社会问题进行干预;在 80年代,以往的研究在积累中成形,场域、惯习、资本等概念从认识论和方法论上成为体系。此后,布尔迪厄在此基础上将他的探索扩展到一系列新的论题上,其中就包括对新闻业和电视的研究。

(一)场域理论运用于新闻和媒介研究

1. 布尔迪厄的新闻场研究

20 世纪 90 年代,布尔迪厄及其研究合作者们沿着场域的分析方法针对"新闻场"或"媒介场"做了大量的研究(这两个概念在其研究中都使用过,只是前者更为广泛些),后来这一系列的研究被布尔迪厄总结并发表在影响广泛的著作《关于电视》上。由此,布尔迪厄将场域的分析概念引入了新闻及媒介的研究。限于语言的限制以及翻译的缺乏,国内学者所能接触到的布尔迪厄及合作者对于新闻场和媒介场的研究很少,只能从《关于电视》这本综述性的文本中找到他们的研究成果。

布尔迪厄认为,新闻界可以被称作一个场域,这主要是因为:

> 新闻界是一个独立的小世界,有着自身的法则,但同时又为它在整个世界所处的位置所限定,受到其他小世界的牵制与推动。说新闻界是独立的,具有自身的法则,那是指人们不可能直接从外部因素去了解新闻界内部发生的一切。①

按布尔迪厄及其同事的研究,新闻场是被定位在其最为直接的环境中,即文化生产的场域——这是一个各色作家、艺术家、音

---

① [法]皮埃尔·布尔迪厄:《关于电视》,许钧译,辽宁教育出版社 2000 年版,第 44 页。

乐家和科学家进行符号创作的场域。文化生产场域被划分为两个部分:有限生产的场域(为其他生产者进行生产,是该场域中最靠近文化极的部分——文学期刊、前卫艺术与音乐等)和规模生产的场域(为一般受众生产,是该场域中最靠近经济极的部分——大众娱乐等)。新闻场域主要位于规模生产的场域,因此最靠近他律的经济和政治之极。①

在《关于电视》中,布尔迪厄从法国社会的历史中阐述了新闻场产生过程,由于这是在法国独特的历史环境中生成的,因此,这种新闻场的特质以及后来所分析的新闻场运作逻辑本身都带有浓厚法国社会的特性。

新闻场是在十九世纪两类报纸的对立中构成的:一类优先提供"消息",尤其是"耸人听闻的"或更佳的"轰动性的"消息,另一类则发书摘和"评论"文章,充分显示其"客观性"的价值。这是一个两种逻辑、两种合法性的原则相对立的场所。②

前一种运作逻辑是他律的运作逻辑,就是需要得到大多数人例如读者、听众及观众的认可,这种运作逻辑自然也离不开市场的裁决。而后者是自律的运作逻辑,只有得到内部同行的认可才能获得其价值。

2. 新闻场研究的拓展

运用场域概念研究新闻和媒介,是对传统的新闻和传播研究的一大突破。针对布尔迪厄及其合作者的研究成果,中外学者一方面对其进行解读,深入挖掘场域理论对于新闻传播研究的价值,

---

① Benson, R. :"Field theory in comparative context: A new paradigm for media studies", *Theory and Society*, Jun. 1999, pp. 463 – 498.

② [法]皮埃尔·布尔迪厄:《关于电视》,许钧译,辽宁教育出版社 2000 年版,第 86 页。

并运用场域理论跨语境分析本国新闻媒介;另一方面,布尔迪厄将场域理论运用于新闻研究的不完善性和缺陷,也被学者提出质疑和批判。

第一,对新闻场研究的肯定及拓展。

对于布尔迪厄及其合作者用场域理论来分析新闻及媒介,罗德尼·本森对其进行了总结,认为这种研究建立起了以发展一种以新闻场,或者是媒介场域概念为中心的新闻社会学为目的的研究新范式,并认为其具有很大的突破性,能够为众多具体媒介研究范畴带来活力和指导意义。他指出,相对于其他研究媒介的范式——文化范式、技术范式、政治经济范式、霸权范式以及组织范式而言,媒介场域的范式具有相当的优点:首先,聚焦于中观层面的"场域"为传统上割裂的宏观新闻媒介社会模式(诸如政治、经济、霸权、文化和技术理论)和微观组织研究路径架设了理论与实证合而为一的桥梁。其次,相对于不是集中于新闻机构就是集中于受众(很少同时集于这两者)的那些研究,场域理论的研究侧重于两者间的联系。此外,它挑战"被动"—"主动"受众这种两分法,坚持生产和接受周期的预设的和谐。再次,场域理论凸显变化的过程,包括媒介场域自身是如何变化的,以及一个充足(recon-figured)的媒介场域是如何影响其他主要社会部门的。最后,与英—美式的严格区分研究与政治间关联(engagement)的趋势相反,布尔迪厄、Champagen 等人建议并实施一个将政治和知识分子行动混合在一起的项目,以此为他们所认为的社会顽疾疗伤。①这是对于新闻场或媒介场的贡献所作的较为详细的归纳和总结。

---

① Benson,R.:"Field theory in comparative context:A new paradigm for media studies",*Theory and Society*,Jun. 1999,pp. 463 – 498.

　　除了对新闻场研究范式的肯定之外,很多学者还致力于将这种研究范式与媒介或新闻内具体的研究领域结合起来,用新闻场的理论模式来指导新闻或媒介的具体研究。罗德尼·本森认为,在政治传播的研究中,新闻媒体往往倾向于被视为因变量而非独立变量。很少有研究将媒介体系的结构特点与政治新闻话语的生产联系起来,造成这种相对沉默的原因之一就在于有影响力的理论相对匮乏。"场域理论"能将上述二者联系起来,并且提供了媒介系统不断变化是如何形塑新闻话语的一系列假设。① Roger Dickinson 则指出,布尔迪厄新闻场的研究可以作为理解日益复杂的新闻生产环境及迅速变化的新闻实践本质的重要理论方法之一。② 还有学者认为作为一个真正的公共行业,新闻业正面临着来自经济、文化、政治和专业化的严峻挑战,对新闻批评的需求日益增长,这有助于新闻专业性在当前媒体社会中的维系,而布尔迪厄富有影响力的场域理论以及新闻场的研究都可被视为新闻批评最重要的分析框架之一。③ 通过采用布尔迪厄元资本这一概念并回归到更广泛的象征性符号系统和权力的分析框架中,这些问题就能得以解决,主要是因为媒介拥有游戏规则的元资本以及确定性资本(尤其是象征性资本),而这些资本能在当代生产场域中发挥作用。④

---

① Benson, R. : "Bringing the Sociology of Media Back In", *Political Communication*, Jul. -Sep. 2004, pp. 275 – 292.

② Dicknson, R. : "Studying the Sociology of Journalists: The Journalistic Field and the News World", *Sociology Compass*, May 2008, pp. 1383 – 1399.

③ Kunelius, R. : "good journalism", *Journalism Studies*, Oct. 2006, pp. 671 – 690.

④ Couldry, N. : "Media Meta-Capital: Extending the Range of Bourdieu's Field Theory", *Theory and Society*, Dec. 2003, pp. 653 – 677.

此外,新闻场理论是在开放过程中得以完善的,其他有价值的解释理论也可与新闻场的研究范式相结合,将新闻场研究与其他理论进行融合也是学者对新闻场研究的重要拓展。罗德尼·本森认为,新闻场理论和新制度主义理论之间有许多相似性。一方面,新闻场关注竞争和差异,这补充了新制度主义者对于同质性的强调,同时新闻场强调记者作为一个整体的专业化和理性化的自治,新制度主义者则忽略了这一点。与此相反,新制度主义者更关注国家对于新闻场的影响,这有助于填补布尔迪厄理论模型的关键不足,融合二者可使新闻场或者媒介场的研究范式得到进一步完善。[①] Roger Dickinson 认为,布尔迪厄的场域理论和 Howard S. Becker 的生活世界理论是研究新闻社会学的两个十分有用的理论,但是两者又有不可避免的缺陷,因此应该结合新闻场理论和新闻世界方法建构一个新的理论框架对新闻进行社会学的分析,[②] 不过这位学者并未论述如何建立起这一解释的框架。

第二,对新闻场研究的质疑及批判。

新闻场理论极具创新性,但没有一种理论模式是完美无缺的,新闻场研究也不例外,学者们也从各个不同的角度对这一研究理论或研究范式的种种局限性和缺憾提出质疑和批判。

有不少学者对布尔迪厄将场域理论运用于新闻媒介分析的合理性提出质疑。Nick Couldry 指出了场域理论运用于新闻媒介研究所存在的三点尚未解决的问题:首先,伴随着场域理论在新闻媒

---

① 　Benson,R.:"News Media as a 'Journalistic Field':What Bourdieu Adds to New Institutionalism, and Vice Versa",*Political Communication*,Jul. 2006,pp. 187 – 202.

② 　Dickinson,R.:"Studying the Sociology of Journalists:The Journalistic Field and the News World",*Sociology Compass*,May 2008,pp. 1383 – 1399.

介研究中的运用,是否有一种独一无二的研究方法产生呢? 其次,场域理论是否真的告诉了我们一些新的东西,还是只套用了一个理论,并没有提出新闻和媒介内部的新问题? 最后,新闻场的研究能在多大程度上解释媒介的操作问题,也就是媒介内部的具体问题? 这些问题都是场域理论本身有待解决的,只有认真地解决这些问题,场域的研究学者们才能更好地发展这一理论并将之运用于媒介的研究。① Adrienne Russell 则指出,在场域理论中,布尔迪厄通常是将场域中行动者的惯习作为分析的重点,如果将这种分析运用于新闻界研究就会将新闻从业人员和观众做生硬的划分,因为新闻专业人员同观众之间的惯习是完全不同的。事实上,目前新闻生产和新闻事件是由专业和非专业人员共同营造的,如2005 年法国暴乱这一事件的报道,就是由来自世界不同国家的业余爱好者们共同完成的,业余爱好者们成了新闻事件新的代理人,因此,用惯习的研究将新闻场域内的行动者进行划分是不符合现状的,这种参与型观众的出现对场域理论运用于新闻媒介分析提出了严峻的挑战。②

还有研究者对布尔迪厄《关于电视》中新闻场分析的过程也提出了批判。Philippe Marlière 指出,相比于其他场域研究,新闻场内

---

①　Couldry, N. : "Bourdieu and the media: the promise and limits of field theory Review of Rodney Benson and Erik Neveu" in Benson, R. and E. Neveu, editors, : *Bourdieu and the Journalistic Field*, Cambridge, 2005.

②　Russell, A. : "Digital Communication Networks and the Journalistic Field: The 2005 French Riots", *Critical Studies in Media Communication*, Oct. 2007, pp. 285 – 302.

部缺乏实证性研究,社会学分析也不够细腻,很难令人信服。[①] 有很多学者批评《关于电视》更像是一本论战性著作,而不是一本用场域理论去分析新闻业的社会学著作,对新闻场本身的分析没有详述,新闻场产生的历史过程也只是一笔带过,远不及对艺术场、教育场的分析那么透彻清楚,然而这也为后继者完善新闻场的研究留下了空间。

(二)场域之间关系的实证研究

1. 布尔迪厄对新闻场与其他场域关系的研究

在布尔迪厄看来,任何场域都不是独立自主的,每个场域在"经济的"、"政治的"两极之间复制更大的社会区隔(social division)。场域根据特定资本种类以及它们彼此间的相对自主性加以区分。没有哪一个场域是自主的,即便是可能近乎于理想状态的数学和诗歌也不例外。[②] 新闻场与其他场域之间的关系,是新闻场研究的重点。

布尔迪厄在《关于电视》中,分析了新闻场或者说电视场,其中有一条制约关系的主线,即经济场制约着新闻场,而新闻场又会对整个文化生产场域产生影响。布尔迪厄在分析经济场制约新闻场的过程中指出,新闻场自身难以自主,它牢牢受制于商业逻辑,其运作直接受到节目收视率、广告份额等衡量媒体实力主要指标的支配。文学场、艺术场是纯文化的特殊逻辑的存在场所,而新闻场与政治场、经济场一样,更会受制于市场商业逻辑的裁决与考

---

① Marlière, P. : "The Rules of the Journalistic Field: Pierre Bourdieu's Contribution to the Sociology of the Media", *European Journal of Communication*, Jun. 1998, pp. 219 – 234.

② Benson, R. : "Field theory in comparative context: A new paradigm for media studies", *Theory and Society*, Jun. 1999, pp. 463 – 498.

验,在这一点上,不同于文学场、艺术场:

"新闻场具有特殊的一点,那就是比其他的文化生产场,如数学场、文学场、法律场、科学场等等,更受外部力量的钳制。它直接受需求的支配,也许比政治场还更加受市场、受公众的控制。'纯粹'与'商业化'的选择在所有场中都可以看到。在新闻场中,这两者的冲突尤为激烈,商业化一极的力量特别强大:其强大程度是空前的,若在现阶段作共时比较,也是其他场中的商业因素所无法相比的。"①

在这里,还有另外一条制约关系,就是新闻场对更大的文化生产场的制约和控制。

"新闻界是一个场,但却是一个被经济场通过收视率加以控制的场。这一自身难以自主的、牢牢受制于商业化的场,同时又以其结构,对所有其它场施加控制力。这一结构性的、客观的而又隐匿悟性的力量……一个越来越受制于商业逻辑的场,在越来越有力地控制着其它的天地。通过收视率,经济向电视施压,而通过电视对新闻场的影响,经济又向其它报纸包括最纯粹的报纸,向渐渐被电视所谓控制的记者施压,同样借助整个新闻场的作用,经济又以自身的影响控制整个文化场。"②

对于布尔迪厄及其合作者用场域理论来分析新闻及媒介,罗德尼·本森对其进行了总结,认为这种研究"建立并发展了以新闻场或是媒介场的概念为中心的新闻社会学研究新范式。其中心论点是面对经济场日益增长的影响和渗透,新闻自主性减弱了。

---

① [法]皮埃尔·布尔迪厄:《关于电视》,许钧译,辽宁教育出版社2000年版,第61—62页。

② 同上书,第62—66页。

新闻媒介作为统治权力的代言人,损害了科学知识生产和艺术创新的社会条件,削弱了其他文化生产领域的自主性"。①

布尔迪厄新闻场研究成果集中体现在《关于电视》的论著中,这一成果一面世便引发了国内外学者的强烈关注。他提出的主要观点即经济场侵蚀新闻场,新闻场又对具有特殊规则和资本的场域自主性产生了威胁,如学术场、政治场等,甚至危及民主的进程。新闻场理论强大的解释效力得到了众多学者的肯定和认同。②

曾有中国学者借助于布尔迪厄的场域理论来分析"常德劫案",认为电视为了追求收视率而片面渲染劫案本身从而造成了恶劣的社会影响,这与布尔迪厄所论述的法国社会的电视为了追求收视率而追求社会新闻的现象不谋而合,也体现了中国社会的新闻场被经济场所操纵的逻辑。③

布尔迪厄场域理论的另一条主线关系是,受制于经济场的新闻场会对整个文化生产场域产生更大影响,其中包括对学术场的影响,其后果之一便是一些学者在自身领域内得不到重视或是偏

---

① Benson, R. : "Field theory in comparative context: A new paradigm for media studies", *Theory and Society*, Jun. 1999, pp. 463 – 498.

② Dicknson, R. : "Studying the Sociology of Journalists: The Journalistic Field and the News World", *Sociology Compass*, May 2008, pp. 1383 – 1399; Marlière, P. : "The Rules of the Journalistic Field: Pierre Bourdieu's Contribution to the Sociology of the Media", *European Journal of Communication*, Jun. 1998, pp. 219 – 234; 于德山:《布尔迪厄的新闻场域理论及其现代意义》,载《新闻知识》2005 年第 5 期,第 34—36 页;张意:《拆解新闻场的七宝楼台:布尔迪厄的媒介批评》,载《文艺研究》2008 年第 4 期,第 82—90 页;梁成山:《试论新闻场对文化生产场的控制——〈关于电视〉述评及其应用》,载《西安石油大学学报》2008 年第 1 期,第 99—103 页;舒嘉兴:《新闻卸妆:布尔迪厄新闻场域》,台北市桂冠图书股份有限公司 2001 年版;黎柏孺:《新闻戏剧化的背后》,载《网路社会学通讯期刊》第 49 期,2005 年 10 月 25 日。

③ 陆静斐:《从"常德劫案"谈收视率问题——简析布尔迪厄的媒介批判理论》,载《新闻爱好者》2001 年第 2 期,第 16—17 页。

离了主流的意识形态,便选择"在电视上挖一段时间,得以靠媒介生存"。① 有学者运用布尔迪厄这一论述来分析中国社会出现的"易中天现象"、"于丹现象"等,认为这些教授学者之所以能够走红主要是依靠能够上电视,这种状况正好是同法国电视新闻场对其他文化生产场造成僭越和影响的结果是相同的。②

2. 新闻场与其他场域关系研究的批判和完善

布尔迪厄关于新闻场与其他场域关系的论述,也招致许多学者的批判,主要集中在以下几个方面:

首先,在有关新闻场的论述中,布尔迪厄对电视的批评集中在揭示电视媒体和经济权力的关系上,而相对忽略电视和政治场的关系,即漠视新闻场与政治场之间的关系,这成为众多学者对场域理论批判的一个焦点。③ Michael Schudon 指出,在布尔迪厄分析新闻场时,新闻场的自律性是其分析的重点,但是如果从民主理论的视角来看,新闻场如何能够实现其自主性? 这里就必须直面新闻场受政治场制约的现实。布尔迪厄表现出对市场逻辑的恐惧,他认为市场逻辑的影响是对新闻场自主性的威胁。

其次,对经济场影响新闻场的强大力量进行质疑。布尔迪厄所论述的新闻场概念是从法国独特的社会特性中提出的,能否广泛地运用于各种社会环境是值得商榷的。Roger Dickinson 指出,布尔迪厄对新闻场的研究,过分关注经济力量而忽视了与其他场

---

① 〔法〕皮埃尔·布尔迪厄:《关于电视》,许钧译,辽宁教育出版社 2000 年版,第 68 页。

② 梁成山:《试论新闻场对文化生产场的控制——〈关于电视〉述评及其应用》,《西安石油大学学报》(社会科学版)2008 年第 1 期,第 99—103 页。

③ Bourdieu, P. and D. Robbins, editor, : *Pierre Bourdieu* 2, Sage Pubns, p. 324; Marlière, P. : "The Rules of the Journalistic Field: Pierre Bourdieu's Contribution to the Sociology of the Media", *European Journal of Communication*, Jun. 1998, pp. 219 – 234.

域之间的关系,在不同的国家这种情况不尽相同。如在英国社会中,经济力量被公共服务削弱了,使得媒介在某种程度上被制度化为相对独立于政治和财政力量的媒介,因此,经济场对于新闻场的影响并不那么强烈。国内学者也指出,布尔迪厄在《关于电视》中所提出的新闻场运作逻辑是不适用于中国情况的,尤其是经济场力量的强大性值得商榷。

最后,新闻场内部分析中只注重竞争而忽视相互合作也是新闻场理论遭质疑之处。有学者指出,布尔迪厄的新闻场分析中过分强调和关注新闻工作者作为社会行动者的相互竞争,这事实上同场域理论本身强调相互竞争是一脉相承的,但 Roger Dickinson 以英国社会的新闻业为例指出,新闻场的内部肯定不只是存在相互竞争和相互倾轧,否则新闻场内部的新闻生产根本无法进行,因此,新闻工作者之间相互合作的情况也应该是常态,这也是新闻场分析中的盲点之一。①

也有学者对布尔迪厄新闻场与其他场域之间关系的研究进行修正和完善,以便能扩大其解释的效力和范围。罗德尼·本森首先抛弃了布尔迪厄在《关于电视》中的那种通俗的、类似于论战性质的阐述方式和分析结论,更加回归到了布尔迪厄场域理论的方法上。他以布尔迪厄的场域理论为框架,通过哲学和科学界、司法界、医学界三个场域个案,分析了当代法国新闻业对于法国社会的影响,阐述了一个更为完整的法国社会新闻场,认为法国社会的新闻场严重受制于权力化的文化、经济、政治和社会场域,完善了布

---

① 　Dicknson, R. :"Studying the Sociology of Journalists: The Journalistic Field and the News World", *Sociology Compass*, May 2008, pp.1383 – 1399.

尔迪厄的新闻场研究范式。① 除此之外,有英国学者指出,媒介与其他机构之间的关系,不仅仅存在着一些诸如自由、社会结构、理性等文化意识形态方面的制约,金融机构的经济影响,与政治权力政策之间也存在着许多双向关系,他们都将新闻场置于各种权力场的控制之下,既肯定了新闻场自身存在严密的逻辑,又指出了新闻场与政治场、经济场之间存在可能的联系。② 这可以被看作是在布尔迪厄《关于电视》中新闻场的论述上又前进了一步,发展出了一种更加完整的新闻场分析框架,指出了电视等大众传媒除了越来越受到经济资本的侵蚀以外,还直接受制于文化和政治权力场域。③

　　除了对布尔迪厄及其合作者所提出的新闻场研究理论作进一步分析、批判以及完善之外,经验性的实证研究也是新闻场研究的一个重点,尤其是在法国社会之外的国家进行的实证研究为新闻场的发展贡献良多。这类研究划分为两类,一种是对于新闻场或媒介场本身概念的借用,事实上与布尔迪厄的新闻场或媒介场的概念并没有什么亲缘关系,只是借用了媒介场的这一概念,并将其嫁接在新的词语之上。④ 此外,有学者还创造出了某些与新闻场相关的场域概念或者是子场域的概念,如有学者将电视新闻场视

---

　　① Benson, R. :"Field theory in comparative context: A new paradigm for media studies", *Theory and Society*, Jun. 1999, pp. 463 – 498.

　　② Benson, R. and E. Neveu: *Bourdieu and the Journalistic Field*, Cambridge, 2005.

　　③ 陶国睿:《新闻场域与报业运营的互动关系——以穗沪两地生活服务类报业市场为例》,暨南大学新闻学硕士学位论文,2006 年 5 月。

　　④ 党东耀:《新媒体场域下的社会问题新闻报道》,载《华中科技大学学报(社会科学版)》2008 年第 11 期,第 114—118 页。

作新闻场的一个子场域,①这些子场域也有着自身的运作逻辑。
还有学者将编辑部视作新闻场内的一个子场域(虽然未明确提出
子场域这一概念)进行分析。② 另一类研究是从布尔迪厄的新闻
场研究出发进行拓展性的经验性研究,这将成为本论述的重点。

关于新闻场与其他场域关系的研究,特别需要考虑不同国家
所具有的不同生态环境。布尔迪厄曾经指出,在《关于电视》中所
论述的法国社会的新闻场与其他场域之间关系的研究并不能直接
运用于其他国家,由于各个国家的新闻场都是不同历史发展的产
物,因此也并不能假设所有国家的新闻场都与《关于电视》中所描
述的法国新闻场有着相同的结构。有不少学者认识到要想了解自
己国家内部的新闻场与其他场域之间的关系,必须在自己国家的
历史、社会以及文化等独特的语境下解读。

巴西的研究者运用了布尔迪厄的场域理论来分析巴西境内新
闻场的运作逻辑,不过相对于《关于电视》中对新闻场被经济场所
控制的分析相比,巴西社会新闻场的自主与否则取决于政治场与
新闻场的关系,即巴西的新闻场受到国内政治场的控制,使得新闻
场无法获得自治。③ 这里的经验研究已经突破了布尔迪厄的新闻
场受制于政治场的逻辑。

Göran Bolin 将场域的研究运用到了瑞典媒介的研究,他将电

---

① Bolin, G.: "Television Journalism, Politics & Entertainment: Power and Au-
tonomy in the Field of Television Journalism", *the 5th Anniversary Conference LSE*, Sep.
2008.

② 张志安:《编辑部场域中的新闻生产》,复旦大学新闻学博士学位论文,
2006 年 4 月。

③ Filho C. B. and S. Praca: "the political and Journalistic Field in Brazil: Au-
tonomy and Habitus", *Associaco Brasileir de Pesquisadores em Jornalismo*, 2006,
pp. 47 – 70.

视新闻场视为新闻场的一个子场域,论述了电视新闻场域与经济场、政治场、教育场之间的复杂运作关系。通过他的实证研究得出的结论是,瑞典社会电视新闻场受政治场的影响逐渐减弱,电视新闻场的自主性得以提升,同时,经济场对电视新闻场的控制能力减弱,电视新闻场并没有被娱乐吞噬。①

　　国内研究者对新闻场及其他场域之间关系的研究也逐步突破了布尔迪厄所论述的那种逻辑,结合中国情况,将政治场、经济场以及文化场等场域与新闻场结合起来研究。有学者将新闻场看作是文化场的一个从属的场,试将穗沪两地生活服务类报业市场作为一个"新闻场",从代表权力政策的"政治场"、区域文化的"文化场"、报业市场竞争的"经济场"、人口结构的"社会场"四个方面来剖析对新闻场的影响和制约,从而探究穗沪两地生活服务类报业市场呈现出如此大差异的原因,也就是论述因为其他场域对于新闻场的影响从而影响了报纸。② 还有研究人员也探讨了媒介场域与其他场域的关系,但是主要将目标集中于政治场与经济场,认为中国目前的传媒是在政治场与经济场的夹缝中生存。③

　　可以看出,中西方学者对场域理论的研究还是有不少成果的,特别是布尔迪厄对新闻场与政治场、经济场、文化场等其他场域关系的研究更是具有开创性价值的全新分析视角,对本研究具有重要意义。其他对场域间关系研究的成果以及对各场域内部的结

　　① Bolin, G. : "Television Journalism, Politics & Entertainment: Power and Autonomy in the Field of Television Journalism", *the 5th Anniversary Conference LSE*, Sep. 2008, pp. 21 – 23.

　　② 陶国睿:《新闻场域与报业运营的互动关系——以穗沪两地生活服务类报业市场为例》,暨南大学新闻学硕士毕业论文,2006 年 5 月。

　　③ 魏杰:《徘徊于政治场域与经济场域之间——中国传媒集团困境分析及解决之探索》,西南政法大学新闻学硕士毕业论文,2007 年 4 月。

构、运作等角度的分析也有值得借鉴之处。

第二节 媒体影响力研究现状

区域性主流媒体的场域研究,重要的目的是为了弄清楚媒体提高传播有效性、增强社会影响力的基本路径。收集梳理中外学者对媒体影响力的研究成果,可以便于本研究以新的视角作进一步展开。

一、西方传媒的影响力研究

西方的传媒影响研究,总体上可划分为从传媒形式研究影响、从传媒内容研究影响两个视角。在传媒内容的影响研究中,又分为微观、宏观两个层面,前者研究传媒对受众的影响,后者研究传媒对社会及文化的影响。

(一)传媒形式的影响研究

从技术形式上进行分类,传媒可划分为报纸、广播、电视、杂志、互联网等,不同技术形式的媒介如何影响社会公众,国外学者有深入的分析。

早期媒介形式的研究学者英尼斯将媒介技术与国家政权以及人类文明联系在一起,他提出一个重要命题,即"在政治的组织和实施中,传播占有关键的一席。在历代各国和西方文明中,传播也占有关键的一席。"①麦克卢汉也曾论及印刷媒介对国家政权和文明的影响。在他看来,文字的最初功能是记事,但当它与帝国相联

----

① [加]英尼斯:《帝国与传播》,何道宽译,中国人民大学出版社2003年版,第3页。

系时,就成为实现统一和帝国梦的重要手段。

麦克卢汉曾经提出过一个命题:媒介即信息。他所要强调的是,媒介对于人类社会的最大意义,主要不是它作为载体所承载的具体信息,而是它本身作为"人体的延长"所带来的人类感知世界、认识世界、把握世界方式的改变以及由于这种改变而带来的对于人类社会活动的影响。显然,麦克卢汉这里所强调的主要是媒介的物质技术发展所带来的"影响力"。事实上,传媒的社会能动属性则是通过一种系统化、结构化和有机化的信息呈现与解构方式影响着人们的关注视野、议题设置,甚至思维方式和价值判断,这便是传媒在一定的物质技术属性的基础上对人们的社会活动所发生的能动的"影响力"。①

媒介形式的另外一个影响是新形式媒介的诞生使新的社会行为及社会角色产生,这可以在梅罗维兹的研究理论中得以归纳。梅罗维兹认为电子传媒造成信息环境的变化,即社会情境发生了变化,这种社会情境引发了人们的社会行为以及社会角色的变化这一连锁性的反应。②

最后,传媒的形式对于社会权力结构也产生重要影响,从口语时代到文字时代,从文字时代到印刷时代,从印刷时代到大众传播时代,从大众传播的纸质时代再到电子媒介时代乃至网络时代,社会权力随着媒介形式的多次转化发生了多次重要的变迁。保罗·利文森在论述传媒形式的影响时,就更侧重从社会权力结构的变

---

① 喻国明:《传媒影响力》,南方日报出版社2003年版,第4页。

② Meyrowitz J.:"Shifting Worlds of Strangers: Medium Theory and Changes in 'Them' Versus 'Us'", *Sociological Inquiry*, Feb. 1997, pp. 59 – 71.

迁这一角度来讨论。①

（二）传媒内容的影响研究

在过去近一百年间，传媒内容的影响研究成果纷繁复杂，可以划分为微观和宏观两个层面。

在微观层面，主要是研究大众传媒内容对受众的影响。西方学者研究传媒对受众的影响，形成了许多理论方法及研究成果，在内容上主要包括传媒的暴力内容对受众尤其是对儿童及青少年的影响、传媒内容对政治竞选中受众的影响、传媒关于女性和少数民族的刻画对受众形成刻板印象的影响等。这些研究在理论和范式上也有一系列演变，如早期的"魔弹论"、"二级传播理论"、"利用和满足"、"选择性影响"、"社会学习理论"等。在研究的方法上也创造性地采用了社会科学的方法，如内容分析、社会调查、实验方法等。尽管研究方法和结论不尽相同，但我们可以发现大众传媒对受众影响的研究，即传播学的效果研究中，存在一个影响的"强——弱——强"的模式，它将大众传播对受众影响研究的历史按照影响"强弱"或"大小"划分为三个阶段：第一阶段是1920年至1940年代初"强力效果模式"阶段，以"魔弹论"和"皮下注射理论"为代表，强调大众传媒"万能"的效果和强大的影响力；第二阶段是从1940年初到1960年代中称为"有限效果模式"阶段，强调大众传播的效果由于受到受众心理和社会诸种中介性因素影响而没有想像中强大，大众传播对受众影响是有限的或者很小的；从1960年代末开始进入"限定强力效果模式"阶段，由于"议程设置"、"社会学习理论"、"涵化理论"及"沉默的螺旋"等理论发现，

---

① 陈力丹:《试看传播媒介如何影响社会结构——从谷登堡到"第五媒介"》,载《视听纵横》2004年第6期,第18—19页。

大众传播影响回归到较强的影响模式,但这种影响与最初的"魔弹论"已不尽相同。这种按效果强弱划分阶段的做法具有简洁、明白的优点。①

在宏观层面,传媒内容的影响研究是研究大众传媒对整个社会或文化的影响。大众传播的内容对社会及文化的影响主要集中在三方面:进行议程设置、造成信息不平等以及促进社会现代化。

议程理论,研究"外部世界"媒介及"我们头脑中的图象"之间的关系。首先,必须设定媒介中将要被讨论问题的轻重缓急,即媒介议程;其次,媒介议程在某些方面影响公众观念,即公众议程,或与之发生相互作用;最后,公众议程在某些方面影响政策制定者重视的事物,即政策议程,或与之发生相互作用。概括起来说,即媒介议程影响公众议程,公众议程影响政策议程。②

传媒对社会造成的另一重要影响就是信息的不平等,就如罗伯特·福特纳所指出的:传播不仅没有解决日常生活行为中存在的严重的不平等,其本身反而可能使之进一步恶化。一部分人不惜花大价钱扩大选择,而另一部分比较贫困的人因支付不起费用而减少选择。因此,有些人将成为"信息富人",而其他的人则成为"信息穷人"。③

---

① 〔美〕德弗勒、鲍尔·洛基奇:《大众传播学诸论》,杜力平译,新华出版社1990年版,第163—222页;Schramm, W.:"The nature of communication between Humans", in Schramm, W. and D. F Roberts, editor, :*The process and effects of mass communication*, Urbana, 1971, pp. 3 – 35。

② 〔美〕斯蒂文·小约翰:《传播理论》,陈德民、叶晓辉译,中国社会科学出版社1999年版,第601页。

③ 〔美〕罗伯特·福特纳:《国际传播——全球都市的历史、冲突及控制》,刘利群译,华夏出版社2000年版,第23—24页。

　　传媒能够促进社会发展应该是其最为宏观的影响。传播学者施拉姆说,现代社会飞速发展,我们始终面临着各种创新——新技术、新观念、新风尚和新的行为准则。研究表明,大众传媒的使用能够在这种变革中起到重要作用。大众传媒这种影响在发展中国家表现得特别明显,这些国家有时有意识地利用媒介促进了现代化进程。①

　　西方学者对传媒的研究主要集中在传媒主体对其他主体(受众或社会)所起的作用或已发生的效果方面。传媒影响研究也被称作传媒的效果研究。传媒影响力主要是指一种行为主体对其他主体(受众或社会)的控制能力,在本质上影响力是一种控制能力,因此传媒影响力的研究更侧重于传媒主体的主导行为,是一种事前影响的研究。

二、我国传媒的影响力研究

　　我国学者对传媒影响力的研究是从三个方面展开的,分别是传媒影响力内涵的研究、传媒影响力指标体系建构的研究、传媒影响力提升的影响因素研究。

（一）传媒影响力内涵的研究

　　对传媒影响力内涵的研究,主要集中在传媒的市场影响力和传媒的社会影响力两个层面。

　　相当一部分学者对传媒影响力的研究,主要是在舆论影响力或社会影响力的层面上展开的。媒介的社会影响力体现了媒介的

---

　　①　[美]韦尔伯·施拉姆:《大众传播媒介与社会发展》,金燕宁等译,华夏出版社1990年版,第121—156页。

权威性和信誉度,其基本功能有整合功能、交流功能、引导功能。①
有学者在 2005 年撰文指出:"媒体的舆论影响力,是指通过信息选
择、处理、提供及分析、判断、见识等手段,影响新闻舆论的倾向、力
度及构成……从而实现影响人们的认识与行为的能力。"②在《传
媒影响力》一书中,虽然没有明确传媒影响力的概念,但把重点放
在了传媒的舆论影响力上,书中提出传媒作为社会之公器,理应承
担起"社会守望者"的角色。在新闻传播实践中,传媒在引导舆
论、监督舆论等方面也发挥了十分重要的作用,媒体舆论监督的力
量实在不可小觑。③

　　另外一部分学者对传媒影响力的研究,则侧重于传媒影响力
的经济层面,即把传媒影响力视作一种市场的影响力,而非前面所
论述的社会影响力或舆论影响力。随着中国传媒体制改革的深
入,在党报党刊、电视台以及电台之外建立起了一大批传媒,这些
媒体面对市场运作,展开市场竞争。在这一背景之下,传媒影响力
经济的概念应运而生。有学者指出,传媒这个特殊的商品有其特
殊的售卖方式:一是通过发行出售传媒的物质产品,其消费对象是
广大受众;二是通过广告出售受众的注意力或影响力,其消费对象
是广告主,即广告主借助受众的注意力或影响力以扩大自身影响,
达到传播目的;第三出售的则是传媒的无形资产,其消费对象既包
括普通受众也包括广告主。以上即是传媒的三次售卖理论。通俗
地说,即第一次卖产品,第二次卖受众,第三次卖品牌。无论是报

---

　　①　张楠:《媒介影响力及美术传播的尴尬》,载《新闻传播》2008 年第 5 期,
第 60 页。

　　②　李芹燕:《以新闻策划提升媒体影响力》,载《新闻爱好者(理论版)》2007
年第 12 期,第 24 页。

　　③　吴飞主编:《传媒影响力》,中国传媒大学出版社 2005 年版,第 1—50 页。

纸的物质产品,还是受众的注意力,以及作为无形资产的品牌,实际都是一种影响力产品。西方对传媒经济的"影响力本质"很早就达成了共识。诺贝尔经济学奖获得者赫特就曾说过:"随着信息时代的发展,有价值的不是信息而是你的注意力和影响力。"①中国人民大学宋建武教授在《中国媒介经济和媒介运作》一书中提到媒介运作的规律:媒介依靠将其所拥有的对受众和社会的影响力和传播能力出卖给广告商来获得经济收益和价值补偿;媒介产品本身是公共产品,它用来保证广大受众的知情权,传媒影响力和传播能力越强的媒体对广告的吸纳能力越强。② 2001 年曹鹏发表的文章《影响力经济与媒体赢利模式》中指出:"媒体的赢利模式,其核心是有效传播,也就是能创造市场经济效益的传播。影响力经济,就是受众注意到了传媒发布的信息,特别是广告信息,而且还实实在在受到了影响,不管是有意还是无意,自愿还是被动,并且付诸了消费。"③曹鹏的解释即是从传媒的市场影响力角度进行分析,将影响力归于一个基于传播学理论的营销学范畴,他强调媒体获得赢利即广告销售环节真正起作用的是媒体的影响力,媒体影响力经济探讨的是媒体进行广告销售的一个赢利机制问题。2002 年,喻国明教授首次系统地阐述了传媒经济的影响力本质,并使"影响力经济"这一概念在中国产生了广泛影响。他在《传媒影响力》一书中指出:"传媒影响力的本质就是它作为资讯传播渠

---

① 秦沈:《电视媒体活动:寻找撬动的支点》,载《今传媒(下月刊)》2006 年第 6 期,第 41 页。

② 宋建武:《中国媒介经济和媒介运作》,新华出版社 2004 年版,第 2—28页。

③ 曹鹏:《影响力经济与媒体赢利模式》,载《新闻与写作》2001 年第 12 期,第 14—15 页。

道而对其受众的社会认知、社会判断、社会决策及相关的社会行为
所打上的属于自己的那种'渠道烙印'。这种'渠道烙印'大致可
以分为两个基本的方面:一是物质技术属性(如广播、电视、报纸、
杂志作为不同类型的传播渠道在传播资讯时所打上的各自的物质
技术烙印,并由此产生的对于人们认知、社会判断和社会行为的影
响);一是传媒的社会能动属性(如传媒通过其对于资讯的选择、
处理、解读及整合分析等等在传播资讯时所打上的各自社会能动
性的烙印,并由此产生的对于人们认知、社会判断和社会行为的影
响)。"①他同时指出:"传媒的社会能动属性是通过一种系统化、
结构化的信息表现与解构方式影响着人们的关注视野、议题设置,
甚至思维模式和价值判断,这便是传媒在一定的物质技术属性的
基础上对人们的社会活动所发生的能动的影响力。"②

　　正如前文提到,传媒的影响力可分为两大类,即传媒的社会影
响力和传媒的市场影响力。也有学者指出,社会影响力与市场影
响力二者会相互渗透,相互影响,但必须二者兼顾,不可偏废,过分
追求市场影响力会削弱传媒的社会影响力。③ 随着学术界对传媒
的市场影响力以及影响力经济的概念越来越重视,也有学者提出
这也会产生负面的影响,很多媒体把提升市场影响力奉为在市场
竞争中制胜的法宝,而对市场影响力的过分强调,则会导致传媒大
众话语权的缺失。

　　(二)传媒影响力指标体系的建构

　　关于传媒影响力,国内学者不仅进行定性研究,还试图对传媒

　　①　喻国明:《传媒影响力》,南方日报出版社 2003 年版,第 4 页。
　　②　喻国明:《传媒影响力》,南方日报出版社 2003 年版,第 4 页。
　　③　赵彦华:《社会影响力与市场影响力的关系》,载《中华新闻报》2003 年 9
月 8 日。

影响力大小或强弱进行测量,制定出一些定量的测评指标。目前这方面的研究较为零散,主要侧重于在传媒市场影响力、传媒社会影响力两方面进行指标体系的建构,并未形成一个共同认可的指标体系。

1. 侧重于传媒市场影响力的指标体系建构

何春晖在《媒体影响力的量化指标》一文中指出,媒体影响力的评价指标体系应由媒体对内部公众影响力的量化指标、媒体对外部公众影响力的量化指标、媒体对广告主影响力的量化指标、媒体对同行及学术界影响力的量化指标四部分构成。每一项指标又各自包含多项二级指标,媒体对内部受众的影响力包括员工流动频率、媒体内部的信息畅通程度、员工对报酬的满意程度以及员工对媒体内部文化的接受度等。媒介对外部受众的影响力包括媒体的受众注意力、媒体的名称口号及形象表示的利用频率、媒体在网民心目中的关注度、受众对媒体策划举行的公关活动的参与程度。媒体对广告主的影响力则包含了发行量或收视率、媒体的目标受众构成、广告收入、广告价格以及广告供求比例。媒体对同行、学术界的影响力指标包含转载率、被其他媒体报道的次数篇幅或时数、创新频率、业界参观考察学习人次。有些二级指标中还包含三级指标。① 在这里出现的指标体系中的子指标较多,但其中涉及最多的还是市场影响力的指标,并未重视关于社会影响力的指标。

2. 侧重于传媒社会影响力的指标体系建构

也有研究者在构建指标时更侧重于社会影响力的指标建构,对于市场影响力的指标不太重视,在《都市类报纸的区域影响力》

① 何春晖、毛佳瑜:《媒体影响力的量化指标》,载《传媒视点》2006 年第 10 期,第 15—17 页。

中,作者提出了报纸影响力的构成要素,主要有权威性,具体包括受众量、传阅率、报纸的历史、主办单位的权威性;受众的决策力公信力,具体包括真实性、公正性、中立性、受众忠诚度;以及媒介在受众心目中的分量,具体包括主动阅读率、信息广度、内容贴近性、报纸的质量。[①] 这个指标体系中所设计的更多是社会影响力的指标。

3. 从传媒市场影响力和社会影响力共同出发的指标体系建构

很多学者提出要同时关注传媒的市场影响力和社会影响力。赵彦华提出传媒影响力的衡量标准可分为两个:一是传媒的社会效益质量标准,即传媒传播的内容是否拥有较高的质量,能否达到较好的社会传播效果;二是传媒经济效益质量标准,即传媒拥有的特定受众是否就是社会行动能力最强的一群人,并是否以此获得经济效益。[②] 喻国明等认为,要全面衡量传媒影响力,必须了解影响力的发生机制。而传播影响力的发生和建构,主要依赖传媒三个环节的资源配置和运作模式:一是接触环节:吸引注意的关键在于传媒内容和形式的极致化操作。因为只有"极致化"的东西才能在芸芸众生的社会注意力资源的竞争中获得青睐,拔得头筹。而这种所谓的"极致化"手段总体上可以分为两类:一是靠规模,二是靠特色。事实上,这便是传媒业竞争的两大基本手段。二是保持环节:构筑受众之于传媒的行为忠诚度和情感忠诚度。影响力的发生不是一次完成的。只有持续不断地接触(即保持)才能

---

① 田萌、蒋乐进:《都市类报纸的区域影响力研究——以杭州〈都市快报〉与〈钱江晚报〉为案例》,载《新闻知识》2006 年第 1 期,第 66—69 页。

② 赵彦华:《媒介影响力的质量标准》,载《中华新闻报》2003 年 9 月 22 日。

使传媒的影响力因时间的延续而价值"丰厚"起来。保持传媒影响力一方面要提高接触的频率、巩固接触的稳定性等,以增进行为忠诚度;另一方面要增强人们对传媒的心理依赖程度、满意与满足程度和认同程度等,以增进情感忠诚度。三是影响力的提升环节:选择最具社会行动能力的人群,占据最重要的市场制高点,按照社会实践的"问题单"的优先顺序订制自己的产品。这一环节的中心问题是改变我国传媒过去那种单纯靠"跑马圈地"式的数量规模扩张来形成自己影响力的价值模式,而将形成影响力的重心转移到在资源有限、规模有限、市场份额有限的情况下如何提升自己的社会影响力和市场影响力上来。[①]

以上是三种有代表性的指标体系建构。还有从其他角度建构指标体系的,比如中视金桥媒介研究中心提出,以媒体影响受众的能力如频道层级、资源实力、受众规模、受众忠诚度、内容公信力、形象代言力、影响深度等,以及受众影响社会的能力如决策力、舆论力、消费力等,来建构指标体系,但不具代表性。

(三)提升传媒影响力的因素研究

从某种程度上讲,影响力的大小意味着竞争能力的大小。如何提升媒体的影响力,中外学者都十分关心,这是媒体间竞争的重要因素。

有学者仅从新闻生产本身进行论述,这一视角比较单一,认为媒体影响力来自报道的内容,因此,传媒影响力的提升就主要在于做好独家报道、成就报道、典型报道、深度报道等。[②] 还有学者认

---

① 参见喻国明:《影响力经济》,南方日报出版社2003年版,第7—12页。

② 曹志明:《做好四种报道提升传媒影响力》,载《中华新闻报》2009年3月18日。

为媒体影响力提升的关键在新闻策划。其实也是着眼于新闻生产加以论述。

另一种观点认为传媒的影响力不单指某一方面的能力,而是由媒介的管理体制、多种经营能力以及媒介内容等共同起作用的,因此需要从多个层面提升媒体影响力。在喻国明教授的论述中,媒体影响力的提升是选择具有较高的决策话语权、知识话语权和消费话语权的社会成员,以自己的内容特色、并且收集完整的信息占据最重要的市场制高点,并根据时代发展或领域发展的"基本问题单"自觉地定制传播产品。他认为,这些能力和到位化的操作是提升传媒社会影响力的至关重要之"点"。① 还有学者运用旧中国最具影响力的一份民营商业化报纸——《申报》作为实证的研究对象,指出一个媒体在提升其影响力方面所做的努力主要有:第一,花心思来贴近读者,吸引读者注意力;第二,下功夫做主流内容,形成社会影响力;第三,经营媒体的品牌,扩大传媒影响力。②

可以看出,中外学者对提升传媒影响力的研究是有价值的,但是也要看到,这些研究大都集中于新闻生产运作层面和对受众一般意义上分析的层面。

第三节　场域理论及媒体影响力研究评述

对中外学者关于场域理论和媒体影响力的研究视角、研究方法、研究成果进行梳理,并借鉴吸取其合理因素,同时从研究的广

---

① 参见喻国明:《影响力经济》,南方日报出版社2003年版,第11—12页。

② 唐振伟:《论〈申报〉传媒影响力的打造》,http://www.xici.net/b244699/d47000056.htm。

度、深度分析其种种局限,对在此基础上进一步创新、取得突破是有重要意义的。

一、场域研究简评

布尔迪厄提出了场域的概念,认为在高度分化的现代社会中,社会分化为一个个的社会小世界,这些社会小世界有着自身的运作逻辑,就是场,它是指某个社会空间中由特定行动者相互关系网络所表现出的各种社会力量和因素的综合体,这成为布尔迪厄实践社会学的核心分析概念。布尔迪厄在其研究的晚期将这一概念运用于媒介的研究,提出了新闻场的概念,新闻场的研究本身就受到了学者的肯定、质疑以及拓展。在布尔迪厄的新闻场研究中,他并未将重点放在新闻场内部的分析上,这也是有学者对其进行质疑之处。布尔迪厄将新闻场的分析重点放到了新闻场与其他场域之间的关系上,在他看来,新闻场远比司法场、科学场、艺术场、学术场等更加受制于经济场的影响和制约,同时由于新闻场是文化生产场域的子场域,它还会将经济场的运作逻辑强加于整个文化生产场域,从而对其他的场域如学术场、司法场乃至医学场都会产生影响。

沿着布尔迪厄的新闻场与其他场域的关系分析路径,国内外学者都对其进行了创新性的批判和运用。

第一,新闻场受制于经济场,新闻场又会对其他更多社会场域产生影响,很多学者都对此表示了认同,并将其用于自己国家语境中分析。

第二,有学者对这条研究主线提出了质疑,尤其是布尔迪厄在分析新闻场与其他场域关系时,相对地忽视了政治场与新闻场之间的纠葛,学者对此予以批判,认为政治场对新闻场的影响不能被忽视,因此就有学者对布尔迪厄的新闻场或媒介场的理论作进一步完善。

第三,布尔迪厄在《关于电视》中,并没有对新闻场内部进行详细分析,而是将分析的重点放在了新闻场同其他场域之间的关系上,对新闻场与其他场域关系的研究也偏重于与经济场的关系,忽视与其他场域的关系,这是本研究需要重点解决的问题。本研究将把新闻场内部的深度分析同新闻场与其他场域关系结合起来研究,以求得对中国社会新闻场深入透彻的解读。

第四,新闻场与其他场域的关系分析深度不够。在布尔迪厄看来,场域之间的关系的确是很难梳理清楚的,无法确定一个普遍适用的场域之间关系的逻辑。每个社会环境、历史环境不尽相同,这些不同环境中的场域间关系也有很大差异,但可以通过经验的研究方法来确定场域之间的关系。例如在场域研究中,布尔迪厄就经验性地研究了法国社会的艺术场和经济场之间的关系、学术场和政治场之间的关系以及新闻场和经济场之间的关系。也有中国学者对中国语境下的新闻场作了研究。已有部分研究者对中国新闻场与政治场、经济场乃至文化场、社会场之间的关系作了分析,但场域理论并没有贯彻始终,有的甚至只是借用了场域的概念,其内核还是经济学和传播学的。

第五,场域之间关系的分析过于单一。布尔迪厄对新闻场与其他场域关系的分析还是局限于经济场对新闻场的侵蚀,以及新闻场对更多其他场域影响这条主线上,事实上,场域之间的关系不应该是如此简单的一条线,场域与场域之间应该是影响和反影响、控制与反控制共存,而并非新闻场受到其他场域影响后毫无能动,否则不仅不符合场域分析的逻辑,与现实状况也不相契合。本研究将突破这一局限,以更加详细的分析,呈现新闻场与其他各场域之间互动、合作、博弈的详细场景。

前述文献为本研究提供了比较丰厚的背景知识与研究启示，在梳理过程中，也形成了研究取向。本研究将借鉴吸收已有的场域理论研究成果，同时将拓展场域研究的领域，深度分析新闻场与各相关场域之间的关系，力求有新的理论创新和突破。

二、传媒影响力研究简评

在传媒影响力的相关研究中，西方的研究主要集中在影响研究，影响研究可分为传媒技术影响研究、传媒内容影响研究，而传媒内容影响研究又可划分为对受众的影响研究和对社会及文化的影响研究两部分。国外学者对传媒影响研究更集中于传播效果研究。

国内学者关于传媒影响力的研究，主要包括对传媒影响力内涵的论述和对传媒影响力指标体系建构的论述两个方面。关于传媒影响力内涵的论述，主要分为传媒的社会影响力和传媒的市场影响力。社会影响力主要是指传媒的舆论引导能力，市场影响力则是将传媒视作一种经济，这两种影响力相互联系，不可偏废。关于传媒影响力指标体系建构的论述，主要分为侧重于传媒市场影响力的指标体系、侧重于传媒社会影响力的指标体系以及两者并重的指标体系。关于传媒影响力提升的论述，主要从单一的新闻内容生产和综合的媒介管理体制、多种经营能力以及媒介内容这两个不同视角进行了论述。

综观国内外学者对传媒影响力的研究，可以看出，他们大多没有站在多学科的制高点，以创新性理论视角进行系统分析和阐述。而是大量研究都停留在一般经济学或传播学的层面对传媒的某一方面进行分析，研究范围还不够宽。一些研究中，媒体甚至被单一地看作经济、品牌或产业在经营,除了经济学理论外少有其他理论的支持。还有的如对《浙江卫视》、《申报》、《东方卫视》以及《贵州日报》等传媒的影响力研究,研究者也大多在具体新闻业务操作层面提出对策性研究,理论的创新和突破还不够,缺乏研究的高度,深度也不够。

　　在场域理论和传媒影响力研究的相关文献梳理中,我们可以发现,场域研究和传媒影响力研究至今为止还是两个没有交叉研究成果的领域。从某种意义上说,这也为本研究的理论创新和突破提供了巨大空间,在下面即将展开的论述中,将引入布尔迪厄的场域理论,试图用"场域"的视角分析研究我国区域性主流媒体,实现传媒影响力研究的创新和突破。在利用场域理论对新闻或媒介的研究中,一方面是在探讨新闻场与其他场域的关系以确定新闻场自身的运作逻辑,另一方面则是在探讨新闻场内部行动者行动的规则。可以说,是社会学、传播学、经济学和政治学等跨学科知识和视角对媒体影响力提升这一基本问题系统全面的探讨。

第三章　区域性主流媒体的源点

　　媒体的源点是书中提出的一个基本概念。所谓源点,就是媒体运作的出发点。我国20世纪90年代初兴起的都市类媒体和专业类媒体以及西方相当多的媒体是适应受众的特定需求而产生的,满足特定受众需求自然成为媒体运作的出发点,不存在源点的调整和确立问题。在我国社会,区域性主流媒体相当长时期内只讲宣传逻辑,忽视传播规律,缺乏受众意识,不考虑受众需求的满足,特别是在新的媒体环境下,传播有效性大为减弱,呈现"边缘化"趋势。不从满足受众需求出发运作媒体,一度时期成了新闻场行动者的惯习。区域性主流媒体要更好地承担主流意识形态和主流价值观的责任,切实提高传播有效性,就需要改变行动者惯习,对媒体的源点重新调整和确立。

　　场域的解读离不开对行动者惯习的分析。场域与行动者惯习不是一种简单的"决定"与"被决定"关系,而是一种通过"实践"为中介"生成"或"建构"的动态关系。惯习处于一个不断生成的过程中,"它来自于社会制度,又寄居于身体之中(或者说生物性的个体里)。"①当场域通过"关系束"来形塑场域中的行动者"惯习"时,"惯习"又会反形塑他所在的场域。当场域结构与行动者

---

　　①　[法]布尔迪厄、[美]华康德:《实践与反思:反思社会学引论》,李猛、李康译,中央编译出版社1998年版,第171页。

惯习之间是吻合的,由社会加以组织和建构的行动者惯习就体现着场域结构,并维持着整个场域结构的稳定性。当社会发生变迁时,场域结构也会发生变化,而行动者惯习的变化往往落后于场域结构的变化,由此惯习与结构之间的矛盾也会显现出来,这就是惯习的"迟滞效应"。

在区域性主流媒体的场域变迁中,场域与行动者惯习的辩证关系也得到了体现。在特定的社会生态环境下,新闻场会形成特定的自身结构和运作逻辑,新闻场内惯习也随之形塑而成。当社会生态环境发生变革时,新闻场结构也会发生变迁,新闻场结构的变迁又会引发惯习的变迁,但惯习变迁往往迟缓于新闻场结构的变迁,新闻场行动者会固守着原有的惯习。此外,由于不同行动者对新闻场变迁带来的压力感受不同,行动者惯习改变步伐不一致,惯习变化相对较快的行动者会逐步适应新闻场的变迁,改变原有惯习,从而更适应变革了的社会环境。而区域性主流媒体要适应社会生态环境的变化求得生存和发展,就迫切需要调整并确立媒体的源点,这就是从受众需求出发;作为新闻场行动者也需要相应改变原有惯习,首先要做一个真正意义上的受众接受的媒体,然后将区域性主流媒体承担的传播主流意识和主流价值观的责任贯穿于媒体运作的全过程。这是区域性主流媒体自身运作的基本逻辑,也是新闻场结构及其行动者惯习调整的基本取向。

第一节　影响区域性主流媒体源点的因素

在不同历史时期,区域性主流媒体有不同的生态环境。媒体生态环境的变化,直接影响新闻场结构及其行动者惯习的形成和变迁,而新闻场结构和行动者惯习是影响媒体源点确立的重要因素。从以下的分析中可以看出,我国区域性主流媒体一度时期由于受到特定新闻场结构和行动者惯习的影响,在媒体运作出发点上发生偏差,这样的偏差造成区域性主流媒体的媒体特性大为弱化。因此,对我国区域性主流媒体来说,有一个源点调整和重新确立的问题。

一、改革开放前的新闻场结构和惯习(1978 年以前)

新闻场结构并非自己生成,它总是由寄存的制度和环境形塑而成,新闻场的结构又是服从于传媒基本性质的,这一性质是当时的政治生态环境所决定的。

对于区域性主流媒体的新闻场而言,其形成和确立都离不开其指导思想——党报理论,它确立了新闻场运行的基本规则和结构。党报理论,萌芽于“五四”时期,在 20 世纪 40 年代延安整风前后趋于成熟并形成基本框架,主要包含以下几方面内容:第一,党报的办报模式,即党报是党组织的一个部分;传播内容是坚持以事实说话;传播目的是指导和组织工作。第二,党报的办报路线和方针,即党报要整个党组织来办。第三,宣传第一的工具属性。第四,相对单一化的传媒功能。① 这里确立下来的党报思想一直指导着此后的主流媒体。

在中国社会,区域性主流媒体这一特殊新闻场是政治场的重要组成部分,在新中国成立到改革开放前的 30 年间,两个场域的一体化特征更为明显,政治场权力相对集中的总体性社会特征深深烙在新闻场的结构和行动者的惯习之中。对这段时期社会突出

① 余丽丽:《社会转型与媒介的社会控制——透视中国传媒调控机制嬗变的动因、轨迹与逻辑》,复旦大学新闻学博士学位论文,2003 年 4 月,第 34—35 页。

的特征,有学者是这样描述的:"其一,国家垄断着绝大部分的稀
缺资源和结构性的社会活动空间。其二,社会各个部分的高度关
联性。在这种总体性社会中,政治框架成为定型社会的基本框架,
社会中的各种组织系统均附着于政治框架之上,政治和行政权力
成为支配整个社会生活的基本力量。社会生活的各个领域,包括
经济、社会、文化、教育等,由于高度附着于政治框架而呈现出高度
的交织、粘着和不分化状态。"①这种权力集中是新中国建立初期
经济、政治、文化等建设的内在要求,体现出"集中力量办大事"的
制度特征,媒体成为党的组织在全社会形成共识、凝聚力量、推进
工作的重要手段。

　　1978 年媒体改革之前,区域性主流媒体作为党的喉舌,其宣
传功能被充分强化,而信息功能、经济功能、舆论监督功能以及其
他功能却往往被忽视。有学者指出,当时的媒体在新闻实践中,
"以单一的政治宣传取代了宣传的丰富内容,对于经济、文化和社
会生活涉及不足,报纸即使对这些问题有所关注,也只是通向政治
宣传的手段和桥梁,报纸始终是以政治宣传为终极目的的。"②

　　由于当时媒体种类单一、数量少,加之传播技术、手段相对落
后,区域性主流媒体当时占据着受众获取信息的优势地位,有明显
的"稀缺效应",没有传播方式创新的压力,缺乏也不需要"受众意
识"。区域性主流媒体这样一种运作状态会内化为行动者的惯
习。对这种现象,有学者这样分析:主流媒体宣传功能的强化,使
新闻场行动者包括新闻机构内的管理者和采编人员形成特定的惯

---

　　① 孙立平:《总体性社会研究——对改革前中国社会结构的概要分析》,《中
国社会科学季刊》(香港)1993 年第一卷,第 190 页—192 页。
　　② 丁柏铨:《中国当代理论新闻学》,复旦大学出版社 2002 年版,第 104 页。

习,并形成一套传统的宣传模式,即 PFE,P:政府的方针政策(poli-cies);F:具体的、典型的新闻事实(facts);E:按照政策对新闻事实的解释(explains)。这种宣传模式把受众看作"有待说服和解释政策的对象",而无需考虑受众需求。①

在当时社会环境中,区域性主流媒体的内部结构与行动者惯习是相协调的。长时期稳定的社会制度环境不仅使新闻场内部结构保持稳定状态,还使行动者行动的惯习在实践中不断被强化,两者之间相互增进,使特定的传播方式得以固化。

二、新闻场的有限调整和惯习迟滞(1978—1992 年)

1978 年党的十一届三中全会召开后,改革迅速启动,社会逐步转型。新闻场结构也随着政治、经济和社会状况的变化而发生变化。

随着改革开放的不断深入,市场越来越成为配置资源的主要方式,这对传媒领域也产生了深刻影响。国家开始适当放松媒介资源的配置权与经营权,人民日报等数家报社要求试行"事业单位企业化管理"获得批准。区域性主流媒体开始逐步从市场中获取资源求得生存和发展,这时它不仅受到政治场的影响,还受到经济场的影响,新闻场内部结构也随之作相应调整,但并未发生实质性变化。

由于惯习形成所经历的经验具有相对不可逆性,新闻场内部结构的调整并不能使行动者的惯习作同步调整。行动者惯习会因新闻场内部结构长期的相对稳定而变得僵硬。由于相对稳定性和

---

① 胡思勇:《党报要做现代主流报纸》,人民网,http://media.people.com.cn/GB/22114/67269/4539837.html。

相对封闭性,因此存在行动者不能及时调整惯习以顺应社会结构性因素变化的可能性,即布尔迪厄所说的惯习的"迟滞效应"。①

这期间,社会生态环境有了很大的变化,但媒体的格局以及政治场对新闻场的管理方式没有实质性变化,社会改革的影响又因为媒体行动者惯习的稳定性、持久性而被消减。惯习不仅滞后于社会环境的变化,而且弱化了这种环境变化的效应。虽然区域性主流媒体已由国家组织变成事业单位,并逐渐步入市场化,这对行动者的惯习产生了一定的影响,但新闻场基本运行机制及新闻场的内部逻辑并没有实质性变化。

三、新闻场改革及惯习变迁(1992年至今)

1992年,党的十四大明确提出了"建设社会主义市场经济体制"的新目标,改革进入纵深阶段。相对于20世纪80年代的新闻场结构的有限调整,20世纪90年代新闻场的变迁和转换步子更大些,这同整个社会改革向广度、深度迈进相关联。在国家与媒体关系上,国家确定了新闻媒介的产业性,使传媒开始以市场主体身份参与到市场竞争中去,这也包括区域性主流媒体。标志性事件是在1992年召开的中国报社经营管理年会上,新闻出版署官员将"商品性"列为报纸的四重属性之一,这可以视为传媒的商品性第一次得到官方公开、明确的认可。这次会议还提出全国除人民日报和求是杂志等少数几家报刊外,其他报刊一律"断奶",限期实现自负盈亏。随后,一批媒体步入企业化经营之路,特别是新生媒体迅速成长和崛起,形成了新的竞争格局。在这个过程中,区域性

---

① 马洪杰:《布迪厄社会学的元理论》,三农中国,http://www.snzg.net/article/show.php? itemid-7411/page-1.html。

主流媒体也受到了市场化倾向的强烈影响。

　　市场化竞争促使区域性主流媒体的结构和地位发生变迁。90年代的中国传媒不仅数量发生了变化,品种也变得越来越多,且向专业化方向发展,民众获取信息的渠道出现多元化,原先部分主流媒体的忠实读者转向了都市报及其他专业类媒体,尤其是20世纪90年代中后期,网络媒体异军突起,它以其信息的海量、传输的捷速、对传统媒体表现形式的兼容,特别是与受众的互动,强烈地动摇着传统媒体的优势地位。而长期依赖于公费发行的主流媒体在发行、营销等市场手段的运用和经营理念上都大大落后于市场中的新兴媒体,在激烈的市场竞争中处于劣势。最直观表现在发行量上,据统计,主流媒体在80年代中期曾达到历史最高峰,人民日报在1981—1985年间平均发行量都稳定在400—500万份左右的较高水平。有资料显示,全国省级主流媒体的日均发行量从1990年的31.49万份,跌至1999年的23.91万份,10年间总共下降了24个百分点。① 其次是受众对区域性主流媒体的认同度下降。在河北省石家庄的党报读者调查中发现,经常阅读党报的人也只占调查对象的35.02%,偶尔阅读和不阅读的占到64.98%。② 在四川省2002年党报党刊征订发行、调研中获取的读者情况看:认真阅读的占28%,一般性看看的占20%,选择自己喜欢看的占30%,没有时间或不看的占13%。③ 有调查从征询自费订阅报纸

　　① 参见刘梓良:《一项具有重要意义的研究成果——写在〈全国省级党报现状与改革途径新探索〉问世之际》,载《新闻记者》2001年第11期,第26页。
　　② 中华全国新闻工作者协会编:《党报改革途径新探索》,南方日报出版社2001年版,第26页。
　　③ 郭中朝:《改变党报党刊发行难必须在增强感染力上下功夫》,载《新闻界》2002年第5期,第10页。

读者的角度,列出包括党报在内的 14 类报纸时,让读者来自愿进行选择。结果党报在自费订阅的意向中,被排在第 10 位。当调查问卷让读者在报摊上自愿选购所列的 14 类报纸,党报被排在第 13 位,列在最后一位的是《老年报》。① 这些调查数据显示出区域性主流媒体在受众中的影响力在逐步下降。主流媒体在市场上呈现"边缘化"趋势,传播有效性大为弱化,而一个读者不欢迎不接受的媒体,是不能有效传播党的声音、宣传党的路线方针政策的。

这时,新闻场结构发生重要变迁,一方面区域性主流媒体在媒体竞争中处于不利地位,表现在阅读率、收视率下降等方面,传播有效性大打折扣,减弱了区域性主流媒体的宣传功能;另一方面,相当一部分区域性主流媒体需要直接面对市场,参与市场竞争,实现自负盈亏,与财政"断奶",商业场的逻辑对新闻场的逻辑产生了干扰和影响。这些变化都形塑了新闻场的新结构和新特征。

惯习除了具有继承性和稳定性,还具有再生产性,尤其是场域结构和惯习之间的矛盾凸显出来时,会促使行动者反思原有惯习的合理性,由新的场域结构塑造新的惯习。1992 年后我国新闻场结构发生巨大变迁,尤其是在市场化竞争中处于不利地位,促使区域性主流媒体行动者开始反思原有媒体运作的理念在现今条件下的合理性,并改变旧有惯习以适应新闻场结构的变迁。不过不同行动者对于新闻场结构变迁产生的压力感不尽相同,因此,新闻场的惯习改变也出现了分层。一些区域性主流媒体意识到,再沿用传统的传播方式,受众会越来越少,传播有效性会逐步弱化,承担的宣传职能不能很好履行。而要解决这一问题,对区域性主流媒

---

① 刘梓良:《一项具有重要意义的研究成果——写在〈全国省级党报现状与改革途径新探索〉问世之际》,载《新闻记者》2001 年第 11 期,第 26 页。

体来说,最重要的是强化"受众意识",以受众需求为出发点,弄清受众希望办成什么样,而不是自说自话,办一个以为受众应该接受的媒体。在计划经济向市场经济转型过程中,媒体运作可以说是一个死角,仍然带着浓烈的计划经济色彩。而现在这种状态已发生改变,区域性主流媒体首先要成为一个真正意义上的媒体,在传播方式上不能再是"我说你听"、居高临下地灌输,而是要充分考虑如何让受众接受,满足受众需求。在这个转变过程中,区域性主流媒体还存在认识不到位、转得不彻底的问题。区域性主流媒体的"属性意识"是需要强化的,要体现在媒体运作的全过程,体现在每一条报道中,但不能不遵循新闻规律,发一些官样文稿。否则,长此以往,便会把区域性主流媒体办成了"黑板报",其被"边缘化"是必然的。同时区域性主流媒体也要强化"受众意识",考虑如何让受众接受,满足受众需求,这是媒体运作的出发点。

　　还有一些区域性主流媒体面对强大的媒体竞争压力,意识到如果进入完全的市场竞争并实行企业化管理,新闻媒体所提供的新闻、资讯等制作和经营都要被纳入整个媒体市场体系,这就不可避免地会受到市场机制的调节。① 因此,要想在市场中形成优势,必须生产出优质的新闻以满足受众需求。尤其是进入90年代,报纸发行已不是主要收入来源,通俗地讲,报纸只靠发行是赚不了钱的,广告才是媒体的最主要收入,此时考虑通过提高传播有效性、提升发行量、吸引受众关注等途径来维持区域性主流媒体的生存与发展,其源点也一定要转为满足受众需求。

　　也有相当一部分区域性主流媒体的行动者因延续传统惯习,

---

　　① 参见周飚、周晓:《受众需求:新闻策划的原动力》,载《理论观察》2007年第1期,第141页。

受众意识未得到强化,行为上也没有变化。这主要是因为区域性主流媒体的行动者没有感受到市场竞争给他们带来的巨大压力,有的因为有财政拨款"兜底",缺乏做强做大的动力,缺乏生存危机感。在新闻场结构发生重大变迁时,只有部分新闻场内的行动者意识到了这种压力,并积极作出回应以改变区域性主流媒体的尴尬境地,改变原有惯习,将受众需求作为区域性主流媒体的源点,全方位、深入了解受众需求,并将其作为新闻采编人员的行动取向,大大提高了媒体传播有效性,增强了媒体社会影响力,较好地承担了传播主流意识形态和主流价值观的职责。

第二节　区域性主流媒体源点的确立

区域性主流媒体要办一个真正意义上的媒体,必须强化自身的特性,重新调整和确立媒体运作的源点。媒体的源点就是媒体运作的出发点,这个出发点需要转化为受众需求。那么受众需求究竟是什么? 本节讨论了如何以专业严谨的形式准确、全面地了解受众需求,并专门介绍了作为区域性主流媒体的南京日报所做的受众需求调查,虽然是一个个案调查,但在区域性主流媒体中具有一定的代表性。

一、实证调查受众需求

我国区域性主流媒体在分析、了解、掌握受众需求时,普遍存在两方面问题:

一方面,区域性主流媒体习惯于用新闻生产者的主观假定来代替受众的客观需求,即用"我觉得读者喜欢什么"来代替"读者希望读到什么",这种媒体人"自说自话"做出的以为读者应该接受的媒体,其结果往往不能满足受众的真正需求,不为受众所接受。美国 Syracuse 大学的帕米拉·休梅克(Pamela shoemaker)教授曾历经数年的追踪调查,对 10 个国家的 32000 条新闻消息进行了内容分析,她实证性的研究报道旨在阐述全球范围内人们对新闻的认识和感兴趣的原因,其假设是反常性与重要性是人们对新闻感兴趣的原因,但最终实证结果却是体育才是人们最关注的话题。可见,受众需求与媒体信息取向并非如想像中契合,必须用受众调查方法取代主观假定来获取受众的真正需求。

我国对于受众需求调查起步较晚,1998 年作为对省委机关报的舆论功能的调查与分析的国家社科基金项目"苏粤川宁冀黑省(区)委机关报读者调查",是我国大众传播界首次受众调查。1999 年北京日报设立我国第一个专门舆情调研部门。① 时至今日,大多数区域性主流媒体也没能定期、经常性地开展受众调查活动,少数媒体甚至根本没做过受众调查,媒体运作存在很强的盲目性。

另一方面,即便区域性主流媒体已开展受众调查活动,但未必是严谨且科学的。我国目前区域性主流媒体受众需求调查中,最常用的还是传统调查方法,即统计分析受众来信,个别交谈,打电话,街头观察,召开座谈会,选取典型或特殊地区、单位进行调查,在报刊上刊登或通过广播电视播映调查提纲等,这类传统受众调查方法仅依靠定性分析,缺乏定量分析,存在明显缺陷。首先,以点代面,以偏概全。由于技术手段的局限,传统受众调查在时空均受到限制,调查对象永远只是"部分"而非"总体",但新闻媒体又

---

① 中国新闻学会联合会编:《中国新闻年鉴》,中国社会科学出版社 1998 年版,第 388 页。

往往把调查所得结论推及"总体"。其次,调查问卷的设计缺乏科学性和严谨性,调查过程中执行人员不按规范操作,也容易影响调查的客观性。最后,调查中获取的不连续的信息流,不可能反映受众的演变过程,更难以预测受众的未来。① 因此,要了解受众的需求,就应对受众进行科学的实证调查,以专业、严谨、规范的方式,客观获取受众的真正需求。

二、区域性主流媒体的受众需求
——以南京日报为例

2009 年 8 月,南京日报采取随机抽样调查的方式大规模开展了受众调查,为报社更好地了解读者需求、服务读者、提高办报质量,发挥了重要作用。

(一)调查方法

此次南京日报受众调查主要采取随机抽样调查法,即从研究对象的全部单位中抽取一部分单位进行考察和分析,并用这部分单位的数量特征去推断总体数量特征的一种调查方法,主要包含问卷设计、抽样、实施问卷调查以及数据整理分析四个阶段。

1. 问卷设计

本次抽样调查用问卷形式收集数据。在问卷设计上,南京日报读者需求调查问卷参考了国内外受众需求相关问卷设计,又结合南京日报自身版面和内容安排等情况设计而成,共包括 25 个问题,涉及读者基本资料、对南京日报的评价以及对未来南京日报的期望等。

---

① 罗斌:《受众调查与新闻改革——兼探新时期中国整体新闻受众的演变》,中国社会科学院研究生院硕士学位论文,2001 年 4 月,第 3 页。

2. 抽样

根据需要,这次调查确定按照随机抽样原则抽取650个南京日报读者进行。由于南京日报在发行资料中有对于所有订阅的单位用户和个人用户的详细资料登记(这其中不包括零售读者、外邮读者以及都市圈的订阅用户,因为这部分人群数量不多,仅占所有发行的4.6%),因此,确定抽样框较方便,即将所有登记在册的南京日报的订阅用户视为一个总体的抽样框。

由于南京日报的订阅用户总体可分为个人和单位两类,且这两者之间性质不同,总体上采取了分层抽样的方法。在第一层抽样时总体区分为个人和单位订阅用户,根据比例,分别抽取100个个人用户和550个单位用户样本。对于个人订阅用户,采取分层抽样和等距抽样相结合,首先将个人订阅用户按照南京市13个行政区分层,按照每个行政区内个人订阅用户中所占的比例计算出每一个行政区内应抽取多少用户,然后在行政区内按照登记资料(随机性很强)等距抽样,最终确定100个个人用户的样本。为避免因拒访和用户不在家等原因无法执行调查,每个个人订阅用户的样本还确定了3个备选样本。对于单位订阅用户,同样按照等分层抽样和等距抽样相结合的方法,根据16种南京日报的单位订阅用户的类型分层,按照其订阅数量在单位总体用户中所占比例,确定每种单位类型应该抽取多少份,然后在每种类型的单位内部实施等距抽样,最终确定了550个单位用户样本。由于每一单位的内部读者并不确定,也不可能有详细登记,因此只需要调查者在所抽取的单位内部抽取足够数量的调查用户即可。

3. 实施问卷调查

本次南京日报读者问卷调查过程分为两部分,一部分偏远行政区内的用户由南京日报投递员在当天早晨投递报纸时送至读者,由读者当场填答问卷,当场回收;另一部分是由南京日报各部门员工完成,由员工将问卷送至读者手中,当场填答当场回收。由员工来完成问卷调查主要是可以保证问卷调查过程的真实性,当场填答、当场回收问卷不仅保证了问卷填答的完整性,也保证了整个调查问卷回收率。最终的问卷回收的情况也证明了这一点,650份问卷中回收有效问卷615份,少量问卷无法回收是因为无法联系调查对象或拒访。

4. 数据分析

由于此次南京日报读者调查获得的数据并不作为验证研究假设所用,也不是为了做宏观的数据调查,目的是对南京日报的受众需求进行了解,因此对数据没有过多复杂地分析,仅用 spss13 软件做了基本的频数分析,以获得南京日报受众需求的基本资料。

(二)南京日报受众阅读基本情况

1. 受众样本的基本状况

在南京日报读者群中,随机有效访问 615 位读者用户的基本情况大致如下(详见表 3.1):性别结构呈男女 1.8∶1 的倾斜。男性占大多数的受众性别结构在一定程度上可能会影响整体需求的变化。年龄结构显示 25—55 岁的在职群体占所有被访样本的近80%,25 岁以下及 55 岁以上的读者分别占 6.7% 和 14.3%。受众中高学历占大多数,大专以上的读者高达 76.5%,这与职业结构形成呼应。被访读者中有 43.6% 的样本为政府公务员、事业单位职员。收入结构显示,虽然有 47.7% 的被访者集中在年收入 2—5万元,与南京相对较低的总体收入有关,但仍有近 1/3 的被访者年收入超过 5 万元。

表 3.1　南京日报读者样本基本情况

被访读者的属性	结构特点
性别	男性占64%,女性占36%
年龄	55 岁以上占 14.3%,25—55 岁的占 79%,25 岁以下占 6.7%
学历	大专学历以上的占 76.5%,大专以下占 23.5%
职业	政府公务员、事业单位职员占 43.6%
收入	年收入 5 万元以上的占 31.3%,2—5 万占 47.7%,2 万以下占 21%

2. 受众阅读南京日报基本情况

在调查读者阅读南京日报行为上集中于两个问题:一是阅读每份南京日报要花多长时间,二是阅读南京日报后一般会传阅几人。

调查显示,86% 的读者选择阅读每份报纸所需时间 30 分钟以下,仅有 14% 的读者选择会花半个小时以上来阅读一份南京日报(详见图 3.1)。可以看出,现代生活节奏的加快,信息选择渠道的多元化,如何在较短时间传递给读者需要且有用的信息,给区域性

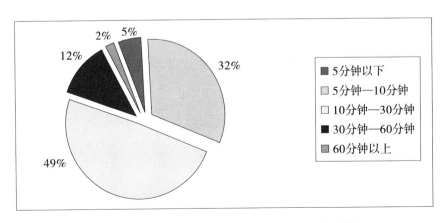

图 3.1　读者阅读每份南京日报所花时间基本情况

主流媒体提出较高要求。

　　根据调查数据的分析,得出每份南京日报的平均传阅人数为
2.7 人,其中,传阅人数在 2—3 人的比例为 52.1% ,传阅人数在 4
人及以上的比例达 29.1%(详见图 3.2)。一般而言,传阅人数越
多的报纸,读者数量越多,广告效果也往往较好。报纸传阅量大,
一方面有利于扩大读者规模,另一方面也说明报纸内容吸引人,因
此传阅人数也是衡量报纸内容质量的重要指标。但由于缺乏衡量
标准,无法做出传阅率高低的判断。

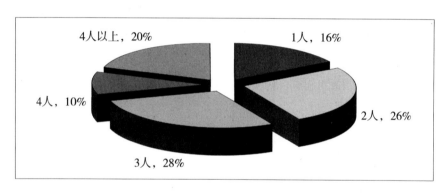

图3.2　南京日报读者每天阅读报纸后的传阅人数比例

(三)受众需求的分析

1. 受众阅读目的和动机

　　读者接触南京日报的目的很大程度上反映了读者能从这份报
纸中获取何种信息和资源,在这一问题的答案上,排前两位的分别
是获取国内外重大事件、重大政治经济社会文化动态以及获取权
威的党和政府的有关政策,共有 423 人和 420 人选择。(详见图
3.3)

　　2. 受众对新闻报道、版面和版式的偏爱

　　第一,对版面的偏好。

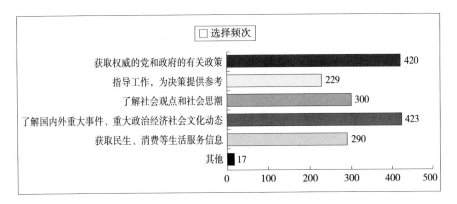

图 3.3　阅读南京日报的目的选择频次

在南京日报已有版面中,读者最喜欢的版面是要闻版,有 336
人选择,其他四位分别是头版,有 240 人选择;民生版,有 214 人选
择;深度报道版,有 196 人选择;国内国际热点版,有 186 人选择。排
名最低的是广告专刊版,仅 13 人选择喜欢这个版面。(详见图 3.4)

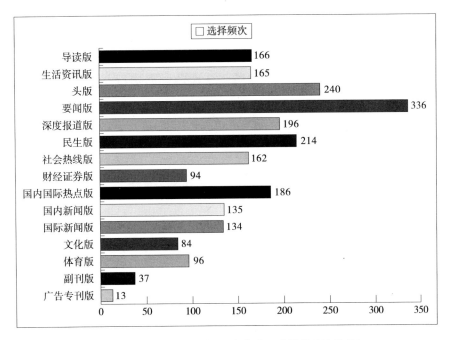

图 3.4　读者对最喜爱的南京日报版面的选择

第二,受众对新闻类别的偏好。

在目前南京日报新闻类别中,根据读者答案的统计,读者最喜爱的新闻类别排前三位的分别是时政类新闻、国内新闻和财经类新闻。

第三,受众对新闻报道方式的偏好。

在目前南京日报新闻报道方式中,根据读者答案的统计,读者最喜欢报道方式排前三位的是头版导读新闻、动态消息和新闻短评或时评。

第四,对各个板块新闻类型的偏好。

关于文体新闻版面,读者偏爱的新闻类型是关注剖析热点文体现象、事件,有382人选择这一报道形式。相反对于都市类报纸通常刊登的明星趣闻轶事,读者偏爱排名列倒数第二(最后一名是"其他"),选择人数仅为124人。(详见图3.5)

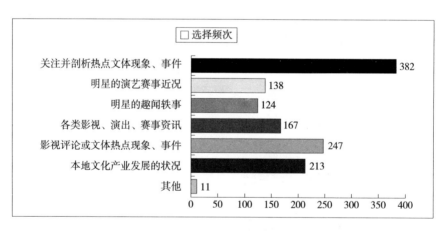

图3.5　读者对南京日报文体新闻版新闻报道类型的选择

关于财经新闻版面,对重大经济现象、经济热点分析报道的新闻是读者格外偏爱的,选择人数有413人,明显高于其他报道内容的选择人数。(详见图3.6)

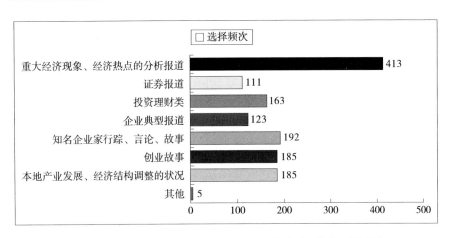

图3.6 读者对南京日报财经新闻版新闻报道类型的选择

关于时事报道版面,对国家重大方针政策和国内国际重大新闻事件的报道是读者较为偏爱的,选择人数分别为 387 人和 370 人。(详见图 3.7)

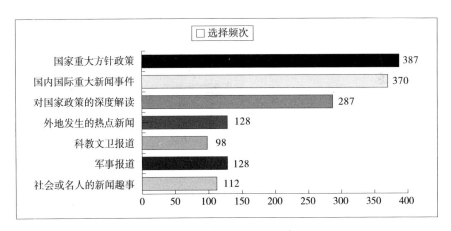

图3.7 读者对南京日报时政新闻版新闻报道类型的选择

关于副刊专版,读者较偏爱具有南京地方特色的文化内容,有 341 人选择。(详见图 3.8)

第五,对于报纸体现人文关怀途径的看法。

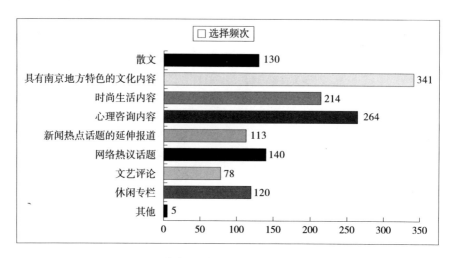

图 3.8　读者对南京日报副刊内容的选择

对于南京日报如何在报纸中体现人文关怀,在提出的各类途径中读者的选择比较接近,没有特别偏爱,但在南京日报近些年来积极开展社会公益活动上的选择人数较少。(详见 3.9)

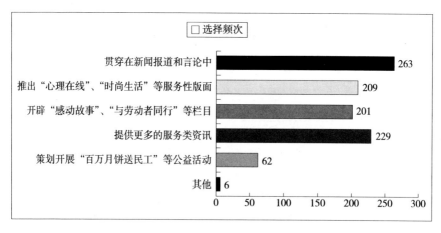

图 3.9　读者对南京日报体现人文关怀途径的选择

第六,对于报纸版式的看重和偏爱。

在问及对何种报纸版式较看重时,读者选择最多的是版面的

安排,有385人选择;其次是图片的应用,有229人选择(详见图
3.10)。除了在新闻内容上重视读者需求,报纸版式中的版面安
排是否合理、图片是否吸引读者、字体设计是否人性化也成为办报
人需要考虑的问题。

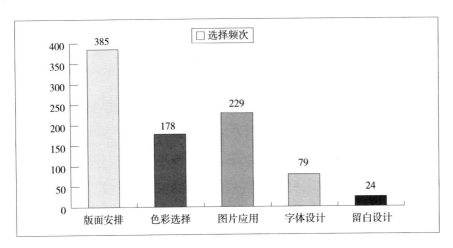

图3.10　读者看重报纸何种版式的选择

3. 受众对南京日报的评价

第一,南京日报最吸引读者的特质。

新闻报道客观公正、令人信服成为读者选择最多的一项,有
336人选择。而对开展建设性的舆论监督,读者选择相对较少。
(详见图3.11)

第二,南京日报办报风格的评价。

在南京日报的办报风格和办报特色上,报道权威、富有责任
感、报道有深度成为读者选择频率最高的词汇。(详见图3.12)

除此之外,根据受众对南京日报的五分法评价(即在非常同
意、同意、不清楚、不同意、非常不同意5项态度中进行选择),对
于南京日报报道真实、内容丰富、报道权威性、新闻报道迅速及时、

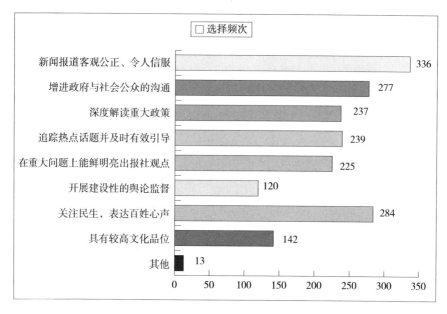

图 3.11　读者对南京日报最能吸引读者特质的选择

格调高雅、内容实用、贴近群众、文字严谨、具有人文关怀等特点，受众的满意度都较高,均在70%以上;其次,对于报道的栏目和内容,如深度报道、副刊、新闻图片的运用等也给予肯定,同意和非常同意的受众大都达到70%以上。

4. 受众对南京日报的期望

第一,受众对与南京日报互动的期望。

在问及读者是否希望今后能与南京日报互动时,76%的受众选择了希望参与互动,仅有24%的受众选择不希望参与(详见图3.13)。对于读者与南京日报的互动途径,大都倾向于提供新闻线索以及通过网络BBS、电话等形式。读者希望参与讨论舆论热点和关注话题的比例分别为32%和22.4%。

第二,受众对南京日报舆论监督的期望。

舆论监督是媒体必不可少的报道形式和手段,在有效的604

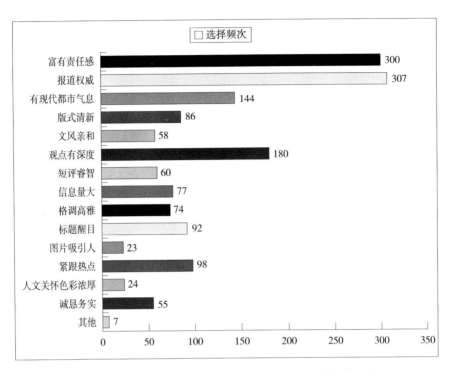

图 3.12　读者对南京日报办报风格和办报特色的选择

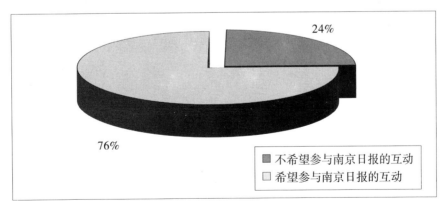

图 3.13　读者是否愿意参与南京日报互动的比例

份问卷中,467 名受众认为南京日报的舆论监督还需再多一些,占到读者样本的 78% ,仅有 2% 的读者认为舆论监督可更少些(详见

图3.14）。虽然南京日报已经在着力将舆论监督常态化,但相对受众的需求而言仍显不足,这与区域性主流媒体传统上长期以来弱化舆论监督有关。

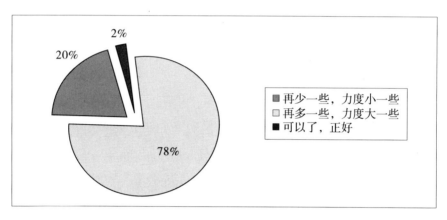

图3.14　读者对南京日报舆论监督看法的比例

第三,读者对南京日报增加内容的期望。

在问及读者希望南京日报今后能增加何种新闻内容的问题上,选择社区新闻的读者较多,有277人,选择科教新闻和军事新闻的也较多。(详见图3.15)

5. 南京日报受众需求的总结

第一,受众有深度分析报道的需求。

这不仅反映在读者对于深度报道版面的偏爱上(在南京日报14个版面中,深度报道版在读者最喜爱的版面中居第四位),也反映在读者对深度解读新闻热点、时事等新闻报道形式的喜爱上(在文体新闻版、财经新闻版以及时政新闻版的报道形式的选择上,深度解读热点、时事都是读者最喜爱的报道形式),还体现在新闻报道以及观点具有深度上(观点有深度在形容南京日报的办报风格和特色中居第三位)。这说明受众并不满足于动态的新闻

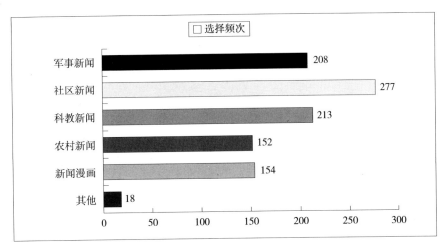

图3.15　读者认为南京日报今后应增加的新闻内容的选择

信息,更需要主流媒体能对这些新闻动态和热点问题进行深度剖析以从中获得对复杂的经济、政治、社会现象和问题的认知。

第二,受众有舆论监督的需求。

在南京日报的读者中,至少78%的人认为南京日报还应加强舆论监督。可以看出,只有切实起到舆论监督作用的媒体才会受到受众的认可,同时只有做到舆论监督才有助于社会的良性构建。

第三,受众有积极参与新闻互动的需求。

随着受众民主意识和参与意识增强,运用媒介能力的提高,尤其是新媒体的涌现,受众与传媒进行互动已经深入人心。受众已不仅仅满足于被动接收信息,而是希望更加主动参与到媒介的生产和新闻报道中来,表达诉求,发表看法。大众传播媒介为了能在受众市场立足,也需要不断强化受众参与新闻生产过程。

第四,受众希望新闻能契合生活的需求。

无论是在副刊中偏爱具有南京本土特色的新闻,还是希望未来南京日报能多多增加社区新闻,都是希望区域性主流媒体能更加关心和反映他们所生活的环境,能贴近受众的日常生活。

从以上分析中可以看出,新闻场结构是随着社会变革而发生变迁的,而新闻场的结构又形塑了行动者的惯习。改革开放后,主流媒体受媒体市场化环境的影响,开始强化受众意识、产品意识。媒体越来越认识到,首先要立足于尊重新闻规律,改进和创新新闻传播方式,提高传播有效性,办一个受众接受和欢迎的媒体。这样,社会主流意识形态和主流价值观才能得到更加有效的传播,主流媒体的"党的属性"才能得到充分体现。其实,在传播主流意识形态和主流价值观上,西方社会与我们一样,都是不回避的、不含糊的。几十年来,中国社会环境已经发生了深刻变革,作为区域性主流媒体其在这场变革中需要调整自身,适应新的环境。概括起来,区域性主流媒体的行动者需要强化两个意识,一是"受众意识",遵从新闻场内部的自身逻辑,办一个真正意义上为受众接受又有良好市场表现的媒体。二是"党的属性意识",体现党的意志,宣传党的主张,这一点不能因为社会环境的变化而变化。区域性主流媒体是传播主流意识形态和主流价值观的主渠道,它能减少分歧、求得共识、在"集中力量办大事"上发挥独特作用,推动中国在新一轮国际竞争中迅速崛起。

第四章　区域性主流媒体的特质

目前,中国社会区域性主流媒体面临两大根本性问题:第一,调整并确立媒体的源点,也就是把受众需求作为媒体运作的出发点,这已在上一章中作了较详细的讨论;第二,梳理并确认区域性主流媒体的特质,也就是在媒体运作过程中需要坚守的"基本底线"。这两大根本性问题都是中国新闻场行动者需要着力解决的。以受众需求为出发点,强化媒体普适性角色规范的恪守和独特角色职责的履行,这是区域性主流媒体要遵循的基本逻辑。

本章中所要厘清的是区域性主流媒体内部的又一基本逻辑,以及新闻场行动者为坚守这一基本逻辑而采取的策略性行动。新闻场行动者的策略性行动最基本的取向是消减各种因素的侵蚀和干扰,遵从传播最基本规则,增强传播有效性,强化社会影响力。媒体的特质,其实就是媒体具体新闻业务层面之外但又必须具有的影响媒体影响力及形象的基本要素以及体现区域性主流媒体特性的因素。媒体的特质,既包括媒体的普适性角色规范,即所有媒体都应该具备的人格化特征,又包含不同种类媒体的个性化特征,即需要履行的独特角色职责,它使媒体之间相区别。人们对社会现象的看法以及行为方式深受媒体的影响,媒体特别是区域性主流媒体往往有着强烈的社会责任意识。区域性主流媒体需要通过排除各种因素干扰,承担社会责任,塑造良好社会形象,恪守普适性角色规范,同时履行好独特角色职责,引导社会公众形成积极、进取、健康、向上、和谐的认识取向和行为取向,获得长远发展。本文从媒体普适性角色规范这一视角研究同质化竞争下媒体所要遵循的一般规律和个性化发展空间,目的是为了在众多媒体因过度竞争导致品位趋低、格调下滑的情况下,探讨区域性主流媒体如何充分发挥自身独特优势,如何恪守普适性的角色规范,同时更好地满足特定受众的需求,形成个性化特征,凸显自身独特角色定位。

第一节　媒体社会角色的扮演

媒体就像人一样,是有自身的人格化特征的。媒体在社会运转过程中扮演着重要的社会角色,对社会角色的深入分析,能让我们认识到媒体功能的价值和意义,也能让我们进一步认识到媒体普适性角色规范的确立并不是可有可无的,而是新闻场行动者需要恪守的基本逻辑。

在西方,媒体被认为是民主的基石。早在 1644 年,弥尔顿在《论出版自由》著作中就有对报社民主功能的设计,赋予报刊民主的角色。资产阶级政权自建立起,新闻出版自由制度随之被确立下来,大众传媒成为立法、行政、司法之外的"第四种权力",成为介于国家与公民之间的公共领域的重要组成部分,成为监督政府、防止权力滥用、实现政治民主的最佳途径。哈贝马斯说:"新闻媒介是社会之公器,是全体公民窥视社会和自然环境的共同管道和从事公共事务讨论的公共论坛,在现代国家的公共领域中具有头等重要的地位。"①美国密苏里州新闻协会的《密苏里规约》的前

---

① ［德］哈贝马斯:《公共领域的结构转型》,曹卫东等译,学林出版社 1999 年版,第 224 页。

言部分有这样的论述:在美国,政府的稳定有赖于人们的支持,因此,报纸作为人们的信息来源,有必要达到高度有效、稳定、公正和正直。国家的未来有赖于新闻工作者高素质的保持。① 可以看出,西方社会赋予媒体重要的政治地位和社会地位。

在我国,媒体有着更为特殊的政治地位。毛泽东对报纸有过很多论述,他指出:"报纸的作用和力量,就在它能使党的纲领路线、方针政策、工作任务和工作方法,最迅速最广泛地同群众见面。"②他还指出:"办好报纸,把报纸办得引人入胜,在报纸上正确地宣传党的方针政策,通过报纸加强党和群众的联系,这是党的工作中的一项不可小看的、有重大原则意义的问题。"③邓小平也说过,"报纸真的同实际、同群众联系好了,报纸办好了,对领导是最大的帮助。"④在中国现实社会中,媒体是政治生活的重要组成部分,不论在战争年代还是在建国以后,党对新闻媒体的作用都极为重视。党的领导人都会亲自指导办报,指导媒体工作,对重要会议、重大事件、重大活动,往往会亲自组织文章,组织指导新闻宣传。新闻作为宣传、教育、动员人民群众的一种舆论形式,总是直接或间接地反映我们党和国家的立场、政治主张和政治观点。加强对媒体的领导能力,把握正确的舆论导向,是党的执政能力建设的重要组成部分。

媒体的基本功能有着诸多一致性,主要包括发布信息、服务生活、传播知识、提供娱乐、表达意见、引导舆论等。媒体在发挥这些

---

① [美]利昂·纳尔逊·弗林特:《报纸的良知——新闻事业的原则和问题案例讲义》,萧平译,中国人民大学出版社2005年版第375页。
② 《毛泽东选集》第四卷,人民出版社1991年版,第1318页。
③ 《毛泽东选集》第四卷,人民出版社1991年版,第1319页。
④ 《邓小平文选》第一卷,人民出版社1994年版,第150页。

基本功能时,还承载着不同社会形态中各自的主流意识形态和主流价值观。在中国社会,媒体特别是区域性主流媒体发挥着独特的社会作用,扮演着重要的社会角色。

一、人民行使民主权利的实现途径

人民行使好当家作主的民主权利,需要通过种种途径来实现,其中新闻媒体就是一种重要形式。

社会主义民主政治建设要有一个过程,作为党和国家的管理者要为人民民主权利的充分实现积极创造条件。限制人民的发言权,堵塞人民的言路,不让人民发表不同意见,实际上就是取消人民的民主权利。新闻舆论是人民实现表达权、知情权、参与权、监督权的重要途径,人民往往通过媒体了解、掌握有关规定、决策过程和行政行为,不知情就无法实施监督,知情不多就不可能实行全面监督。人民通常是通过媒体了解党和政府的决策过程和实施过程,并对决策和操作提出意见和建议,而决策者又往往会集中反馈信息,对决策重新审察,将实施决策的难处通过媒体告诉人民,取得人民理解和支持,使之更加完善,更加符合民意。另一方面,党和政府往往还通过新闻传媒包括网络开展社会协商对话,提高领导机关活动的开放程度,解决问题,理顺情绪,化解矛盾。

二、推动决策科学化和民主化的重要力量

对国家而言,决策的效益是一切效益中最大的效益,决策的失误是一切失误中最大的失误。而现代社会的发展所显示出的多元性、复杂性特征又对政府各级行政决策水平提出更高的要求,其间,新闻媒体对行政决策形成的压力和影响也愈益突出。

行政机构往往通过媒体披露重要决策的背景,对重要决策的

内容进行深度解读,以增强决策透明度;通过融会公众意见,充分反映民意,提高公众参政议政的主动性。改革开放以来,人们越来越意识到决策科学化、民主化的重要性以及新闻媒体在其间的作用。许多重大决策通过媒体展开广泛讨论,收到了良好的效果。2003年,"孙志刚事件"成为媒体关注的焦点,新闻媒体的介入直接导致了实施21年的《收容遣送办法》的废止和一部《城市生活无着的流浪乞讨人员救助管理办法》新法规的诞生。我国长江三峡工程开工前,经过了几十年的争论,新闻媒体刊载了公众各种不同意见,经过领导与专家的充分调查、论证,预防了决策失误以及可能因决策不当造成的损失,成为新闻媒体参与和影响经济决策的成功范例。我国住房制度改革也是如此,各级政府把改革方案交给广大群众公开讨论,修改补充,进行试点,使这一相当复杂和困难的工作得以顺利进行。我国核电站建造工程、南水北调工程等等,也都借助于舆论的监督使决策得到了完善。

三、保持社会良性运转的调节机制

　　一个健康的社会都有一套相应完善的管理机制,以硬性或软性、显性或隐性的调节手段,确保社会有序运行。媒体实施舆论监督能够形成强大的舆论压力,起到调节社会的作用,震慑尚未形成的歪风邪气,预警即将出现的社会危机,缓释已经出现的社会情绪,以维持最基本的社会公正。

　　震慑歪风邪气。虽然新闻舆论并未被赋予与法律一样的权利,但是人们对新闻舆论仍具有很强烈的畏惧心理。尤其在现代社会,借助传媒的力量能够迅速形成舆论强势,引导人们对社会现象形成基本看法,进而形成一种社会舆论。新闻舆论监督一般是以揭丑的形式出现,被监督的对象本来就做了错事,所以更加害怕被新闻媒体留下一笔抹不去的记录。

预警社会危机。社会是一个矛盾的组合体,它是在解决矛盾的过程中前进的。我国社会目前处于转型期,各项法规制度尚不完善,各种社会问题此消彼长、层出不穷。新闻媒体往往能够触及现实中的种种阴暗面,而有些阴暗面是行政监督、党内监督、法律监督和其他社会监督方式难以到达的盲区,超前、敏锐地触及社会发展进程中的种种问题,并及时将各种信息反馈到相应的政府部门,督促问题解决,避免越积越多,造成集中爆发,危及社会稳定甚至国家安全。

缓释社会情绪。一个社会是否稳定成熟,往往取决于是否存在着一种可以缓释社会冲突的力量和系统。新闻媒体具有广泛性、及时性、公开性等特点,新闻监督在各种监督形式中是最有效、最快捷的,同时也是最廉价和最易于操作的。目前我国各类媒体在逐步改进和加强新闻监督,同时各级政府也已习惯和学会借助媒体的舆论监督促成问题的解决,推进自身工作。在这一过程中,化解了种种社会矛盾,缓释了社会情绪。我国社会正处于一场利益关系大调整的改革中,方方面面的不完善性容易使社会群体的情绪郁积。新闻媒体是政府与民众交流的平台,对于许多社会问题,民众一旦得到政府部门的回应,哪怕一时解决不了,群众也会理解。发挥新闻监督对社会情绪的缓释作用,是非常必要的。

四、建设廉洁政府的监督保障

保证权力不被滥用,就需要对权力进行有效地制约,新闻媒体是廉洁政府的保证力量。

新闻媒体的力量在于它是对人的心理起作用,它直接影响到人的名誉、威信。人是生活在群体之中的,一旦在某种程度上失去了与其周围环境的融洽关系,他就会感受到孤独和不安,因此很多有问题的人"不怕上告、就怕见报"。新闻舆论具有巨大的影响力,但是它不具有强制性。在现实中,新闻监督要同行政监督、法律监督等其他监督形式相结合,其蕴藏的力量才能得以充分释放,从而产生巨大效果。

民众对反腐倡廉的呼声和要求越来越高,如何更好地运用新闻舆论监督的力量来促进问题的解决显得十分迫切。当前,新闻监督已得到逐步强化,对行政官员起到了一定的震慑作用,但对于掌握实权、时刻面临各种诱惑的公共人物,舆论监督的力量还显得很微弱,这是相当一部分官员在贪腐道路上走得太久太远的重要原因之一。西方社会通过确立媒体"无过错合理怀疑权"的做法,充分保障媒体合法的监督权利,在加强媒体对政府的监督、保证行政官员的廉洁上,发挥了相当大的作用。

由此看来,媒体扮演着十分重要的社会角色,肩负着十分重大的社会责任。为此,媒体行动者需要增强引领社会前行的使命感,自觉提升自身的素养素质,恪守媒体普适性角色规范,这是媒体运作过程中需要坚守的基本逻辑。

第二节　媒体普适性角色规范的确立

媒体要扮演好社会角色,履行好社会责任,为公民提供知情权、表达权、参与权、监督权的实现渠道,基本路径是恪守媒体普适性角色规范。尽管中外媒体的社会生态环境是不同的,但媒体组织和媒体人都约定坚守着一系列角色规范,梳理这些规范,会发现不同种类的媒体在传播过程中会显示出各自的个性化特征,但都不同程度地恪守一些最基本的规范以追求媒体品质的提升,这具有普遍性意义。在现代社会,媒体要提升自身的品质,塑造良好社会形象,很重要的方面就是确立和恪守普适性角色规范。

一、媒体普适性角色规范的生成

媒体形象体现出新闻场行动者的品质,新闻场行动者的人格特征会深深烙在新闻场运作的过程中,使媒体呈现出不同的人格化形象。媒体需要恪守的普适性角色规范是从媒体行动者美好品德中生成出来的。

媒体的美好人格化特征是普适性的,是指媒体普遍需要也是着力追求的像人一样的美好品德。各类媒体都追求和表现有责任心、正义感、阳光心态、社会良知、爱心及同情弱者、尊重科学、崇尚法治、追求真善美、排斥假丑恶、宽容包容、真诚友善、公平公正、敬业、理性的媒体形象,这也就是在追求媒体品质的提升。

新闻场是由特定的行动者来运作的,新闻场行动者是有自己的思想、观念、知识、兴趣、好恶以及思维方式、道德准则、社会认知的,这些都会在媒体内容和传播形式上表现出来。媒体不是僵化的,是鲜活的,每天都会有不同的话题、不同的资讯、不同的版式,还会借助不同的事件传递观点和看法,这一切都是由特定的新闻场行动者来实现的。而特定的新闻场行动者关注什么样的话题,传播什么样的内容,用什么样的传播形式,以及发表什么样的观点去引导受众,都与新闻场行动者的品质、人格密切相关。从长时间来看,媒体就像活生生的人一样,会呈现自身独特的人格化特征。传播学大师施拉姆在其《传播学概论》一文中指出:"传播是各种各样技能中最富有人性的。"确实,没有一样东西比媒体更像一个人了。观察一个媒体一段时间,就可以从它的关注事物、报道内容、表现形式、言论倾向、图片选用等,大致判断出这个媒体的立场、取向、特性、品位,这些人格化特征,就会形成媒体的公众形象。比如,有些媒体会让人们感觉像庄重权威的领头人;有些媒体会让人们感觉像沉着理智的专家学者;有些媒体会让人们感觉像洞察市场风云的商界精英;有些媒体会让人们感觉像某些行当的发烧友;有些媒体会让人们感觉像前卫小资的时尚人士;还有的媒体让人感觉像朝气蓬勃、新锐进取的青年先锋……

　　媒体的社会责任要求恪守普适性角色规范。个体的传播是十分有限的,但一旦进入媒体传播,就会因媒体放大效应,影响千千万万受众。新闻场行动者意识到自身有着社会责任的担当,这种社会责任的担当对行动者的品质、人格也提出了更高要求。在任何社会,媒体都有影响受众、引导受众的职能,新闻场行动者的不同素养素质,使媒体在影响引领受众过程中产生不同的效果。在中国社会转型过程中,媒体特别是主流媒体需要在引领引导舆论中恪守社会责任,强化美好的人格化特征,呈现优秀的品质。

二、媒体普适性角色规范的内涵

　　在梳理中外媒体声称的新闻自律信条和新闻实践中,会发现有若干业界普遍认同的角色规范。媒体人的角色规范是从业者加强自身职业修养、约束自身职业行为的道德标准。媒体人的自我约束往往是通过建立一定的自律组织和制定自律信条来实现的。"组织形式,如西方新闻界建立的报业荣誉法庭(有的国家叫报业评议会,有的国家叫新闻政策委员会或新闻纪律委员会等);自律信条,是新闻道德标准的集中体现,人们通常又把它称之为'守则',或'准则',或'规约',等等。报业荣誉法庭之类的组织,其职能主要是对新闻工作者是否按新闻道德自律信条办事起监督作用,因此关键还在于新闻工作者要强化自身的道德意识,正确对待和认真执行已制定的新闻道德自律信条。回首刚过去的 20 世纪,制定道德信条堪称新闻自律的一项基本建设,并且是世界许多国家新闻界深具道德意义的一件事情。"①

分析中西方媒体的运作状况,可以发现,各媒体都声称要有社会责任,要主张公平公正,要有社会良知和爱心,要反映公众的利益诉求,要崇尚法治、崇尚科学,要客观报道、诚实报道等等。其实,中西方媒体还存在很大差异,那就是传播各自社会的主流意识形态和主流价值观。社会责任的担当也好,公平公正的秉持也好,利益诉求的表达也好,媒体在传播过程中都会受到不同社会主流意识形态和主流价值观的深刻影响;新闻场行动者素养素质和责任意识的不同,也会使媒体品质受到影响。这两个方面的因素,都会影响媒体普适性角色规范的恪守,尽管这样,媒体普适性角色规范的恪守还是具有普适性意义的。

那么,各类媒体通常恪守的普适性角色规范是什么呢? 概括起来主要体现在以下五个方面:

(一)对公众作真实的报道

真实是新闻的生命,报道就是要还原事实真相。媒体人都需要具备崇尚真实的品质,报道出来的内容一定要和客观事实相符合。

在媒体诸多普适性角色规范中,真实这一最基本的规范,是媒体之所以成为媒体的根本。美国密苏里州新闻协会的《密苏里规约》规定:我们认为真实是所有正确的新闻事业的首要原则。违反真实,无论是在标题还是在内文中,都是对优秀新闻事业的颠

---

① 蓝鸿文:《国外新闻界的道德自律信条》,载《新闻与写作》2001 年第 6 期,第 43 页。

覆。德意志新闻出版委员会 1973 年制定的《新闻界规范·新闻界应当怎样工作》(1992 年 11 月 25 日文本)中规定的第一条就提出,"尊重真理、对公众作真实的报道是新闻界的最高准则。"美国《展望》杂志的一篇社论说:每种专业都有基本的品德要求。因此,正如牧师的基本品德是诚挚,士兵的基本品质是勇气,而新闻记者的基本品德则是忠实叙述;胆怯会破坏军队的特殊价值,不诚挚会破坏教会的特殊价值,不能忠实叙述事实也会破坏报纸的特殊价值,不论它是周报还是日报。①

真实是对媒体的基本要求,但要做到并不容易。报道是一个还原事实真相的过程,既然是还原,它就有可能在还原再现的过程中,因为主客观方面的种种原因,导致总体是真实的,但局部有误;表面看是真实的,但深层次有误;主体是真实的,但细节是有出入的等各种表现。实现报道真实,不仅是从业人员技巧的掌握问题,更是一种"不弄清真相不罢休"的职业态度问题。

影响报道真实的因素有很多,特别要避免因记者不严谨导致的失实,要避免因记者专业素质不高导致的失实,要避免因记者故意造假导致的失实。真实对于一个人来说,是一种个人的修炼。但媒体就不一样了,如果报道不真实,再微不足道的失误都会因为传播的强度和广度而被放大,最终可能会造成恶劣影响。正因为如此,无论时代发生多么大的变迁,新闻事业如何变革,新闻传媒竞争如何激烈,媒体都需要始终坚守真实这一普适性角色规范。

1. 避免因记者不严谨导致的失实

还原事实真相十分需要记者具有严谨、严密的态度,相当多的

---

① ［美］利昂·纳尔逊·弗林特:《报纸的良知——新闻事业的原则和问题案例讲义》,萧平译,中国人民大学出版社 2005 年版,第 32 页。

失实报道,是记者的专业态度问题造成的。

　　消息来源有误会导致报道失实。就像玩一种"传话"游戏一样,你在传前者话的时候,是如实传的,但并不能保证前者传给你的就是原话,或者你传给后者的就一定是前者传给你的。媒体在传播的时候,经常因为消息来源的问题而导致失实。如2007年上海《新闻记者》杂志第1期评选出的2006年十大假新闻之一《腰围1.75米松原孕妇至少怀了五胞胎》,该报道刊发在《新文化报》上。报道说松原市宁江区出了个"超级孕妇"——怀孕3个月时肚子大得就像待产孕妇,去医院做检查时被告知怀了三胞胎;两个月后再查,又被告知至少怀了五胞胎!该报道见报后,一家权威新闻机构也跟着向全国发出专电。正当各媒体记者为"超级孕妇"乔玉波腹中五胞胎的安危担心时,乔玉波却在松原一家宾馆悄悄邀请了长春电视台《城市速递》的记者和长春普济医院的李姓院长,当面自述怀有五胞胎一事是假的。乔玉波躲到一边把肚子里的东西掏出来:竟是三条棉被、十几件棉衣、毛衣、单衣、棉坐垫、帽子等物品,整整20件。"用手拎一下,足足有七八公斤。"事发后,《新文化报》诚恳地向读者致歉:"轻信,不止是对事件当事人说辞的轻信,更为致命的是对自己工作态度、认识水平和判断能力的轻信让我们铸成大错!"①2009年6月22日下午,新浪等门户网站纷纷刊登《孙雯皈依佛门》的消息,但在第二天,所有的报纸又发出更正消息《孙雯否认要皈依佛门　婚事或已临近》。这是怎么一回事呢?原来是孙雯与一位媒体朋友网聊后,记者根据谈话中孙雯流露出的对佛教文化的精神追求,主观判断孙雯已经皈依佛门。

　　具有求证意识是媒体从业人员重要的职业素质。下笔随意、

---

①　贾亦凡、陈斌:《2006年十大假新闻》,载《新闻记者》2007年第1期。

被人牵着鼻子走、听风就是雨，是导致新闻失实或部分失实的重要原因。其实，越是离谱的事，越需要用严谨的态度、科学的方式，对每一个细节去小心求证。一个具有良好社会形象、受人尊敬的严肃媒体，其行动者一定是带着敬畏感去对待每一篇报道的，受众对其报道的真实性也是信赖的。

2. 避免因记者专业素质不高导致的失实

有些失实报道，不是记者的专业态度造成的，而是因为记者专业素质不高导致的。

2009年被通报批评的京华时报关于招商银行的虚假新闻，该报记者由于对永隆银行的股价数据采集失误，得出招行浮亏逾百亿港元的错误结论，并于2008年9月11日，在该报刊出一篇题为《招行投资永隆浮亏百亿港元》的300字消息，导致招商银行A股流通市值损失127.5亿元，同日招行H股跌5.161%。虽然第二天京华时报进行了更正，但招商银行的股价并没有得到相应修正，当天招行A股继续下跌，跌幅1.053%，H股跌2.268%。

2006年11月6日刊登在民主与法制时报上题为《深圳中级法院的日常工作由深圳市纪委代管》的新闻被评为2006年十大假新闻之一，这也是记者犯了低级的专业错误的典型案例。该则新闻报道，因2006年6月到10月期间深圳中级人民法院先后有5名法官被中纪委、最高检"双规"或逮捕，被卷入调查的法官、律师多达数十人，涉及调查面太广，深圳中级法院日常工作便由深圳市纪委代管。后经市中级法院有关负责人证实，"有关报道中'深圳中级法院的日常工作，由深圳市纪委代管'是完全失实的。"这一不负责任的报道在社会上造成了极为恶劣的影响。许多普通民众都明白我国纪委不可能代管法院的工作，作为以民主法制为己任的专业法制报记者居然连常识都不清楚，进而导致虚假新闻的产生。

一名优秀的记者往往既要有知识的宽度又要有知识的深度，还要有强烈的求真意识。知识宽度存在局限、知识深度又有不足，记者还采取"想当然"的态度去处理稿件，会导致报道失实、失误。各领域出色的跑口记者一定要成为这个领域的"专门家"。一个高品质的媒体，都会强化媒体行动者的知识积累，强化对各类事件的把握能力，同时强化善于请教、勤于查阅习惯的养成。

3. 避免因记者故意造假导致的失实

这是虚假新闻里最恶劣的形式。记者心里没有人格底线，为了种种目的，去虚构一个事实。

如"纸包子事件"，从头至尾由记者一手炮制。2007 年 6 月中旬，北京电视台生活频道《透明度》栏目组临时人员訾某，化名"胡月"，先后两次找到朝阳区太阳宫乡十字口村 13 号院，以为工地民工购买早点为名，要求做早点生意的外地来京人员卫某等 4 人为其制作包子。訾某自带了从市场购买的肉馅、面粉和纸箱，并授意卫某等人将纸箱经水浸泡后掺入肉馅，制成包子。訾某用其自带的家用 DV 机拍摄了制作的过程，编辑后用欺诈手段获得播出。随后，多家中央和地方的电视台、报纸转载此报道，海外媒体也开始关注，引起国内外舆论的广泛关注，造成了极其恶劣的社会影响，不仅导致中国公众和国际社会对中国食品安全工作的不信任，而且严重损害了中国政府的形象。

严重歪曲事实真相的报道，往往具有轰动效应，媒体容易担心漏报而不能严格把关，导致虚假新闻屡屡刊发，造成恶劣的社会影响。虚假新闻通常会出现"消息灵通人士说"、"专家学者介绍"、"现场目击者称"、"当事人告诉记者"等表述，记者以此杜撰内容，增强报道的离奇性，吸引受众眼球。如果媒体没有严格的制度规范,如果记者没有良好的职业道德,虚假新闻的出现是必然的。

真实对于一个人来说,是一种个人的修炼。说说小谎,添油加醋,甚至伪装造假,只要他不是一位意见领袖,可能不会对社会造成太大危害。但媒体就不一样了,再微不足道的失实都可能因为传播的强度和广度,而被放大,最终造成恶劣影响。这样的例子不胜枚举。所以,真实这一普适性角色规范是媒体需要坚守的,需要不懈追求的。

（二）做不带偏见的公正报道

公正是媒体追求的核心美德。媒体能够做到不偏听偏信吗?能够做到不受个人的臆断和偏见影响吗?能够做到让各方意见平衡表达吗?能够消除种族、性别、年龄等种种歧视吗?能够不把个人情绪带进报道吗?这些问题媒体人每天都会面对,处理不好都会影响对事实的基本判断,使报道失之公正。

中西方媒体都强调秉持公正。《中国广播电视编辑记者职业道德准则》提出:"坚持准确、公正、全面、客观的报道原则。不从个人或小团体利益出发进行影响公共利益的报道。""区分报道事实和评价事实,不将评论或猜测作为认定的事实发表。""不以个人情绪代替正式法律、发泄私愤、中伤他人。尊重被批评者申辩的权利。"英国广播公司的规章制度中说:"公正性居于英国广播公司对受众承诺的核心。它适用于我们所有服务和产品,无论什么形式。新闻,无论什么形式,必须具备应有的公正性。"①广州日报向社会公布的《采编准则》中,也把秉持公正放在重要位置,提到"不得以偏概全,随意夸大。力求全面地看问题,做到客观、公正,

---

① 张宸:《当代西方新闻报道规范:采编标准及案例精解》,复旦大学出版社2007年版,第73页。

防止主观性、片面性。不哗众取宠、耸人听闻"。

人往往受自身所处的位置和认知能力的束缚,无法做到"完全"的公正,媒体也一样。传播学者威尔伯·施拉姆的"把关人"理论、马科姆的"议程设置理论"都指出了信息是经"把关人"筛选把关后才传播的,"把关人"决定着什么可以被传播以及如何传播。罗杰·费勒尔在《新闻中语言:报刊中话语与意识形态》中说:要使受众接受新闻事实的真实性,新闻工作者都需要用不同的采写和编辑手段对事件的真实性进行强化,这是一种典型的新闻编码过程,它往往受到新闻制造者的位置、视角、个人观点、情绪、新闻机构的新闻价值标准,控制新闻机构的个人或团体的意识形态的影响。① 中国媒体的公正性也会受到来自各个方面的干扰和影响,媒体不公正的情况屡屡发生。采取措施消减影响媒体公正性的因素,显得尤为重要。

媒体报道是人来操作的,人的认知、观念、态度、情绪等都可能被带到报道中,影响报道的公正性;媒体特殊的传播流程和存在的新闻话语的霸权,也往往导致报道失之公正。维护报道的公正性,最主要的是避免偏听偏信,避免持有偏见,避免报道不平衡。

1. 避免偏听偏信

一篇事件报道,尤其涉及争议、敏感问题时,应从多个消息来源证实,避免偏听偏信。忽视多源核实,会导致不公正新闻的产生。

2007 年由网络疯传至传统媒体,最后再被传统媒体扩大的女童遭后母虐待新闻,曾经骗取了全国多少人的眼泪。该新闻最后

① 范红:《论新闻话语中的霸权建构》,载范红主编《媒介素养读本》,清华大学出版社 2008 版年,第 129 页。

引起了公安部门的关注,但调查的结果却令人吃惊,该女童并没有受到后母的虐待,浑身的淤血青紫是因为患有凝血功能障碍等多种疾病导致的。其实该新闻一看就有明显破绽,因为全文上下只见记者采访了女童生母、姨夫等,却没有新闻关键人物、被批评对象——后母的声音。

美国纽约十一频道电视台2007年1月29日接到一名观众投诉称,她发现在布鲁克林区"新福建"餐馆购买的外卖"芥蓝鸡肉米饭"中有老鼠肉。当天,该电视台在未经任何检验求证的情况下,以《令人作呕的食物》为题播出独家专题报道,结果使中餐馆蒙受损失,遭到纽约华人的集体抗议。在这个案例中,纽约十一频道电视台偏听一面之词,未进行核实,结果制造这样一个耸人听闻的虚假报道。① 这则虚假新闻对华人餐馆来说是极为不公正的。

记者在进行某一事件报道时,对当事人造成客观上的不公,往往并非出于主观意愿,但为什么会屡屡出现这样的现象,很重要的一个原因是偏听偏信更容易让新闻显示轰动效应,而轰动效应又始终是记者对新闻追求的重要取向。同时,全面采访是要费时间、费精力的,不少记者往往因偷懒省却了不该省却的采访工作。不全面采访不发稿,漏发晚发也不能错发,这是一个严肃媒体记者的基本素养。

2. 避免持有偏见

许多有失公正的报道是由于记者编辑的偏见造成的。记者带着偏见做报道,往往会只取支撑自身偏见的素材,而舍弃其他素材,这不仅不利于还原事实真相,更会对当事人造成不公。

---

① 张家东:《西方媒体防范虚假报道的做法和经验》,载《中国记者》2009年第5期,第84页。

　　一些西方主流传媒对如何避免偏见有明确规定。路透社称，如果不能避免偏见，路透社就不成为路透社。BBC 规定，公正性要求持公平无偏见之心来调查证据，权衡所有重要事实，并做到客观。美国国家新闻摄影师协会（NPPA）要求摄影师，认识并努力避免在工作中呈现某人自己的偏见。①

　　各新闻机构都把不带偏见、公正报道作为自身的追求，但在相当一些问题上，由于受意识形态和价值观的影响，一些西方媒体是难以做到抛弃偏见、公正报道的。新华社记者高蓓对西班牙埃菲社有关中国"非典"的报道进行研究后发现，从关键词频率上分析，埃菲社稿件描述中国形象的词语基本都带有负面意义，经过这些词的多次运用，就会反映出一个很片面的中国政府、媒体和人民的形象；通过对报道主题的分析和归类，发现埃菲社的"非典"报道是有限的几个主题的不断重复，强化中国新闻不自由、政府不负责、政治不民主的形象；通过对信源的分析，发现这家世界性通讯社，在 428 篇稿件中，没有一篇是纯粹从医学卫生、健康专业角度进行报道的，对国际媒体和专家学者的引用数量大大高于中国媒体和专家，而且还大量报道了政治专家、媒体专家的看法，这些无一不表明了记者是带着偏见去报道的，有着明显的报道倾向。其实中国在"非典"防治上的确存在问题，但并不像埃菲社描绘的那么糟糕，记者的意识形态和新闻价值取向使得他们在取景框中看到的始终是负面的东西，他们看不到中国的进步和改善，也不相信中国媒体所报道的内容。② 而且这一偏见在随后的报道中也未实

---

　　① 范红:《论新闻话语中的霸权建构》,载范红主编《媒介素养读本》,清华大学出版社 2008 年版,第 129 页。

　　② 高蓓:《新闻话语与国家形象塑造——埃菲社"非典"报道中的中国形象分析》,载范红主编《媒介素养读本》,清华大学出版社 2008 年版,第 183 页。

质性改变。

2009年7月5日新疆发生打砸抢烧暴力犯罪事件,西方媒体报道中对中国的偏见无处不在。不少西方媒体不惜篇幅地报道境外"东突"分裂势力的说法。美国有线电视新闻网(CNN)、英国广播公司(BBC)等西方主流媒体都采访了"世维会"在美国的发言人,该发言人将暴力犯罪谎称为"和平示威",并称遭到"残酷镇压",而这一说法在外媒中被广泛引用。

非媒体从业人员带有偏见,影响还是有限的,而媒体从业人员的偏见带进媒体传播,却可能因媒体的放大效应,带来广泛的负面影响。一个媒体如果充斥片面的报道、片面的言论,就不可能呈现出美好的人格化特征。严肃的媒体都会强调从业者要公平公正、去除偏见,即便持有偏向,也力避带进报道。

3. 避免报道不平衡

平衡报道是媒体需要坚守的重要法则,平衡报道就是给予对立双方同等的表达权,不仅要反映双方的观点,还需要在数量、质量上对等,这是媒体公正性的体现。

近几年媒体对高考"状元"的报道,可谓是铺天盖地、连篇累牍,有的报纸甚至还刊登了高考"状元"戴状元帽、喝状元酒及敲锣打鼓庆贺的场景,这些都无形中增加了绝大多数考生、家长,甚至包括即将升入高三的学生和家长的压力,也给素质教育带来负面影响。相反,对于落榜生的报道却寥寥无几,即使有报道,也往往是负面的,或许是因考分不好得精神病的,也有因承受不了压力而自杀的。在这样一边倒的舆论下,南京日报于2007年整版刊登了《他们,当年高考失利》,介绍了4位成功人士当年也曾高考失利的心路历程,引导公众认识"一次挫败≠一生失败"的道理。这在当时南京地区所有媒体中,是唯一一家从这一角度报道落榜生的媒体,这一报道引起社会的强烈反响。

媒体报道是由媒体人来完成的,而媒体人与其他人一样,都会带有自身对社会、事件、他人的观点和看法。而这些观点和看法,往往会被带进采编过程中,影响对立双方对等表达,报道因此而会失去公正性。特别是在没有硬性规定或法律规定的情况下,媒体人又缺乏这样的强烈意识,报道不公正现象更容易出现。由此看来,要对表达对等原则作制度安排,同时还要使这一原则成为媒体人的职业操守。

(三)对社会公众负责

媒体的特殊地位和功能,要求媒体坚守社会责任。媒体人要意识到媒体具有放大效应,一经报道会产生广泛社会影响,要认真谨慎地、理性严谨地报道一切。当今社会,一些媒体特别是网络普遍存在虚假、猎奇、血腥、低俗、偏激、非理性、无原则的报道和言论,这是媒体恶性竞争带来的一种动作变形,也是媒体社会责任意识淡薄的表现。

1996 年,中央人民广播电台编辑记者就遵守的职业道德准则约定:"编辑、记者要坚持客观公正的原则,采写和发表新闻,不得以个人或小团体私利出发,不得利用自己掌握的舆论工具发泄私愤,或作不公正的报道。要尊重科学、尊重实践,对于有争议的学术问题,不作主观论断,不作任意贬褒。"美国密苏里州新闻协会在制订《密苏里规约》时就强调:新闻工作者如果不能认识到自己对公众负有责任,就不可能对此专业有正确的认识。① 美国编辑人协会 1923 年制定的《报业信条》中约定:"报纸有争取读者吸引

---

① [美]利昂·纳尔逊·弗林特:《报纸的良知——新闻事业的原则和问题案例讲义》,萧平译,中国人民大学出版社 2005 年版,第 375 页。

读者的权利,然而这种权利,必以为公众利益考虑为范围。报纸吸引读者越多,其对读者所负的责任越大。报社工作的每一同仁,均分担严肃的责任。既然读者信赖报纸,若报纸利用读者的爱戴,实施自私自利的企图,谋求不正当的目的,实在有负于这种崇高的信任。"①20世纪40年代,美国学者提出了报刊社会责任论。这是对自由主义新闻理论的修正。它强调大众传媒要履行社会责任,要对社会与公众负责,强调从道德的层面来规范新闻传播行为,新闻报道必须理智,须减少耸人听闻的煽情新闻。南京日报在2007年改版时,明确了"责任铸就形象"的办报理念。报社在解释这一办报追求时说,这既体现了本报的目标——塑造南京第一主流媒体品牌形象,又体现了对社会的高度责任感,同时也是向社会作出公开承诺——"做负责任的记者,办负责任的媒体"。类似南京日报,新京报的办报口号是"负责报道一切",纽约时报的宣传语是"所有适宜刊载的新闻"。可以看出,坚守社会责任是中外媒体的共同追求。

　　当然,媒体坚守社会责任还不光是媒体人自身意识强弱的问题,在市场化的过程中,巨大的生存压力,还经常会导致媒体动作变形,出现不负责任的种种报道,如不恰当的煽情、不尊重个人隐私、进行媒介审判等。但这不能成为媒体"不负责"的理由,就像人不能因为饿了就去偷去抢。负责是各媒体应当坚守的美德。

　　1. 拒斥不恰当煽情

　　报道煽情,是相当多媒体作为增强可读性、提高传播效果的重要方式,其实,煽情难以把握,很容易失当,进而会给报道带来极大

---

　　①　蓝鸿文主编:《新闻伦理简明教程》,中国人民大学出版社2001年版,第250页。

的负面效应。

这方面,国内的媒体少有研究和对策,经常在报端读到对罪犯浪漫而英雄性的描写。如对黑社会势力张君案的报道,各大媒体竞相不惜版面纷纷推出专题追踪报道,以一些庸俗手法制作标题,甚至作煽情化处理。有些媒体大肆报道歹徒和窝藏他的女友的浪漫感情故事,这种舆论甚至让人们忽略了罪犯的凶残,甚至为这对恋人惋惜。这种戏剧性描写给社会带来了破坏性影响。有媒体还报道张君案中其他几名要犯均为退伍特种兵,武功高强,张君更是了不得,能飞檐走壁。这种以武侠小说的手法来演绎犯罪新闻,很可能淡化受众对罪犯的愤怒心理,还可能使青少年产生崇拜心理,而助长犯罪分子的嚣张气焰。

经历过黄色新闻时期的美国新闻界较早意识到这一点,业内权威杂志《主编与发行人》曾告诫主编和记者:离婚、谋杀、自杀和最肮脏的本地犯罪情况有一定的当地新闻价值,这是件自然的事。这种事的价值是什么,只有当地的主编最适合做判断。而且,在报道离婚、谋杀、自杀以及其他罪行时,放弃用戏剧化、浪漫化和不寻常手段宣扬肮脏和污秽,转而采用恰当的写作手法,使它们成为真正的新闻和文献,这也是能做到的……现在这种在绯闻里打滚的状态是对美国新闻界和美国人民智慧的羞辱。它正在破坏报纸在全国人民心目中的形象,对报纸作为教育和信息机构的观念、目的与宗旨都将产生坏影响。①

不少媒体人为打动人心、吸引眼球,在报道中极尽煽情之能事,这是媒体报道产生负面影响的重要表现。适当、适度煽情可以

---

① [美]利昂·纳尔逊·弗林特:《报纸的良知——新闻事业的原则和问题案例讲义》,萧平译,中国人民大学出版社2005年版,第196页。

增强报道的吸引力、感染力,但如果把握失当,就可能引起受众反感,让受众抵触;不该煽情的地方煽情,则会带来不良社会影响。负责任的媒体一定是在传播过程中慎用煽情的媒体。

2. 不作媒介审判

媒介审判是媒体运作中较为普遍的现象,媒体记者为满足受众急于知道判决结果的心理,在案件报道过程中往往容易用自己仅有的法律知识,以个人的态度甚至是偏见去对涉案人员做出定性、定罪、定刑期或胜诉、败诉等结论。

1991 年,洛杉矶黑人青年罗德尼·金酗酒驾车拒捕,4 名白人警察在警告无效的情况下对金动用警棍,不料整个抓捕过程被人用摄像机录下来,4 名警察因此被起诉。在法庭播放给陪审团的录像中有金在拘捕过程中攻击警察的镜头,但美国三大电视新闻网却未播放这些镜头。新闻媒体用偏离事实真相的“司法新闻”误导民众,在法院对这个刑事案件做出独立判决之前,对警察做出了有罪推定的“判决”,致使绝大多数民众在审判前,就已认定涉案警察难逃其咎。1992 年 4 月 29 日,涉案警察被无罪释放引发种族骚乱,最终造成 50 多人死亡,2000 多人受伤,1 万多人被捕,上千家商铺被烧毁,财产损失达 10 亿美元。

在我国,对案件报道有明确规定。中宣部和中央政法委《关于加强和改进案件报道的通知》,要求媒体“不得超越司法程序,不得违反事实和法律,不得擅自对案件定性”。尽管如此,发生在我国的媒介审判的案例并不在少数。媒介审判中最常见的手法是媒体采用“煽情式”的语言对案件进行片面的、夸张的甚至失实的报道,力图激起公众对当事人的憎恨或同情以及对案件的关注,使审判工作受到干扰和影响。董晓阳案和蒋艳萍案是“媒介审判”的两个典型案例。1997 年董晓阳案中,湖北女子董晓阳因贩毒

174.7 克,原本按我国法律要判处死刑,但因为该女在监狱中折千纸鹤,并在每个纸鹤上写一个字,构成一篇煽情的《千字忏悔文》,众多媒体纷纷从同情怜悯的角度报道(其中多次出现"罪不致死"等词句)。与董晓阳案中激起民众同情心的媒介报道不同,蒋艳萍案的报道中很多媒体报道则是要引发公众的憎恨。2001 年在蒋艳萍案件的审理过程中,媒体塑造了被告人蒋艳萍"财色双送"、"肉弹轰炸"、"与 40 多个厅级领导有不正当的男女关系"、"贪污数额千万余元"、"三湘头号女巨贪"的色毒相兼形象。相当数量的媒体都在为蒋艳萍的"罪行"定性、定罪。蒋艳萍案辩护人赵湘宁、刘星红两律师庭审首日休庭后,在接受记者采访时,对一些媒体"夸大事实、杜撰情节"、"定性定罪"的报道表示强烈异议。案件处于庭审阶段,蒋艳萍的法定身份仅是被告人,她的行为是否构成犯罪,还有待法庭判决。但是,一些媒体在此案的报道中,把蒋艳萍认定为"犯罪人员",甚至在检察机关侦查阶段,就把蒋艳萍的所谓"犯罪事实"像判决书般不容置疑地公开传播。更为不可思议的是,有的媒体竟然以《枪毙的还少了》为标题,对此案盖棺定论。①

　　受众有在司法机关做出判决之前,刨根问底的强烈心理,让记者普遍存在满足受众这种心理的冲动,这样就导致媒介审判现象屡屡出现。一些记者滥用媒体话语权,分析和臆断案情,炒作案件审判,吸引受众眼球。如此报道,媒体受到了关注,但对司法机关审判形成了舆论压力,给判决带来了影响和干扰,这是不负责任的。

　　3. 尊重个人隐私

　　媒体间的激烈竞争,往往会促使媒体从业人员以最便捷的方

---

① 陈力丹、刘宁洁:《规范传媒的庭审报道》,载《传媒观察》2007 年第 3 期。

式吸引受众眼球,而社会新闻特别是明星名人的绯闻轶事,最容易为相当一部分受众所关注,如果把握失当,就容易导致新闻报道中侵犯个人隐私情况的发生。

媒体在报道时难免会触及个人隐私问题,西方有保护个人隐私的健全法律,媒体从业人员也有较强的自律意识,当某一事件极具新闻兴奋点,却又牵涉侵犯个人隐私时,媒体从业者往往会选择沉默,让渡手中的采访权。但因侵犯个人隐私权而招惹官司的媒体也不在少数。国内一些媒体的从业者隐私保护意识和自律意识淡漠,不注意尊重个人隐私,甚至还故意以暴露名人明星的隐私作为新闻点。如2004年北京某娱乐周报制作了一幅"明星地图",对北京部分明星居住的楼盘,包括楼盘的价格、物业、环境等方面进行了整理,将明星的住址间接曝光,干扰了明星艺人们的正常生活,甚至使有的明星受到了陌生人的骚扰。

不少媒体采取的偷拍、监视等采访手段更是不尊重个人隐私的表现。如在2007年"李亚鹏机场护女打记者"的事件中,记者未经许可强行拍摄李亚鹏患先天性兔唇的幼女。显然这属于当事人不愿意披露的隐私,李亚鹏、王菲夫妇为了保护孩子,一直公开声明拒绝媒体采访、拍摄,记者不顾法定监护人李亚鹏的反对,强行拍摄孩子,最终造成冲突事件。

除明星隐私应受到尊重,普通人的隐私一样也应受到保护,不容侵犯,但在我国普通人隐私被媒体侵犯的事情也时有发生。如2005年12月2日,北京一家报纸在没有得到当事人同意和进行技术处理的情况下,在报纸头版和第16—17版中,用很大篇幅刊登多幅一名化名小莉的艾滋孤儿脸部特写照片以及她与父亲、弟弟的合影照片,并标明了她的真实姓名及其父母因患艾滋病而死亡等的情况。报道中更披露了这名艾滋病孤儿的个人隐私:如其家境如何贫困,社会捐助又被亲属占用;"小莉被寄养到姨母家,姨母的 34 岁的儿子,相貌较差,好吃懒做,不务正业,找不到媳妇,竟然别有用心打起了小莉的主意";"小莉到×家后改名为×××";"小莉有严重的自闭症,情绪不稳定,成绩下滑得厉害,而且非常不自信,觉得自己没有用"等等。这些行为严重侵犯了小莉的肖像权、名誉权及隐私权。

在我国社会,媒体采用隐性手段采访,既很少受公众质疑,又不受记者自我制约,侵犯人的肖像权、名誉权、隐私权等权利的事屡屡发生。窥探别人的隐私是相当一部分受众的偏好,中外受众概莫能外。为赢得受众,扩大媒体影响力,媒体往往会有强烈的传播他人隐私的冲动。一个负责任的媒体出于公众利益目的,其他手段又无法获得资料,采取暗访的手段是需要的,但一定要谨慎运用。

（四）持有并倡导社会关爱

持有并倡导社会关爱也是媒体一种重要的普适性角色规范。关爱他人就是与人和睦,待人宽厚,怀有理解他人之心,体现平等的原则,体现对人性的尊重。

国内外新闻界对媒体体现社会关爱的特征均有论述,也有实践。1998 年 6 月,人民日报编委会在《关于开展"加强党中央机关报记者形象建设"活动的决定》中要求:"要深入基层了解和体察人民群众的希望和要求,积极反映人民群众的心声,正确开展舆论监督。"《中国广播电视编辑记者职业道德准则》要求:"报道中避免对种族、性别、年龄、职业、宗教信仰、教育程度、居住地等的任何歧视。"1923 年美国编辑人协会制定的《美国新闻道德准则》中规定:"报纸不可侵犯私人的权利与伤害私人的感情,以满足大众的好奇心。"南京日报 2007 年改版方案中有一条:"改进民生新闻,增强为群众服务的意识，为群众说真话，办实事，体现党委政府对困难群众的人文关怀。"为此有过不少实践，一方面把报道向社会公众倾斜，关注他们的利益诉求、生产生活、生存状态、喜怒哀乐；另一方面充分利用社会力量，策划组织社会公益活动，比如策划组织了"南京民工艺术团"，唤起了人们对民工生存状态的关注，感召了更多的人接纳善待民工，塑造了和谐南京的形象，这一活动在全社会形成了广泛影响。国内外媒体通过新闻报道和策划组织公益活动，体现社会关爱的特性，是一种普遍性现象。

体现社会关爱作为媒体的重要特性，从报道内容上讲，媒体通常会通过体现人与人之间的平等和友善；体现对人性的尊重，避免以血腥描述吸引眼球；体现对生命的敬畏感，避免对灾难、死亡等事件的冷漠、麻木描述；体现对妇女和未成年人权益的保护，恪守媒体的注重社会关爱这一普适性角色规范。

1. 语言避免冷漠

媒体从业人员往往都有一个重要的职业特性，那就是求新求变，但走过了头，就有可能伤及最基本的职业准则，产生很大的负面社会效应。

对于灾难、死亡的报道，很多报纸尤其是都市报为了吸引眼球，在标题制作上存在语言冷漠倾向。如南京某都市报在报道一名救火女英雄晚年靠廉价药片止痛时，其中的一个小标题为《舍身救火烧成"肉蛋"》。吉林某报报道一位跳楼自杀者，标题为《昨晚上演高空飞人》。江苏某行人被农用车撞倒，又被该车从头部轧过，当场惨死于血泊中，省内一媒体赫然出现《骑车人"中头彩"惨死》的标题。广州夏天太热，三十余人因酷暑死亡，有报纸的标题是《广州"酷"毙三十余人》。成都某报在报道一位民工因为一时不慎而失足殒命时,标题为《10 米高空脚打滑　哦呵》。

面对一个生命的逝去这样沉重的话题,记者却用如此调侃、轻松、漠然的笔调来描写,读者能读到什么呢,读到的只能是记者的残酷、玩世不恭和不尊重生命。这样的报道,呈现出的媒体人格化特征是扭曲的,塑造的形象是丑陋的。

2. 不存歧视

一个仁慈的人,必定有一颗宽容之心,平等对待他人。媒体也一样,在报道时,不应该存在种族歧视、地域歧视、身份歧视、性别歧视等。1923 年制定、1951 年修订的《瑞典舆论家联谊会出版规范》中要求:"除非有特殊重要性,或与重大犯罪案件有关,不报道自杀或企图自杀的新闻。法院未判决前,最好不刊登嫌疑犯的姓名。同时对于少年犯罪也不刊登姓名。对嫌疑犯的调查报告,最多限于摘要报道。如与案情无关,在新闻标题写作上,不强调嫌疑犯或被判罪者的种族、国籍、职责、政治主张和宗教信仰。"但在媒体运作过程中,歧视现象还时有发生。

身份歧视。比如关于农民工的报道,几乎所有的媒体都站在城市的立场上对不符合城市人规范和价值观的农民工贴上了"盲流"、"民工潮"、"外来人口"、"弱势群体"等标签,强化了农民工的刻板形象①,反映了城市社会对农村和农民的歧视。

地域歧视。2006 年 8 月 6 日,在福州东南快报发表的《治安员:江西永新人都是贼》一文中,几个江西永新人被屈打成招,这本是治安员的违法行为,标题却用治安员的直接引语,把所有永新人都贴上了"贼"的标签。

---

① 霍侃:《从盲流到弱势群体:23 年来〈经济日报〉再现的农民工形象》,载范红主编《媒介素养读本》,清华大学出版社 2008 年版,第 187 页。

性别歧视。2008 年 5 月 15 日,华盛顿邮报专栏作者玛丽亚·科寇发表了题为《我会记住的仇恨妇女的现象》一文,列举了在美国总统竞选中媒体表现出的对女性的歧视。自由派媒体上奥巴马的支持者随心所欲地使用充满性别含义的语言来攻击希拉里。例如有人在电视上公开说,"奥巴马在 2 月份赢了,因为那是黑人历史月;希拉里在 3 月份赢了,显然那是白人母狗月。"NBC 电视台的著名主持人克里斯·马修在希拉里的头上加了两个角,将这位参议员称作"女魔鬼",他请来的客人则嘲笑希拉里"像是每个站在法庭外面的结发前妻"。而中国人熟悉的 CNN 的卡弗蒂将希拉里形容为一个"讨人厌的教训孩子的母亲"。从一开始,美国媒体对希拉里便百般挑剔,她的发型、穿着、化妆等都被反复谈论。经常有人公开地将希拉里和她的女性支持者称作"过了更年期的妇女"。很难想像这种充满性别歧视的语言会用到任何男性候选人的身上。

歧视是对人不尊重的表现,更重要的是颠覆了人与人之间平等的理念。媒体缺乏仁爱之心,以歧视态度作报道,事实上是将一种错误的观念传递给社会公众,使把一部分人看成是高贵的,一部分人看成是低下的;把一部分人看成是优越的,一部分人看成是卑微的;把一部分人看成是不会犯错的,一部分人看成是值得怀疑的。

3. 保护未成年人权益

未成年人是需要保护的,虽然对未成年人权益的保护有法律上的规定,但成年人往往以对待成年人的态度对待未成年人。媒体缺乏对未成年人的保护意识,会给未成年人带来种种伤害。

西方不少国家都有法律规定,如美国广播电视新闻协会《道德和职业行为准则》规定:在报道涉及儿童情况特别审慎并给儿童以（比给予成年人的）更大程度的隐私权保护①。中国的未成年人保护法也有相应的法律条文，如对犯罪的未成年人，禁止报道其姓名、年龄、容貌等可以判别本人的信息，包括对性犯罪受害人也要匿名。这方面，媒体还需要进一步自律。当前，媒体对未成年人的保护意识还很不够，在一些报道中时有侵害未成年人权利的现象发生。

如安徽六名中学生起诉安徽电视台一案的起因也是媒体侵害了未成年人的正当权益。2005 年 3 月 20 日，安徽省霍丘县叶集镇发生一起强奸（未遂）案，叶集公安分局立案后，很快抓获了犯罪嫌疑人朱某某。叶集公安分局安排被害人对犯罪嫌疑人进行混合指认，叶集实验学校六名中学生按民警要求手举号牌与犯罪嫌疑人朱某某一起列队接受指认，这一过程被民警录像和拍照。次日，安徽电视台记者前往叶集公安分局采集新闻，叶集公安分局遂将本案指认过程的相关录像资料等交给安徽电视台记者，未作任何交代。随后安徽电视台"第一时间"中出现李海峰等六原告手持号牌参与辨认的图像，面部无任何技术遮挡，时间约 2 秒。播出后六名中学生被同学和其他人以"嫌疑犯"和"几号强奸犯"等称呼。媒体这一行为严重侵害了这些中学生的名誉权和肖像权，因此遭到起诉。法院经过审理认为六原告的名誉权遭到侵犯，判决安徽电视台和叶集公安分局向六原告公开赔礼道歉，并共同支付精神抚慰金共 36000 元。

未成年人的心理是不成熟的，媒体的不当报道给未成年人带来的压力和打击往往使其难以承受，有可能给未成年人造成长期

---

① 魏永征、张咏华、林琳：《西方传媒的法制、管理和自律》，中国人民大学出版社 2003 年版，第 416—458 页的附录内容。

甚至一生的伤害。一个负责任的媒体要有强烈的未成年人保护意识,给未成年人健康成长营造良好的舆论环境。

4. 图片符合伦理

新闻图片是媒体的眼睛,它能够给人们带来新闻信息、视觉冲击力和美感,但为刺激受众感官,吸引受众关注,一些媒体往往会过分渲染灾难血腥场面,造成不良社会影响。

南京就有报纸因为在导读版刊登了被车轮压扁的人头而遭到质疑。其实关于摄影伦理的探讨一直没有停止。前几年厦门某报的一组新闻照片引起网友争议。这组照片记录了一位骑车人在暴风雨中碰到路上的水坑而摔倒的全过程。画面虽然并不血腥,却被网民们批评,认为记者为何不去帮助骑车人,而坐视不管拍自己的照片。这样的争议是那样的熟悉。早在1994年,南非"自由记者"凯文卡特因拍摄到一张饥饿苏丹小女孩的照片,而获得1994年普利策"特写性新闻摄影奖"。面对画面上老鹰虎视眈眈下的饥饿女孩,人们纷纷质问身在现场的凯文卡特为什么不去救那个小女孩。3个月后,凯文卡特自杀。

记者作为一种职业,需要一种敬业精神、职业精神,记录下事件的精彩瞬间是记者的天职。但记者的作品是要影响社会公众的,还需要负起社会责任,要体现仁慈、仁爱,不要伤及最基本的伦理原则。

(五) 增进社会光明与美好

增进社会光明与美好作为媒体的普适性角色规范,就是在报道中着力弘扬真善美、鞭挞假丑恶,给人以积极向上的精神追求。

1991年1月中华全国新闻工作者协会第四届理事会第一次全体会议通过、1997年1月第2次修订的《中国新闻工作者职业道德准则》中明确要求:"要坚持团结稳定鼓劲、正面宣传为主的方针,造成有利于推进改革开放、建立社会主义市场经济体制、发展社会生产力的舆论,有利于加强社会主义精神文明建设和民主法制建设的舆论,有利于鼓舞和激励人们为国家富强、人民幸福和社会进步而艰苦创业、开拓创新的舆论,有利于人们分清是非、坚持真善美、抵制假丑恶的舆论,有利于国家统一、民族团结、人民心情舒畅、社会政治稳定的舆论。新闻报道不得宣扬色情、凶杀、愚昧、迷信及其他格调低劣、有害人们身心健康的内容。"1923年美国编辑人协会制定的《美国新闻道德准则》中规定:"凡报纸假借道德的理由,对于社会有伤风俗,如奸淫掳掠的犯罪事实,着意描写,迎合低级趣味,煽动低级情感,此类报纸,显然不符公共利益的要求。"南京日报在2008年提出了实践"阳光工程"的计划,要求全报社上下做好"阳光报道"、实施"阳光管理"、倡导"阳光关系"、养成"阳光心态"。其实就是通过这种方式强化对社会光明和美好一面的报道,强化从业人员对这一普适性角色规范的恪守。他们提出,做好"阳光报道",就是强化把握导向、促进发展、讲求品位、创造和谐、服务读者的办报思路,多报道正面美好的内容,坚决拒绝低俗、媚俗、凶杀、暴力、色情等对社会产生不良影响的内容。同时对批评报道也要做到"阳光报道",把坏的方面转成好的方面,让阴暗的方面重见光明。感情用事,偏听偏信,不顾问题能否解决而热衷揭露,带来工作上的被动,损害城市的形象,这样的批评报道不"阳光"。同样,如果从个人利益、部门利益出发,无中生有,无限拔高,违背事实,吹喇叭,抬轿子,这样的所谓"正面报道"也不"阳光"。他们还提出采编人员要树立"阳光心态",要求每一位员工从自身做起,形成一个互相尊重、互相宽容、互相欣赏、互相鼓励的"阳光氛围"。要有理想,有事业追求,敢于负起责任,敢于面对矛盾,敢于说出真话,敢于讲清是非,工作奋发向上,待人坦坦荡荡。其他媒体也有类似这样的做法，这种做法使媒体美好的人格化特征得以充分呈现，这样的媒体才能在促进社会和谐中发挥积极的作用。

以"阳光心态"进行"阳光报道"是媒体的美德。但也有一些媒体在市场竞争中，因为生存压力淡漠社会责任，时不时会出现炒作明星绯闻、迎合猎奇心理、专注感官刺激、渲染色情暴力的倾向，以提高收视率或阅读率，这是短视的，也是不"阳光"的。那么，什么样的报道是"阳光报道"呢？那就是秉持积极光明的取向，为读者提供美好、健康、进步、充满希望、充满信心的报道内容，通过报道引领引导受众向善向上。

1. 报道美好

每一个人身上有优点也有缺点，有美好的一面也有丑恶的一面，如果媒体过分注意和放大人的缺点和不美好的一面，那么这个人就可能自暴自弃，不能成为对社会有益的人。社会就像一个人一样，如果媒体总是盯着不好的方面穷追猛打，就会让人看不到希望，也就失去了完善自身、成长进步的动力。

坚持以正面报道为主，减少负面报道，这不仅是国内媒体遵循的，西方媒体也以此自律。美国新闻界在经历过铺天盖地的暴露生活黑暗面后，有过反思，并得出结论：要多报道美好的东西。一位主编说："这种现实难道不可悲吗？我们社会生活中最迫切需要之一难道不是对邻居的善意，难道不是要尽量看人好的一面，难道不是培养对别人的信心，难道不是尽量说我们所认识的人们的长处？秉持这些慷慨和善意理念的舆论不是会给我们带来更公平的法律、更稳定的社会秩序、更繁荣和安定的联邦吗？报纸难道不是在保证这些条件方面肩负着非常重大的责任吗？"另一位主编说："如果我们能有机会表现一下日常生活中的一些美好事物，就会发现世界其实一点都不糟。只是由于过分强调邪恶和病态的东西,才让我们变得玩世不恭和愤世嫉俗。"①

《底特律新闻》有一条标准:寻求生活中高尚而不是败坏的东西。还说到:保持报纸语言和思想的纯洁性。完全不必要采用亵渎或暗示性的语言,如果有疑问,就想像一个 13 岁的女孩在阅读你写的东西。②

国内的一些都市报在发展过程中,曾经也因为功利性的出发点导致报纸内容庸俗、格调低下,色情和暴力新闻充斥报端。之后,都市报的老总们开始反思,并于 1999 年 11 月的第二届全国都市报总编会暨理论研讨会上,提出了"迈向主流媒体"的主张,着力提升报纸的品位和格调。③

一个社会要稳定发展繁荣,就需要在全社会形成广泛共识和认同,负责任的媒体需要向社会公众呈现人类美好的一面,呈现社会健康的一面,给人以希望,给人以信心,这要成为媒体报道的主基调。

2. 崇尚科学

迷信的一个重要特征就是神秘化,神秘的东西最容易引起受众关注。媒体一方面由于记者科学素养不高,另一方面出于吸引受众眼球的目的,导致刊发带有封建迷信色彩的内容。

2009 年 7 月 22 日的日全食现象,是 1814—2309 年之间中国境内可观测的持续时间最长的一次日全食活动,同时也是世界历

---

① [美]利昂·纳尔逊·弗林特:《报纸的良知——新闻事业的原则和问题案例讲义》,萧平译,中国人民大学出版社 2005 年版,第 202 页。

② 同上书,第 388 页。

③ 陈国权:《都市报主流化的五大误区》,人民网,Http://www.people.com.cn/GB/14677/40716/40718/3034844.html。

史上覆盖人口最多的一次日全食。各地的报纸都充分利用这次机会,进行科普报道,破除封建迷信思想,激发民众热爱科学的热情和兴趣,提升国民科学素养。

但也有媒体因为记者的科学素养欠缺,导致迷信的、反科学的报道频频发表。如2008年9月南京一张都市报的《明故宫被称为南京的百慕大》系列报道,由多年来在明故宫附近发生的交通事故、自杀事件、摔死事件等,简单地得出了因为有人在太岁头上动土,导致神秘力量操纵古老太庙,明故宫成南京百慕大的结论。这一报道没有采访相关专家,通篇都是道听途说的"据相关人士透露",一时误导了不少读者。

迷信的东西往往是一种错误的解读,容易对人造成一种精神的折磨和伤害。而科学是引领社会进步的重要力量,一个有社会责任感的媒体,在传播过程中一定会体现出科学的精神,去除迷信对社会的侵蚀。

3. 正面引领

媒体的"阳光",不仅在于为读者提供正面的、阳光的、美好的、进步的报道,还要引领引导受众向善向上。

记者作为汪洋大海中的船上的瞭望者,他一定要比别人先看到暗礁,他也一定要比别人看得更远。美国《独立》杂志主编汉密尔顿·霍尔特曾在一次报界大会上发言:"我们可以把公众分成三个层次:第一,所谓的思想阶层和知识阶层——或者说'高品位的';第二,普通大众,有时被称为'低品位的';第三,堕落的、卑贱的犯罪阶层。我坚持认为主编无权故意为最后这个阶层办报。如果真有人尝试这么做,他应该被其他的主编驱逐,必要的话,应该由国家通过法律程序制止他。但每个罪犯在天性中都有好的一面,而那两个较高阶层中的人的天性中也有黄色倾向,我想主编们不应该诉诸那些黄色倾向。"

媒体在传播过程中,每天都会遇到这样的问题:是弘扬进步还是迁就落后?对于一个负责任的媒体而言,答案是显而易见的,媒体应该充当社会进步的推动者,成为公众向善向上的引领者。

(六)对受众客户保持诚实

对受众客户保持诚实作为媒体的普适性角色规范,是指以一颗真诚的心,为读者真挚地进行报道,不因为采访不深入、不全面而虚构新闻,不因为要吸引受众眼球而虚构新闻,也不因为外在压力的影响而虚构新闻,还不因为商业利益的驱使而虚构广告量、发行量。

中国记协第七届理事会第二次会议审议通过的新修订《中国新闻工作者职业道德准则》中要求:"新闻工作者要通过合法途径、正当方式获取新闻素材,慎重使用隐蔽拍摄、录音,公开采访要出示记者证件,刊发新闻报道要署作者真实姓名;认真核实新闻信息来源,确保新闻要素及细节准确;摘转其他媒体报道要有把关意识,不刊发违反科学和生活常识、耸人听闻的事实报道;不夸大、缩小或歪曲新闻事实,不虚构或制造新闻事件,不干预或摆布采访对象;出现报道失实时要主动承担责任,及时更正致歉,消除不良影响。"美国《南达科他规约》中提出:有道德的新闻工作者总是怀抱诚挚的目的,写作的态度也非常诚挚。诚挚的信念给他带来灵感。在其话语的背后是种诚恳的愿望,能激发所有高贵的意图。①《华盛顿伦理规约》向社会公开承诺:"我将在新闻中,在社论中,在广告中保持诚实,对所有的义务诚实,对我的竞争对手诚实,对新闻

---

① [美]利昂·纳尔逊·弗林特:《报纸的良知——新闻事业的原则和问题案例讲义》,萧平译,中国人民大学出版社 2005 年版,第 278 页。

事业的理想诚实,注重诚恳的价值,对社区、州和国家诚实,坚决刊登洁净的新闻,在所有行为中保持荣誉感,在所有研究中保证细致周到,在服务中无私,对朋友忠实,对批评者公平。"①美国密苏里州新闻协会的《密苏里规约》规定:受控制的新闻或从商业角度做出的评论都不配刊发在报纸上。新闻的报道、写作和阐释在任何时候都完全应该以公众的利益为皈依。广告商无权要求报纸优待他们,除非他们从读者和社区成员的角度提出这样的要求。②《中国新闻工作者职业道德准则》对新闻工作者明确要求:"新闻工作者要坚持发扬清正廉洁的作风,自觉抵制拜金主义、享乐主义、个人主义思想的侵蚀,坚决反对'有偿新闻'等不正之风,树立行业新风。"国内多数媒体对禁止"有偿新闻"有非常严格的规定,明确要求新闻报道不得收取任何费用。媒体的这些规范都是在强调报道的诚实性原则,都是在塑造美好的人格化特征。

保持诚实作为媒体的普适性角色规范,不仅体现在新闻报道上,还体现在广告发布的内容和向客户提供的发行数字上。要做到报道诚实、广告诚实、发行量诚实,需要从传媒人诚实品质的养成入手,使诚实在媒体人内心深深扎根,媒体这一普适性角色规范才能真正得到确立。

1. 报道诚实

媒体因为掌握着话语权,受到的诱惑也多,有人愿意出钱买报道,有人企图出钱撤报道,于是"有偿新闻"成为国内新闻媒体的一大公害,同时"受贿不闻"的现象也时有发生。

在这方面,西方媒体有着较为严格的规章制度。洛杉矶时报

---

① 同上书,第279页。
② 同上书,第275页。

为报道的独立公正性,禁止从事环境报道的记者参加环境组织,禁止从事健康报道的记者加入医学组织,禁止商业编辑成为贸易或金融协会的会员。美国新闻论坛报就曾经有一名女记者,因为公开参加支持禁止性别歧视的活动,被从报道岗位调到了印刷部门。她提出诉讼,要求重返报道岗位,但是该州的最高法院驳回了女记者的上诉。该院判决认为,报纸为了维护其可信性,有必要禁止记者参加团体活动。

由于金融利益在物质利益中居于首要地位,因此英美国家报纸对此的规范尤其严密,不仅要求从事相关报道的职员披露个人金融利益,披露其配偶、家人和朋友的金融利益,甚至有些媒体还要求职员禁止持有投资、买卖股票、证券等某些金融产品。①

诚实报道是一个严肃媒体的重要品质,为保证记者的诚实报道,西方媒体用极为严厉的规范去约束记者编辑的行为。尽管西方媒体要在宏观、微观的层面上做到诚实报道,还是会受到种种因素的干扰和影响,但是不少有社会责任感的媒体还是把给受众提供诚实报道作为重要追求。国内媒体"把关人"大都有为社会公众提供诚实报道的意识,但在建立一整套制度规范约束记者编辑可能影响报道诚实的行为方面,还有很大欠缺,在报道不诚实的干扰因素难以一时去除的情况下,不同程度的不诚实报道在媒体上屡屡出现。不能切实解决诚实报道问题,媒体美好人格化特征是难以塑造的。

2. 广告诚实

媒体要在市场中求生存、求发展,要有足够广告量的支撑,在

---

① 张宸:《当代西方新闻报道规范:采编标准及案例精解》,复旦大学出版社2007年版,第141页。

媒体间竞争日趋激烈的情况下,媒体更容易对广告"照单全收",以致虚假广告充斥媒体。

早在 1888 年,查尔斯·A.达纳就在一次美国威斯康星编辑协会的演讲中提到:"永远不要把付费的广告当新闻刊登。让所有的广告都以广告面目出现,不要在虚假的外套下暗渡陈仓。"以"责任铸就形象"为追求的南京日报,不仅主动撤掉有问题的广告,而且每年拿出大量版面,结合重大传统节日、重大活动,精心策划刊发公益广告。2008 年,共刊登公益广告 234 个通栏,加起来有近 40 个整版,价值近 600 万元。

2007 年 3 月 27 日,北京晨报报道,记者从央视《生活》栏目组了解到,"胡师傅"不粘锅的广告在各卫视台频繁播出,该产品号称是全球市场上第一个真正意义上的无油烟不粘锅,主要是采用了一种特殊材质——宇航飞船的外表材料,能将锅体温度控制在油烟挥发的临界点 240℃ 以内,从而达到无油烟效果。除了所谓的航天材料,"胡师傅"无烟锅的外包装上还宣称采用了纯天然矿产——紫砂。这种紫砂不但能分解食物中的脂肪,降低胆固醇,而且有纤体、美容、益智、延年益寿之功效。《生活》栏目组的记者采访了上海材料研究所检测中心主任鄢国强,他表示:"从我们的检测结果来看,'胡师傅'不粘锅既不是钛合金,也不是锰钛合金,而是一个以铝为主料的铝合金。说白了就是一个铝锅,根本没有什么宇航飞船的外表材料。"

报道不诚实,通常表现出的是一种对受众的不尊重,而广告不诚实,则往往会造成对受众的伤害。媒体为了获取广告收益,而不惜误导、伤害广泛的受众,这不仅仅是急功近利的,更是一个职业道德问题。1999 年 12 月中国报协书记处会议制定的《中国报业自律公约》中要求:"在报纸所进行的任何宣传推广活动中,如实公布发行数据和广告效果,不作虚假、误导性宣传。不得以报纸版面、网页及其任何方式作不符合实际的自我炫耀,不得以任何方式公开贬损、诽谤、攻击同业单位。"其实,一个有长远发展战略的媒体,一定不会为眼前的利益而牺牲自身的形象;一个负责任的媒体,一定会始终坚守最基本的道德底线。越是影响力大的报纸,它的广告越精美、越体面,也越诚实;越是影响力小、生存困难的报纸,其广告越粗俗、越丑陋,也越虚假。

3. 发行量诚实

发行量在某种程度上说明了报纸的影响力,也是广告商投放广告的重要依据。长期以来,因媒体间过度竞争,虚报报纸发行量成了一种潜规则,业界都心知肚明,媒体声称的发行量都是要大打折扣的。

虚报发行量在西方社会一度也是一种常态,但随着媒体自律和法律约束的加强,发行量撒谎的时代已过去。在美国的有些州,向广告商提供错误的发行信息属于轻度犯罪。

2000年前后,大河报、郑州晚报率先对自己的报纸发行量进行了社会公证,并公之于众。具体步骤是:由公证处人员到报刊承印单位,对该报刊最后下机数进行核实后,向社会发布消息,其全部按正常的公证程序进行,而后,省内又陆续有多家报刊都对自己的发行量进行了公证并向社会发布了自己的发行量。大河报在2002年初公证发行量已达80万后,在2003年1月1日又公布了"有望突破百万大关"的消息。报刊界人士说,公证并公布自己报刊的发行量是积极的、负责任的态度和做法,也在一定程度上规范了报刊社的行为,对于原来的虚报现象来说也是一个不小的进步。①

---

①　魏晓薇:《对报刊虚假发行量说不》,新浪传媒,2003年7月30日。

　　媒体发行量做假,是一种"群体效应"。当有媒体虚报发行量而获取广告收益时,其他媒体会自然跟进,从而形成全行业普遍性做假现象。要改变这样的一个局面,是相当艰难的。企望靠虚报发行量而求得生存的媒体是不会改变这样的做法的,只有具有一定社会影响力和经济实力的媒体,以及对未来带着一份自信求得"凤凰涅槃"般崛起的媒体,才有勇气向社会公众、广告客户告之真实的发行量。在我国,靠各媒体自律塑造诚实媒体形象是十分困难的,只有全行业协同一致的约定甚至法律规范,才能改变以虚假发行量误导受众和广告客户的现实。

第三节　区域性主流媒体独特角色职责的履行

　　在梳理和提炼中外媒体组织和媒体人自身提出的从业规范中,可以发现媒体的普适性角色规范,这些规范的恪守,形成了媒体的基本特质。而不同媒体还以其个性化特征的差异相区分,区域性主流媒体所履行的独特社会角色职责,又使其呈现出社会舆论引领引导者的形象。

一、不同媒体以个性化特征的差异相区分

　　媒体除了普适性角色规范,不同种类的媒体还需要履行独特的角色职责,显示出自身不同的个性化特征。

　　媒体的普适性角色规范可以说是媒体之所以为媒体的基本特质,但媒体的受众是分层的,不同层面的受众需求又是有差异的,因此,不同媒体关注的话题、资讯的选择、知识的偏重以及传播形式的运用、引导受众的方式等,都会有所不同。区域性主流媒体通常会以自己独特的方式强化传播主流意识形态和主流价值观,强

调传播权威资讯、深度解读政策、关注热点话题、发出主流声音,发挥形成共识、凝聚力量、推动工作的作用;都市报会强化提供更多资讯、增强信息的服务性;其他专业类媒体更多关注各自领域的话题和知识资讯的提供。各媒体强化普适性角色规范的恪守,使媒体能够呈现出良好的公众形象,这是媒体提高社会影响力和市场竞争力的基础性因素;贴近受众需求,强化个性化特征的塑造和独特角色职责的履行,又可以获取错位竞争优势,这是媒体在特定读者群中赢得认同度和忠诚度的决定性因素。

在不同历史时期媒体的个性化特征还会因为所承担的阶段性角色的变化,而打上时代的烙印。战争年代,要鼓舞民众不怕流血,不怕牺牲,奋勇杀敌,一往无前,这个特征会通过媒体充分表现出来;改革开放初期,要引导民众不畏首畏尾,鼓励敢闯敢冒,勇于创新,不怕失败,宽容失误,这同样会通过媒体表现出来。

当前,随着公民社会的逐步形成、利益格局的深入调整,社会分化加剧,社会公众的价值观念更加多元化,民众生活方式和对社会文化的需求多样化趋势日益明显,媒体的定位、运作需要适应社会变化发展的趋势。综观我国报业,目前全国拥有公开发行的各类报纸1930种,其中属于党报性质的有443种,其他1487种都属晚报、生活报和专业报性质。而在1978年时,全国只有189种报纸,主要为党报和专业报,党报占有绝对主导地位。虽然在当前报业格局中,党报所占比例不高,但它在众多媒体中起着引领引导作用,影响着党政机关干部、高校与科研院所的知识群体,企事业单位的经营管理者等读者群,这样的人群具有较高的社会地位、政策水平和文化程度,是整个社会的精英阶层。区域性主流媒体覆盖的人群特殊而高端,发挥的作用独特而重大。我国报业的格局变化还在进行之中,一定会有新种类的报纸,特别是周报、专业报的新生和发展,大量日报会自行消减。在这个过程中,各媒体都在分析研究受众需求,确定自身定位,用创新方式满足目标受众需求,强化自身个性化特征的塑造,形成竞争优势,扩大社会影响力,以拓展生存和发展的空间。

二、区域性主流媒体独特角色的职责

区域性主流媒体个性化特征,是通过新闻报道体现出来的,很难严格区分区域性主流媒体的报道与其他媒体报道的差异,但往往能够通过强化某些方面的特性来塑造区域性主流媒体相对独特的形象。分析我国区域性主流媒体的现状能够发现,独特社会角色的职责有很强的一致性,显示出的个性化特征主要表现在以下四个方面:

(一)提供对民众有价值的权威资讯

传播权威资讯是区域性主流媒体的重要个性化特征,在当今资讯巨增的信息社会,这一特征显得尤为突出。区域性主流媒体传播的资讯往往会严格核实消息来源,会更多采用来自权威部门、权威人士的信息,这些信息对受众又不是可有可无的,有更强的服务性。区域性主流媒体掌握着区域内的权威话语权,往往力求成为权威官方信息的发布者,对权威官方信息能最快最准确地发布;力求成为重大战略部署的舆论推动者,对党委政府的重大战略部署,能够主动介入,通过形式多样的新闻样式,强势报道,帮助受众了解其内涵;力求成为权威生活资讯的贴心服务者,对于市民关心的生活资讯,也能全方位提供,成为市民的生活指南。

1. 权威官方信息的发布者

区域性主流媒体一定是权威信息的发布者。区域性主流媒体最突出的权威性,体现在时政报道的权威性上。在长期的打交道中,区域性主流媒体与当地党委政府建立了良好的互动关系。区域性主流媒体报道党政新闻越及时、越准确,它的话语就越权威。话语越权威,公信力越强,群众越看爱,当地党委政府就越信任并信赖它发布信息。党委政府越信赖其发布,区域性主流媒体就越能拿到别人无法得到的最新、最细的时政信息和权威解读,它就越能吸引读者。即使在近几年各地政府纷纷建立新闻发布会制度后,区域性主流媒体还是能比别的媒体拿到更早或更详细的信息。

　　如2009年8月27日的南京日报,在导读版上共有18条导读,除去国内国际时事、民生新闻、体育文化新闻,仅权威的本地官方信息就有7条,它们分别是"市人大常委会第11次会议召开"、"南京退休省内居住领养老金有望不'年检'"、"联动公选党外干部民主党派'组团'报名"、"昨天七夕好日子全市647对新人领证"等,同日的头版头条则是《我市多措并举打造全国教育名城　新学期投入1.3亿实施"绿色助学"》。而在同一天的南京一家都市报上,以上8条硬消息只报道了两条。

　　与传统媒体相比,区域性主流媒体在传达党委政府的方针政策、重大决策、重要部署时,会更注重宣传要求和新闻规律的结合,更注重寻求党心与民意的"共鸣点"、"兴奋点",更注重报道的有效性和到达率,以便把党委政府事关民生的决策、举措迅速地传达到基层干部群众中,把干部群众的认识统一到推动各项工作的贯彻和落实中。如2007年5月15日南京日报改版第一天头版头条消息《133万人将享受基本医疗保险》,就是一次将会议的重要性和信息的贴近性兼顾的成功实践。再如,每年的全国两会是政治生活中的一件大事,南京日报作为区域性主流媒体,并没有满足于在家编编新华社通稿,近几年来都是主动出击,成立两会报道组,并派出精干队伍赴京,以创新的精神、精心的组织、全方位的策划进行多角度、立体化、多层次的报道,强化南京和江苏特色,达到了会内与会外的互动、北京与南京的互动、代表委员与普通读者的互动。省委宣传部的《江苏新闻舆论动态》认为 2007 年南京日报的两会报道"以鲜明的特色,强化服务性、指导性、针对性和地方性,为地方报纸报道两会提供了有益的借鉴"。在 2008 年的两会报道中,南京日报再次创新形式,充分利用报网互动这一新的形式,开设了《公民议政》栏目,每天就一个两会热点话题,设置议程,吸引网友的建议和意见,并在报纸上刊发出来,如《京剧进课堂是否矫枉过正》《网友热议"大部制改革"》《社保"一卡通"顺应民意》、《赵宝成受网友关注》、《网友建言"更高水平住有所居"》。这种形式,让读者和网友参与到两会中来,与代表委员形成互动,也使得报道更加突出民生情怀。

2. 重大战略部署的舆论推动者

区域性主流媒体一定是一个区域重大战略部署的舆论推动者。重大战略部署关系到一个区域的大局。从一个区域的角度看,关系到整个区域政治、经济、文化的未来发展;从群众的角度看,关系到老百姓的切身生活。作为区域性主流媒体,一定会深刻了解地方党委政府的意图,通过大力集中的宣传报道,统一思想,为地方党委政府顺利实施战略决策,营造良好的舆论环境。相对而言,非主流媒体要轻松得多,因为地方党委政府对其没有过高要求,可以不报道,也可以做一些点到为止的报道。

南京日报对此进行了一些探索。如对于"跨江发展"这一南京重大发展战略,作为区域性主流媒体,南京日报不仅反映全市在落实这一战略决策方面已经做了些什么,取得了怎样的成效,更是积极主动地站前一步、站高一步,以全球眼光、全国视野,考量南京的跨江发展,为政府提供有价值的信息。为此,南京日报策划了

"跨江发展"大型采访活动,选取重庆、武汉、杭州这三个跨江发展的城市,了解这三个城市在统筹地区发展中好的举措和经验,为南京进一步推进跨江发展带来启示和借鉴。三路人马采访回来后,又统一进行包装,以六个整版的形式推出报道,气势宏大,观点新颖,在全市上下引起强烈反响。

此外,主题报道是南京日报作为区域性主流媒体报道市里中心工作的主要形式。面对市里的重大战略、重要决策、重大活动、重要举措,南京日报都是精心策划,分专题、成系列、多角度地集中推出,迅速形成声势。如2008年南京市创建文明城市期间,在三四个月的时间里,南京日报从一周一版,到一周两个版,再到一周三个版,大容量高密度地进行报道,把全市各个区县、每个街道和广大市民都动员起来,为南京成功创建文明城市,发挥了无可替代的作用。此外,逢有南京的软博会、服务外包大会、名城会、文交会等,作为区域性主流媒体,南京日报都是主动出击,开辟专栏专版甚至特刊,使之在一段时间内迅速升温,形成舆论强势,为市里顺利开展重大活动达成共识、组织动员、营造氛围,发挥独特作用。

3. 生活资讯的贴心服务者

区域性主流媒体一定是生活资讯的贴心服务者。作为区域内有影响的主流媒体,除了传播官方权威信息,还要注重受众对各种生活资讯的需求。传统主流媒体往往忽视受众需求,以"黑板报"的面目出现,既不能有效传播党委政府的决策部署,更不能为受众所接受。其实,区域性主流媒体有着非主流媒体不具备的独特信息源优势,因此一旦重视生活资讯的报道,就迅速以其生活资讯信息源的广泛和权威,吸引读者,强化自身的个性化特征,获取市场竞争力。

南京日报在2009年初的改版中,把封2版专门开辟为《生活资讯》专版正是基于这样的考虑。该版常设"气象站"、"市民备忘"、"当日外汇牌价"等栏目。其中的"气象站"栏目,不仅报道当天的天气情况、原因和趋势,而且附有两个表格,表一是《南京3日天气》,3天内的天气、最高温度、最低温度,读者扫一眼就明明白白;表二是《全国部分城市今日天气》,国内主要城市的天气情况一览无余。"市民备忘"里有停电通知、道路维修、人才市场等方面的信息,起到提醒市民注意的作用。"当日外汇牌价"也是做成表格的形式,方便读者阅读。此外,该版还不定期推出"高考速递"、"名家养生"、"消费警示"等栏目。"菜情信息"不仅报道最近蔬菜水果肉蛋的上市情况、特点,而且附有一个表格《部分农贸市场昨日菜价》,不同市场不同蔬菜肉蛋的价格一目了然。"高考速递"是对高考出题、考试、录取等信息的总汇。"名家养生"则结合四季轮回、天气变化,请营养专家和中西医生谈食补养生和科学的健身方式。这些信息都来源于相关权威部门,所以更令人信服。

除了《生活资讯》版,南京日报还陆续推出《南京地产》、《第一商业》、《创富南京》、《汽车周刊》、《教育周刊》、《旅游周刊》、《金融保险》、《玫瑰之约》等专刊,这些专刊满足了特定人群更为小众、专业的对房地产、汽车、教育、旅游、理财、购物等全方位的资讯需求。

(二)以创新思路策划热门话题

关注热门话题也是区域性主流媒体重要的个性化特征。在我国,区域性主流媒体承担着重大的政治责任和社会责任,需要为全局工作、中心工作提供舆论的支撑,但要增强传播的有效性,需要从受众需求出发,创新思路,加强策划,将传播的意图融入到受众关注的热门话题的报道之中。

目前,我国正处于矛盾多发期,突发事件频发,热点难点、敏感问题层出不穷。在这样的特殊发展时期,需要区域性主流媒体以其强烈的社会责任感,在热点话题的引领引导上有所作为。首先,要敢于触及热点问题,对热点、难点、疑点、敏感问题和突发事件,能主动介入,反映事件当事人各方的看法,发出自己的声音,为受众释疑解惑,帮助其看清事实真相;其次,要理性引导热点话题,本着理顺情绪、钝化矛盾、促进和谐的目的,组织发表专家的解读和其他权威人士对热点问题的评说,加强对热点话题的理性引导,做到该热的热,该冷的冷,该稳的稳;第三,要主动策划热门话题,尤其在热门话题呈散点式爆发的情况下,"制造"热门话题,倡导主流价值观,把公众引领引导到积极健康的精神追求和有利于稳定发展的舆论环境中去。

1. 对热点问题主动介入不回避

只有对受众普遍关注的问题主动介入不回避,才能引起受众的兴趣,也才能提高媒体的阅读率或收视率,从而提升传播的有效性。长期以来,区域性主流媒体由于主观客观的因素,对热点问题不敢触及,怕惹事;对投诉上门的热点问题尽量回避,或者避重就轻。对热点问题的长期漠视和缺席,导致区域性主流媒体的公信力、影响力严重受损。作为区域内有影响力的主流媒体,要履行好角色职责,很重要的一条,就是敢于面对热点、难点、疑点、敏感问题和突发事件,主动介入,发出自己的声音,为读者释疑解惑,排忧解难,做出正确引导。这也是有所作为的区域主流媒体强化媒体特性、塑造负责任的媒体形象的重要路径。

渣土车问题是中国快速城市化进程中一个普遍存在的问题。南京作为快速发展的现代化城市之一,市民也长期饱受渣土车之害,屡次整治渣土车都是治标不治本,"执法风暴"一过,"渣土乱象"又来。为了彻底解决这个市民反映强烈的问题,南京日报记者深入渣土运输各个环节,从渣土车驾驶员采访起,一步步"剥茧抽丝",一层层查找渣土车"发疯"的"病灶",最终发现:是渣土运输行业目前的"最低价中标"方式,造成守法运输业主大多亏本经营,被迫多拉快跑、偷倒乱倒。这种利益格局和渣土运输行业的低层次、无序竞争,是渣土运输的乱象之源。之后,南京日报连续刊发"渣土车为何如此疯狂"系列报道:《"开疯车我们也怕得要死"》、《渣土车老板:不快拉多跑难赚钱》、《"手"太多反而勒不住"野马"》等。系列报道引起社会强烈反响后,南京日报又刊出《"渣土车"问题引起广泛关注》,并开通热线,请市民参与讨论,又发表《治理渣土车,规范市场是关键》一文。这组系列报道也给相关管理部门很大压力,市容主管部门拿出"五大措施",条条直指渣土乱象的根源,使渣土车问题的最终解决变得明朗。南京日报趁势为市容局和市民积极搭建沟通平台,邀请有关专家、部门负责人、市民代表一起召开了专题座谈会,让市市容局在座谈会上发布了五大措施,并刊发《治理"渣土乱象",市容拿出五大措施》介绍座谈会情况,同时配发"编后"《主动管,深入管,管到位》。以上报道在 2008 年 4 月 18 日至 28 日之间推出,引起社会广泛关注,对市主管部门切实整治渣土车问题起到了积极的推动作用。

对于猪肉价格上涨这一涉及群众生活的敏感问题,南京日报没有采取回避的态度,既讲真话、报实情,更着力做好正面的舆论疏导,除及时刊发了国务院有关确保猪肉生产供应的指示精神等消息外,先后组织了《市商贸局负责人称:南京市场不缺猪肉》、《南京多项措施缓解猪肉涨价》、《低收入群体有望获猪肉价格上涨补贴》等跟进式报道,对于稳定民心、稳定市场起到了很好的作用。

2. 对热点问题作理性引导

区域性主流媒体不仅要触及热点问题,还要理性引导热点话题,尤其对于焦点、难点、敏感问题以及突发事件,一定不要像某些非主流媒体那样,为吸引受众眼球,盲目跟风,被人牵着鼻子走,误导读者,给工作带来被动,增添社会不稳定因素,而是要本着理顺情绪、钝化矛盾、促进和谐的目的,主动分析,理性引导。

比如对股市的报道。在 2007 年上证指数疯涨至 6000 点、越来越多人盲目入市、面临很大风险的背景下,南京日报果断推出深度报道《没有只涨不跌的股市》。当时,中国证监会发出通知,要求加强投资者风险意识,随后报社也接到上级主管部门的相关提示。面对这个热点而又敏感的题材,做还是不做? 站在什么立场去做? 南京日报经过分析后做出判断:股民盲目投身"股海",曾带来很多社会问题,引发不少悲剧甚至案件,作为一个负责任的媒体,这个时候不应该轻松回避,而是要主动介入,要通过报道,在群众中形成一个导向和共识,对维护家庭和社会的稳定和谐发挥积极作用。有意思的是,报道推出当天,股市居然如我们在稿件中预测的那样开始下跌。虽然是巧合,但也印证了报社做这组报道的良苦用心。①

对于"孙中山铜像回迁新街口"这一话题,南京市民可谓人人都有话要说。对于如此热的话题,南京日报作为负责任的媒体,并没有简单地把各方观点一一展示,而是精心策划。先是在头版刊出市规划局关于此事的征求市民意见的公告,在市民中引出铜像回迁的话题。在同一版面上,配发新街口广场复建方案的主要设

---

① 卜宇:《凸显责任创新运作——〈南京日报〉新一轮改版的实践与思考》,载《中国记者》2007 年第 12 期,第 12 页。

计者、东南大学建筑研究设计院副教授杨冬辉的专访文章《还新街口之魂》,就"为什么回迁孙中山铜像"、"铜像与新街口现代化氛围如何协调"、"中心设环岛会不会影响交通"这三个市民普遍关注的焦点问题进行了解释说明。接着开通热线电话和网络平台,收集各方意见,在分析归纳了市民集中反映的几个质疑后,再次采访回迁方案设计者,并在文明南京版头条位置推出《"孙中山铜像回迁"持续引发热议,回迁方案设计者再答焦点问题》,就市民普遍关注的"坐北朝南还是背南朝北"、"究竟回迁哪一部铜像"、"如何对交通的影响降到最低"进行了进一步的解释说明。之后,南京日报将市民的意见建议统计后交市规划局,并追踪报道专家研讨的情况,在一步步的报道中,消除市民的疑虑,达成共识,为孙中山铜像顺利回迁营造了理性、民主的舆论环境。

对于一些热点问题,南京日报还利用副刊这一阵地进行配合引导。比如在汶川地震后,《心理在线》、《看点》等副刊根据读者关注的焦点,相继推出了"预报地震有多难?"、"国外建筑如何防震?"、"汶川震后,如何心理减灾?"、"唐山亲历者:我们这样走过"、"大灾后,国外如何重建家园"等一系列相关的延伸报道,较好地起到了拾遗补缺、解疑释惑的作用,体现了党报的责任媒体形象。

3. 主动策划引发受众热议的话题

区域性主流媒体不仅要敢于触及热点问题、理性引导热点话题,还要能主动策划热门话题,引领引导舆论。在关注热门话题进行报道策划时,区域性主流媒体要恪守普适性角色规范,确立主流心态,不以低俗、庸俗、媚俗来迎合读者,吸引读者眼球,而要紧紧围绕主流人群的需求,追求高格调,引领引导读者到健康向上的精神追求上来,给读者带来阅读上的快感、情感上的触动、审美上的愉悦、思想上的冲击。

以 2009 年 7 月 27 日南京日报的文化新闻为例：一篇本报记者采写的《当传统艺术"混搭"时尚元素》占据了 3/4 的版面。该文对当前传统艺术"混搭"时尚元素的现象，比如昆曲《西厢记》里加入舞蹈形式表现云雨缠绵、传统快板里加进美国摇滚音乐、东北二人转加入模仿秀……进行了现象分析，抛出"要改变的是观众还是传统艺术"这个问题，最后邀请大学教授、艺术家们纷纷评说，得出结论——传统艺术要创新，但不能丢了魂。虽然其他媒体所报道的一些"八卦"信息非常吸引眼球，但作为区域性主流媒体的南京日报并没有将目光停留在上面，而是独辟蹊径，就传统艺术创新这一主流读者感兴趣的话题进行报道。

区域性主流媒体是以传播并倡导主流价值观、推动社会文明进步为宗旨的。一般都有着强烈的社会责任感，以弘扬真善美、鞭挞假恶丑为己任，把体现社会关爱倾注于报道中，体现人的关爱、人的情愫、人的精神和人的力量。因此，区域性主流媒体热衷并擅长策划主流热门话题，把读者引导到积极健康的精神追求上来。

南京日报从 2007 年改版起，提出"探索出一条党报社会新闻和文体新闻的报道新路"，围绕文明、宽容、责任、友爱、亲情、博爱、慈善、诚信、创新、和谐等，主动策划主流话题。从"爱心接力"车队的报道，到"500 万奖券归还买主"；从"老人婚礼给错红包新人诚信爽气归还"，到"高速路上生死大营救"；从"石桥 30 位男干部当上代理妈妈"，到"每天背 65 公斤重丈夫练走 3 小时"……一时，这些真情故事成为人们热议的话题。其中，《一位母亲和她的 428 笔借款》一文，讲述一位母亲为给女儿治病，先后共借 428 笔借款并背债 10 年，其间历尽艰辛，最终将借款全部还清的感人故事。报道推出后激起很大反响。类似这样的凡人善举，有的上了头版头条,有的在头版加框突出处理,有的还配发评论员文章,有的以深度报道的形式出现。这一系列报道在读者中强化了"人性的美好"、"南京这座城市的美好"印象,增强了市民对南京的认同感和满意度。

（三）用大众喜闻乐见的形式解读政策

解读政策是区域性主流媒体的重要职责,也能以此强化其个性化特征。一个地区经济社会发展和变革,都与一系列政策的出台相伴随,而这些政策与民众的生产生活息息相关。区域性主流媒体为了满足受众了解政策的需求,往往力求通过精心策划,以受众喜闻乐见的形式介绍政策的来龙去脉、前因后果以及政策实施后对社会对民众生活带来的影响,做政策的深度解读者;还力求提前介入,在政策出台前,进行适当的吹风,收集民众反应,为政府调整和完善政策提供必要的舆论支持;同时,区域性主流媒体还对政策的执行情况进行舆论监督,通过报道基层对政策的执行情况,请专家对政策进行综合评估,从不同的视角对出台政策进行透彻的阐述,增强传播的有效性,塑造权威主流媒体负责任的形象。

1. 用创新的意识对政策作深度解读

区域性主流媒体不能满足于及时报道政策的出台,更要做政策的深度解读者。所谓深度解读,不是直接把政策条文搬上媒体,而是要多角度、全方位、准确、充分、深入地报道政策出台的背景原因、内容亮点、作用影响以及外地相关政策和实行情况,要跳出本地,以全省、全国、全球的视野来展开报道,起到帮助读者解疑释惑、打开视野、达成共识的作用。

政策解读一般用组合报道的形式出现。例如南京日报2009年7月29日对成品油降价的报道,不仅在导读版的视觉中心位置放置一副大照片,内容是出租车司机"不加了,不加了,出去溜一圈,零点后再来加油"。图上压了黑体字标题《今起 93 号汽油每升降 0.18 元》,非常醒目。图下还绘制了一幅今年以来国内成品油价升降图。同时,在报纸的二版,用组合报道的形式,对"国家发改委从 7 月 29 日零时起下调成品油价格"这一新政进行了详细解读。组合报道由两篇报道组成,第一篇是《今起 93 号汽油每升降 0.18 元》,第二篇是《我市将对现行液化气"气价联动"案进行修改,瓶装液化气价可能半月一调》。该组合报道既有对国家政策的解读,又有当地应对国际市场变化调整相关政策的信息,读者读来十分解渴。

政策解读还可用报道与评说相结合,并配以相关链接的方式推出。南京日报常用深度报道的形式,解读市委市政府的中心任务和重大决策,以求在受众中形成广泛共识,从而顺利推进工作的开展。紧扣南京实施"开放型"人才战略的重大主题,策划推出深度报道《凤舞南京》,通过采访相关部门负责人和在宁的海外留学人员代表,让读者形成一个深刻印象:南京在引进海外高端人才方面,采取了实实在在的措施,为他们提供了优厚的待遇,并因此而产生强大的效益。通过这组深度报道,不仅引导大家对南京"暖床"式的创业环境形成共识,也打消了一些人的顾虑,吸引更多海外人才在宁创业,这对提升南京产业层次、调整产业结构,加强城市的创新发展能力,有着重要的促进作用。

政策解读往往还采取"有请当事人"的方式。南京日报专门开设"党报有约"等栏目,邀请部委办局有关领导做客南京日报,与读者进行面对面的政策解读。例如 2009 年 2 月 24 日"要闻"版,头条刊登了市劳动和社会保障局局长做客"党报有约",就国际金融危机下我市的就业形势以及政策,如何积极从稳定就业、开发岗位、鼓励创业三个方面解决就业压力的思路和举措,进行了详细的介绍。权威人士与读者面对面交流,既能帮助受众深度理解政策,也容易达成共识,从而推进工作。

2. 在政策出台前吹风收集民众反应

区域性主流媒体不能满足于在政策出台后进行及时、准确、充分、深入的解读,更要提前介入,在政策出台前,进行适当的吹风,收集民众反应,为政府调整和完善政策,提供必要的支持。美国白宫的吹风会已成为美国政府最高决策层应对媒体的一种机制,白宫往往在一项政策出台前,故意透露给记者,通过记者的报道,在民众中吹吹风,看看民众的反应,再做决定是否要出台这项政策,或者如何调整政策。在我国,区域性主流媒体更应该在这方面有所作为。

南京每家每户的垃圾费以往都是通过市市容局收费处依托各区县环卫所的环卫工人,以敲门的方式上门收费,不仅扰民,而且效率很低,造成2001—2008年期间南京的城镇生活垃圾处理费收缴率只有45%。经费的不足,严重影响了城市垃圾的无公害处理。市市容局为解决这一矛盾,到外地城市调研,发现外地的普遍做法是垃圾费与别的费用同步征收,既方便居民,效率又高。南京日报在获知这一情况后,首先在报纸上设置议程,告诉读者“南京的垃圾费有一半家庭不交”,致使南京的生活垃圾无公害处理得不到保障;接着,报道人大代表、政协委员对这一问题的提案和建议;之后,再介绍别的城市的经验,展开讨论,取得市民的共识。最后,政府水到渠成地出台了《南京生活垃圾费、水费同步征收办法》,2008年7月1日召开新闻发布会宣布实施,得到了市民的理解和响应。

再如《“取经”新加坡》,对于市委将19名区县和部门负责同志送往新加坡集中接受培训的这一“大手笔”,南京日报把着力点放在官员们出去学习后获得的感受和启发上,以他们的体验和视角,关注国外城市管理和建设的先进理念、成熟做法,引发对自身的触动和借鉴,最终把落点放在回到南京后应该如何作为上。这样的切入角度,不仅让读者对市委这次官员培训的战略举措产生强烈的认同感,而且层层推进,从思想观念到具体操作,再到促进政府相关决策的出台,为南京强化城市建设和管理营造了浓厚的舆论氛围,起到了很好的推动作用。报道见报后,获得市委相关领导的高度评价,并希望南京日报在第二批"区长班"学完回国后,在深度版上再进行跟踪报道。①

3. 监督政策执行并告之于众

区域性主流媒体不能满足于解读政策、事先吹风,还要对政策的执行情况进行舆论监督。舆论监督是媒体的重要职能之一,但在监督什么、如何监督上,区域性主流媒体有着独特的个性。区域性主流媒体应从党委政府需要解决和群众期盼的结合点上着手,而不是毫无章法地逮住什么搞什么,东一榔头西一棒,这样既会挑起民众的抱怨,又解决不了问题。

中宣部 2005 年 4 月 12 日印发的《加强和改进舆论监督工作的实施办法》就提出媒体开展舆论监督有五个方面的重点:一是对违法违纪行为的监督,二是对党和政府方针政策落实情况的监督,三是对党纪、政纪执行情况的监督,四是对侵害群众利益行为的监督,五是对社会丑恶现象、不道德行为和不良风气的监督。其中的第二条就是监督党和政府方针政策的执行情况。此外,在监督的方法上,区域性主流媒体的舆论监督一定要注重社会效果。

---

① 卜宇:《凸显责任创新运作——〈南京日报〉新一轮改版的实践与思考》,载《中国记者》2007 第 12 期。

一般注意选择具有普遍警示作用、有代表性的事例进行剖析,分清社会生活中的主流和支流,不猎奇、不炒作、不渲染,不片面追求轰动效应进行舆论监督。"帮忙不添乱,解难不发难",对于暂时无法解决或解决不了的、群众反映强烈的热点难点问题,不放大矛盾,刻意煽情,而是加强解释说明,进行正面引导,钝化矛盾,理顺情绪,取得理解。注意尺度节奏,不逞一时之快,对一个地区、一个行业的问题,进行集中式曝光;富于建设性,把握时机,找好角度,着眼于问题的解决,并跟踪报道处理的结果,使负面报道报出正面效果,真正起到激浊扬清、扶正祛邪的作用。

南京日报对于政府的"双拆"行动,大力跟进,不仅大力宣传市委市政府相关的重大决策、工作部署,同时坚持"帮忙不添乱"的原则,联手"双拆"指挥部开通热线,让市民举报违建并跟踪报道,推出了一批有影响力的监督稿,为全市"双拆"工作营造了良好的舆论氛围。这样的舆论监督不仅让政府欢迎、百姓关注,而且使报纸的权威性和公信力也得到了提升,达到了"三赢"效果。①

(四)用主流声音主导舆论

能否发出主流声音主导舆论,是主流媒体与非主流媒体的区别之一。区域性主流媒体是主流意识形态和主流价值观的传播主体,在文化多元、观念多样的舆论生态下,区域性主流媒体要力求成为主流舆论的坚守者、维护者、主导者。国内国际要闻、突发事件报道、新闻舆论监督、民情民意表达等在见诸媒体后,都容易成为受众热议的话题。从大局出发、站在高处,对焦点话题进行有意识地设置引导,展示各个领域意见领袖的观点,让活跃于民间特别

---

① 卜宇:《用责任铸就党报形象——南京日报 2007 年春季改版实践与思考》,载《传媒观察》2007 年第 7 期,第 24 页。

是网络的意见交流碰撞,发出主流声音主导舆论,是主流媒体的责任,也是主流媒体的重要特征。

1. 用主流观点主导多元文化舆论场

区域性主流媒体要成为区域内的舆论主导者。当前正处在一个思想激荡、观念碰撞、文化交融的时代,各种思潮、观点、声音此起彼伏,人们对许多问题的判断标准、衡量尺度、价值观念都在发生着重大变化。作为区域性主流媒体,对层出不穷的舆论热点需要不断进行梳理分析,适时介入引导。

当今的主流舆论至少承担着以下五个方面的责任:一是建设社会主义核心价值体系,增强社会主义意识形态的吸引力和凝聚力;二是满足人民精神文化需求,保障人民基本文化权益;三是建设和谐文化,培育文明风尚;四是激发全民族文化创造活力,增强国家文化软实力;五是适应人民政治参与积极性不断提高的需要,进一步发挥好舆论监督作用,积极推动社会主义民主政治建设。这五个方面的责任,概括起来就是积极营造有利于继续解放思想、坚持改革开放、推动科学发展、促进社会和谐的舆论氛围。①

区域性主流媒体需要围绕以上五个方面的话题,设置议程,有计划、分步骤、适时地推出专题、发表言论,进行讨论,以主流价值观引领引导受众。这方面,区域性主流媒体有着独特优势和较多实践。如2002年春节后,西湖综合保护工程摆上议事日程,工程伊始,各界认识还不是很统一,钱从哪里来、人往哪去?整治会不会导致对西湖的乱开发?社会各界甚至省市一些领导都有疑虑,诸如此类问题这时迫切需要发挥舆论引导作用,关键时刻,经过精

---

① 杜飞进:《认清主流舆论的历史方位　提高主流舆论的引导能力》,载《新闻战线》2008年第2期,第13—15页。

心策划,杭州日报率先连续三天发表三篇大通讯两个整版的专题,针对一些干部群众在西湖保护问题上的疑虑和误区,进行引导和解疑释惑,在统一思想、澄清疑虑上发挥了突出作用。① 南京日报在文明城市创建、市两会等报道中,也多次运用"议程设置",主导舆论。其他的如前几年《焦点访谈》对粮食问题的系列报道,促使粮食流通体制的进一步变革;南方都市报对"孙志刚事件"的深入报道,导致一项执行了21年的政策被废止;贫困县巫山有关部门准备耗资数亿元修造神女巨雕,但因多家媒体的言论和报道引发社会舆论指责而被迫放弃计划。② 由此看出,区域性主流媒体通过"议程设置",可以在主导主流舆论上大有作为。

2. 以理智分析引领社会观念

真正站得高、看得远、视野开阔的人,是不会被别人牵着鼻子走的。区域性主流媒体往往在一个热点被爆炒的时候,有着自己的主心骨,能冷静思考,理智分析,做出自己的判断,在纷繁复杂的社会观念中发挥引领作用。

南京日报在所有媒体都热炒高考状元的时候,在高考分数出来后的第二天推出深度报道《当年,他们高考失利》,让四个曾经高考失利的成功人士现身说法,对他们不同奋斗故事背后共同的精神信念浓缩提炼,对引导失利的考生和家长以平和之心面对挫败发挥了积极作用。《江苏新闻舆论动态》对此专文予以表扬,为南京日报的这种"反调"叫好,认为这才是舆论的正确导向,才是"以人为本"思想在高考报道中的具体体现。正是这种对热观点

---

① 李黎:《主流舆论建构中议程设置的若干问题探讨》,载《新闻战线》2009年第6期,第16页。

② 陈堂发:《为何? 何为? ——论当代中国媒介权限》,群言出版社2007年版。

的冷思考,体现了区域性主流媒体独特的思想性。

不少社会公众多年习以为常持有的观点和看法,其实是很值得商榷的,但相当多的媒体缺乏理性反思,往往跟风热炒甚至添油加醋。区域性主流媒体要有对社会负责的态度,要有自己的主见,既不一味"唱反调",也不一味附和,对舆论热炒的观点要亮出自己的看法,发出自己的声音,发挥主流媒体引领引导社会舆论的作用。

3. 传播精英观点提高引导效果

借助社会精英、主流人群等意见领袖,主导社会舆论,是区域性主流媒体常用的手法。意见领袖对社会的看法往往是独到的、前瞻的、理性的,他们的观点不是强加于人,而是以理服人,容易为公众所接受;意见领袖作为公众人物,为社会公众所广泛关注,他们的意见更容易在社会公众中形成共识。负有对社会引领引导作用的主流媒体,往往会成为传播意见领袖观点的主渠道。

南京日报 2009 年新推出的《决策者说》专栏,就近期国家政策或某一行业的倾向性问题,摘选国内权威专家或官员的最新观点,让读者阅读轻松、一目了然。比如 2009 年 7 月 27 日 A2 版的《决策者说》,选摘了三位意见领袖的最新话语,都是受众关心的热门话题:中国人民银行行长周小川近日在北大透露国家政策新动向:"除了政府投资之外,政府还将逐步放开民营企业对服务业的投资,这将在近期成为政府的一个政策。"阿里巴巴董事局主席马云近期在上海一座谈会上说了一段话:"上海管理比较注重规范,规范不是坏事,但是一切要以发展为目的,很多时候过度注重流程、规范而不去注重结果,对大家来说是不利的。国企可以在上海发展得很好,跨国公司也可以,凭什么民企不可以?"保监会主席吴定富就某些公司因为上半年保险市场实现稳定增长而盲目乐观、把现金拿出来、准备到资本市场去赌一把的苗头,讲了一段话,要大家警惕这种心态。此外,南京日报还采用了高层访谈、党报有约、理论视点专版《卢周来专稿》、《叶兆言随笔》等多种形式,将一段时间的意见领袖的观点集纳于报纸。

4. 不回避网络观点并作主动引导

对网络观点主动介入并作理性引导,是区域性主流媒体的重要责任。主流媒体要提高传播的有效性、扩大媒体影响力,还要关注社会舆论场的热议观点,需要关注网络舆论场的热炒网事、热传网议。要让更多的网民成为主流媒体的受众,拓展主流媒体引领引导的受众面。对网民的引导引领不仅要注意方式方法,还要把握时机、适时介入,增强引导效果。网络时代,不让某种信息或观点传播扩大已经不可能了。区域性主流媒体有必要在真假难辨、盲动偏激,甚至是不负责任的网络舆论环境下,为热炒热传的话题或观点的不同意见方,提供平等交流的平台,并作潜移默化的理性引导,起到润物细无声的作用。

2009年初南京日报开辟《网闻》专版,在开版词上阐明了"追踪网络热点"的办版意图。一周出1—2期,及时筛选、核实和精心编辑网络热议话题,先展示各方观点,再做背景开掘和新闻事件的解释,还会让专家围绕这一事件进行辩论,让读者通过阅读自己加以评判。如2009年全国"两会"上,政协委员倪萍"封杀'山寨现象'"的提案,引起网络舆论哗然。南京日报及时推出《立法封杀"山寨文化",可行吗?》一组稿件,让各种观点充分碰撞,最后引导受众认识到,对"盗版"这类"山寨现象"应该封杀予以肯定,但也不能把"盗版"等同于"山寨现象",有不少"山寨现象"其实是一种对权威的挑战和一种平民化的表达,对此,我们应给予更多的宽容。政协委员潘庆林在"两会"上"废除简化字,恢复繁体字"的提案也在网络上引起了热议,有人说很"雷人",有人说有道理,南京日报适时推出《汉字,用简体还是用繁体》整版报道,除了让大众充分各抒己见外,还将冯骥才、王立群等名家的观点发表出来,同时配发了教育部的表态,尽可能为读者提供各种不同观点,让读者自己去分析、去解读。经济学家茅于轼提出"廉租房不该有私厕"一语激起千层浪,新浪网调查显示近七成网友是"倒茅派"。《网闻》版及时推出《"茅厕论"的是是非非》,让双方说话的同时,也刊发了茅于轼对此论战的回应,同时进一步通过相关专家言论指出:监管乏力才是廉租房屡屡被侵占的根本原因,并链接背景资料"国外廉租房的管理",使读者对廉租房管理问题有了更为深入的认识。

以上讨论的媒体普适性角色规范,是媒体之所以为媒体的特质,区域性主流媒体独特角色职责的履行又使其与非区域性主流媒体相区别。作为区域性主流媒体,恪守普适性角色规范就是在打牢媒体生存的根基,履行好独特角色职责就是在增强发展的力量。恪守媒体普适性角色规范,履行好区域性主流媒体的独特角色职责,是新闻场自身的基本逻辑。在中国社会,新闻场有一定的自主性,但不是孤立的,它需要与其他相关场域进行互动,在这一过程中,新闻场自身的逻辑也会受到干扰和侵蚀,弱化传播效果,不能承担好主流媒体应该履行的职责,因此需要媒体行动者创新报道形式,以受众愿意接受的方式传播好主流声音。

第五章　区域性主流媒体的场域

任何场域都有其自身的内部逻辑及其结构,并具有相对的自主性,但场域不是孤立的,而是开放的,场域之间并存而互动,都各自以自身的运作逻辑影响自身及其他场域内部的行动者及其结构。在分析我国新闻场特别是区域性主流媒体构成的新闻场内部两大基本逻辑及其运作取向的演变和确立之后,本章将深入讨论与中国社会新闻场最为密切的主场域即政治场以及经济场、公众生活场等相关场域的界定及其运作逻辑,同时系统分析新闻场与政治场、经济场、公众生活场等场域的关系及互动。

第一节　相关场域界定及内部运作逻辑

要弄清楚中国社会新闻场与政治场、经济场、公众生活场等场域之间的关系,必须对这些相关场域进行界定,并分析其内部的运作逻辑。本节还将对场域之间的关系进行分析,前文中对新闻场及其内部逻辑已作界定,不再赘述。

一、相关场域间关系的分析

布尔迪厄对法国新闻场与其他场域之间关系的研究,主要侧重于分析新闻场与经济场之间的关系,而对新闻场与政治场、文化场等其他场域之间关系的分析则相对简单,而且分析新闻场与其他场之间的关系时也带有模糊性和不确定性。我们需要借用的是布尔迪厄分析场域之间关系的独特视角,深化和拓展中国的政治环境、历史因素以及社会条件下的新闻场与其他场域关系的分析,追求一种本土化的再生。

首先,需要考察中国社会的新闻场与哪些场域关系更为密切。在布尔迪厄看来,经济场与新闻场关系紧密,互动最为密切,对新闻场如何影响分析也最为透彻。布尔迪厄认为,20世纪90年代的法国社会的新闻场或者媒介场"面对经济场域日益增长的影响和渗透性,新闻的自主性(autonomy)减弱了。新闻媒介,作为统治权力的代言人(agent),正在削弱其他文化生产领域的自主性,因此也损害了科学知识生产和艺术创新的最佳社会条件"①。布尔迪厄较为充分地也是单向地论述了经济场与新闻场之间的关系,对新闻场与政治场、文化场等其他场域之间关系的分析则十分简略。或许在布尔迪厄看来,新闻场与其他场域之间的关系是不紧密的。而在中国社会,新闻场特别是区域性主流媒体这样的一个新闻场,与各级党委政府是一体的,新闻场与政治场的关系及其互动是最紧密也是最频繁的,政治场是影响新闻场的主场域。因此,首先要分析的,就是新闻场与政治场的关系及其互动。在中国社会,新闻场与经济场的关系也十分紧密。区域性主流媒体往往会对经济领域进行着力报道,它们之间保持着密切联系;媒体要发展,在经营过程中还会与经济领域的方方面面有着紧密联系。此外,随着公民社会的日渐发育和成熟,公众生活已形成一个场域,对于新闻场而言,公众生活场是要直接面对的,它们之间关系紧

---

① Benson, R.: "Field theory in comparative context: A new paradigm for media studies", *Theory and Society*, Jun. 1999, pp. 463 – 498.

密,时常互动。由此可见,在中国社会,政治场、经济场和公众生活场与新闻场都有着较为密切的关系,分析它们之间的关系及互动将成为本部分的研究内容。

其次，需要考察新闻场与其他场域之间的关系状况。在布尔迪厄场域关系的分析中，往往强调一个场域对另外一个场域的制约和影响，而看不到被制约场域的"能动性反抗及斗争"。布尔迪厄集中研究了经济场对新闻场的单向侵蚀和影响，它们之间的关系不是一个双向互动关系。在中国社会，新闻场受政治场、经济场规则和逻辑的制约是显而易见的，但并非单向、被动地受制于政治场和经济场。新闻场在某种程度上是能够自主的，能够较大程度恪守自身逻辑，而免受过多的干扰和侵蚀，甚至可以将政治场、经济场的资源转化为新闻场生存发展的竞争优势。而对公众生活场的压力，新闻场也可以有效回应，与其进行双向互动，在互动中赢得社会资源，塑造自身形象，同时也促进公众生活场的成熟和完善。布尔迪厄太过看重新闻场的被动性，忽视新闻场的自主性。在这方面，一些区域性主流媒体的行动者往往因为"惯习"而采取被动的、无所作为的态度，出现布尔迪厄所分析的新闻场被单向影响而导致的弱效传播、无效传播现象。书中这部分除了分析政治场、经济场等场域影响新闻场行动者恪守自身逻辑之外，更多的是考量新闻场如何与政治场、经济场、公众生活场等场域进行互动，实现场域间的合作与共赢。

二、政治场界定及其运作逻辑

在布尔迪厄的研究中,政治场的概念有不确定性,有时用于指专门的政治机构和行动者,有时用于指政治与社会权力关系的全部场域,或者也被称作权力场域,①它"发挥着类似元场域(meta-field)的功能,在所有场域中起分化与斗争的组织原则的作用"②。此外,布尔迪厄在其各项研究中除了直接提及政治场的概念之外,还经常用到"国家"这个概念,这一概念同政治场也有许多关联。书中将对布尔迪厄的政治场概念进行梳理和再定义,使之成为更加符合本研究需要的工具。

第一,我们把政治场与具体的行政机关和官僚机构及其行动者相联系,不倾向弥漫于整个社会场域的权力场域,而是一个更加具体的政治场。

第二,政治场不仅与行政机关相联系,更与执政党及各级党委及其相关部门相联系。在中国社会,区域性主流媒体其实就是"党和政府的喉舌"。从我国新闻场的这一特性出发去认识和界定政治场的概念,会更便于理解对场域之间关系的分析。

概括起来,在书中我们把政治场界定为与区域性主流媒体这一新闻场发生密切联系的执政党、各级党委和相关行政机构及其行动者构成的相对独立的社会空间,一般而言,一个区域内的所有党政机关和相关机构及其行动者都应包含在内。在中国社会,从某种意义上说,新闻场又是政治场的一个组成部分。

对于政治场而言,最重要的资本就是权力资本,政治场行动者需要寻求社会的发展、稳定和权力的巩固,新闻场就是政治场达成这一目标的主要手段。政治场会通过权力要求新闻场自身的新闻逻辑变成一种为政治场所用的宣传逻辑,这一点,西方社会与中国

---

①　[美]戴维·斯沃兹:《文化与权力:布尔迪厄的社会学》,陶东风译,上海译文出版社2006年版,第159页。

②　同上书,第156页。

社会概莫能外,只是表现形式不同而已。在中国社会,可以说,与新闻场相联系时,政治场所遵循的是一种宣传逻辑,即新闻场承担着宣传党的路线方针政策、教育群众、指导工作的政治使命,必须在政治上与执政党保持一致,以正面宣传为主,把握正确舆论导向。田秋生在《市场化生存下的党报新闻生产》论文中是这样概括的:在宣传逻辑指导下,新闻报道必须服从于宣传需要,其一,强调报道的时宜性,淡化时效性,所谓"有些时候是'新闻',有些时候是'旧闻',有些时候是'不闻'"。对于新闻事件,是否报道,什么时候报道,并非依据受众的需要,而是依据执政党的工作需要。其二,张扬正面报道,控制负面报道,对于负面事件即使加以报道也往往从正面的角度切入。① 我们看到,宣传逻辑影响传播逻辑的情况在现实中并非如此严重,但还是不同程度地存在。这一方面源于政治场行动者把握失当,更主要的是新闻场行动者遵从新闻规律、强化传播有效性的意识不强造成的。其实,新闻场与政治场之间的关系可以是互动的,新闻场并不是单向接受政治场的作用,两种逻辑互动博弈,在相当多的方面互动关系是可以协调的。

三、经济场界定及其运作逻辑

　　布尔迪厄在《关于电视》有关新闻场的论述中经常提及经济场,但他并没有明确定义,而是用商业压力和市场逻辑等概念替代。在他的论述中,商业压力及市场逻辑迫使电视这样的媒体片面追求收视率,严重制约了电视这一新闻场的健康运作。于是,一些流言蜚语或轶闻趣事逐渐泛滥于各家的报道,即便某些媒体标

---

① 田秋生:《市场化生存下的党报新闻生产》,复旦大学新闻学博士学位论文,2008年4月,第30页。

榜独家报道,也只局限于某一时、某一刻,最终会让追求轰动效应的传媒最钟爱的东西——社会新闻充斥于媒体,血和性、惨剧和罪行充斥于媒体,为求得最高的收视率而吸纳更多广告商的广告投放,从而形成媒体的千篇一律。布尔迪厄由此得出结论:新闻场遭受着经济场的巨大干扰,危及新闻场所剩无几的自律性。

布尔迪厄在《关于电视》中对经济场的解读是很深刻的。书中将对布尔迪厄的经济场概念进行梳理和再定义。我们在研究中,将经济场定义为经济运行管理机构和创造经济价值和利润的各种组织及其行动者所构成的一种客观的空间和环境。经济场概念主要有两个层面的含义:一是对新闻场可以投放一定广告量并能形成压力的经济活动主体及其行动者所构成的空间环境;二是可给新闻场分配社会资源并形成压力的经济运行管理机构及其行动者所构成的空间环境。

布尔迪厄论述过经济场的形成:"在历史上,经济场域的形成,则是通过创造一个我们平常所说的'生意就是生意'的世界才得以实现的,在这一场域中,友谊与爱情这种令人心醉神迷的关系在原则上是被摈弃在外的。"[①]这种经济场逻辑事实上就是一种"盈亏逻辑",也就是一种典型的市场逻辑。经济场与新闻场发生关联,就会表现出经济场行动者以自身利益最大化为出发点作用于新闻场。经济场的市场运行逻辑会迫使新闻场自身运行逻辑的调整甚至扭曲。在经济场运行逻辑作用下,不少媒体被动消极,往往成了企业,新闻成了商品。这种情况下,媒体新闻生产就要遵循市场交换的规律,新闻场自身逻辑得不到恪守。市场导向下的媒

---

① [法]布尔迪厄、[美]华康德:《实践与反思:反思社会学引论》,李猛、李康译,中央编译出版社 1998 年版,第 134 页。

介在从事新闻生产时,会致力于提供成本最低、受众最广的内容组合,为广告商获取其最感兴趣的消费者,并最终保护赞助者和投资者的利益。①

在中国社会,市场逻辑影响传播逻辑的情况在一定程度上是存在的。这一方面源于媒体间过度竞争导致生存压力过大,更主要的是新闻场行动者遵从新闻规律的意识弱化,没能有效采取策略性行动造成的。其实,新闻场行动者是可以采取应对措施、与经济场进行互动、在互动中恪守"底线"、并在两种逻辑的博弈中形成共赢局面的。

四、公众生活场界定及其运作逻辑

公众生活场是本研究为分析中国社会的新闻场而全新定义的概念。我们认为,在中国社会,新闻场除了深受政治场和经济场的影响,还受到公众生活场的影响。

所谓公众生活场,就是指党委政府和企业组织及其系统之外的由若干非官方性、非营利性、具有相对独立性的各民间组织构成的社会生活领域,这一领域中的组织是由社会成员自愿参与的,通过自身活动和运作形成社会压力,以保护增进组织价值和公众利益。

公众生活场是伴随着公民社会生存、发育而形成的。改革开放以来,市场经济取向的体制变革对总体性、同质性社会带来巨大冲击,社会分化加剧、多元化进程加速,新的社会环境为公民社会的形成发展创造了条件。虽然目前中国公民社会还远没有成熟,但已具雏形。

---

① [美]约翰·H.麦克马纳斯:《市场新闻业:公民自行小心》,张磊译,新华出版社2004年版,第129页

公众生活场的核心是各类民间组织,这些民间组织构成公民社会的主体,有其自身的特征。在我国社会,民间组织的特征逐步显现,但还需要进一步强化。

一是非官方性。真正意义上的民间组织是指党委政府及其系统之外的以民间形式出现的组织,不从属于党委和政府,也不代表党委和政府的立场,不受党委政府的干预。但在中国社会,相当多有一定规模、经过合法登记的民间组织是由党委政府创建的,组织形式和运作方式还带有明显行政化色彩。有些民间组织承担了党委政府转移出来的若干职能,与党委政府有着千丝万缕的联系,还受到党委政府的主导,这带有很强的过渡性。民间组织的官方性有待去除,民间性需要进一步强化。

二是非营利性。它不同于企业组织及其系统,不以追求利润为目的。现实中,相当一部分社会运行所需要的民间组织缺乏足够的经费支撑,运转困难,难以充分发挥作用,有的甚至徒有形式。还有一些以民间组织的名义获取利益,民间组织的特性、职能淡化,带有明显的获利性。

三是相对独立性。民间组织应该拥有自身的组织管理机制,组织内部实行自治,有自身经济来源,相对独立运转。但在现实中,民间组织得到了党委政府的政策扶持,有的甚至还得到财政支持,在发挥作用过程中,往往要借助政府的权威和权力,与市场经济条件下自发生长的民间组织相比,表现出相当程度的依赖性。

四是公共性。组织成员往往不以达成个人利益为动机,而把增进公共利益、提供公共服务作为主要目标,组织成员之间还通过互助以解决各种问题、增进彼此间利益和归宿感。公共性还体现在组织成员对公共事务、公共政策进行讨论交流,形成判断和建议,以影响社会公众和政府决策。仅依靠党委政府处理公共事务、提供公共利益是有问题的,相当一部分社会公共事务需要社会力量参与处理,相当一部分社会公共产品如贫困学生的助学行动、灾民的救济行动、环境保护行动等,都有赖社会力量参与提供。我国公民社会力量虽然已得到很大发展,但仍比较薄弱。

五是自愿性。某一特定民间组织的成员往往有着共同的兴趣、愿望,有着共同的行动取向,参与组织的活动都是完全自愿的,不带强迫性。市场经济的环境强化了人们的主体意识、平等意识、自由意识,公众的这种意识有助于民间组织的形成。人们更倾向于不受他人强制,自觉承担后果,按照自己的意愿、兴趣、爱好和理念自主地选择社团组织。组织内部往往以自主交流、平等协商的方式讨论共同话题、处理公共事务。在我国,不是党委政府主导的民间组织,成员的自愿性能得到充分体现,但变动性强,组织往往较为松散,运作能力较差,形不成强有力的社会力量。

民间组织是公民社会的主体,各种民间组织的生存和发育推动了公众生活场的形成和发展。不同民间组织都有各自的关注话题、行动理念和目标追求,它们承担着若干由政府或企业让渡出来的公共事务或社会公益事业。随着民间组织的发展成熟,增进社会公益事业的力量会更加强大,参与处理社会公共事务的能力会日益增强,形成"小政府大社会"的治理格局,以民间组织为基础的公众生活场将逐步成为政府和企业之外的重要力量。民间组织是有自身运作逻辑的,民间组织成员的行为会指向不同的领域,但都着眼于公共事务的担当和社会公益事业的增进。各民间组织成员的行动逻辑构成了公众生活场运作的基本逻辑。

公民社会一方面承担了政府和企业让渡出的大量公共事务和公益事业,同时,公民社会的发育发展又对政府和企业及其系统形成日益强大的压力,影响其决策和运转。这其实也是公众生活场对政治场和经济场影响的表现。公众生活场还对新闻场产生日益深刻的影响。作为公众生活场主体的民间组织,有自身目标追求,组织成员有特定的行动准则和价值取向。它们的运作逻辑会直接对新闻场的运作逻辑产生压力,它们希望媒体充分反映它们的诉求,同时希望媒体对它们的理念和行动给予认同,通过媒体的放大效应促进组织目标的实现。对正向呼应的媒体,它们会更好地接纳和支持;对逆向呼应的媒体,它们则会排斥和反对。媒体的逻辑则是要恪守新闻规律,强化自身的人格化特征,对民间组织的理念和行动会作出理性判断。促进社会发展、增进公益事业、维护社会秩序的,媒体就会作正向呼应;反之,媒体则作逆向呼应。新闻场与公众生活场运作的这两种逻辑互动博弈,形成协调社会资源、增进社会事业的良好局面。

第二节　场域之间的互动与博弈

相关场域之间的关系不是静止僵化的,而是相互作用、相互影响的,本节中将讨论新闻场与政治场、经济场、公众生活场之间的双向互动,不仅阐述政治场、经济场对新闻场的控制和影响,同时深入分析新闻场行动者通过策略性行动有效应对政治场、经济场的侵蚀和干扰,为公众生活场增进社会公益事业提供舆论环境,拓展区域性主流媒体的生存发展空间,求得合作共赢的效果。

一、新闻场针对政治场的策略性行动

虽然在布尔迪厄所分析的法国社会新闻场中,政治场是一个不太显眼的影响因素,有关论述远不如分析经济场对新闻场的影响那么深入。但在中国社会,分析新闻场的运作时,政治场是一个

不能被忽略的因素。在前文论述中我们已经分析过,在中国社会,新闻场某种意义上是政治场的组成部分,新闻场的运作逻辑与政治场的运作逻辑在本质上是一致的。但在具体运作方式、运作规律上,新闻场与政治场又形成各自的边界。相对于布尔迪厄论述的法国社会的新闻场以及欧美其他国家的媒介而言,中国社会环境下的新闻场同政治场的关系独特而紧密。基于布尔迪厄场域研究的视角,书中对中国新闻场与政治场之间关系作了深入的分析和论述,这是一项开拓性研究,具有重要的学术意义和现实意义。系统分析中国政治场对新闻场的影响以及二者之间的互动、博弈和共赢,这是本研究的重点。

(一)政治场对新闻场的控制

政治场对新闻场是有控制的,这是毋庸置疑的。西方社会实际上也是以自己的意识形态和价值观控制着本国的媒体,只是在方式上与我们存在着很大不同。

从新中国报纸创立至今,政治场一直存在着对新闻场特别是主流媒体的控制,这一方面体现在党和政府所建立的党报的理念上,即党报是党和政府的喉舌,另一方面则体现在党管媒体的具体管理系统中。20世纪20年代《新青年》改组成为中国共产党在上海发起的机关刊物,标志着我国最早的党刊产生,当时确定了最早的党报指导理论观点,即党报必须具有指导性,必须具有具体性和最强烈的群众性,要求设立工农通讯员,建立群众发行网。由此可见,党报诞生之初就具很强的政党性、革命性、宣传性和指导性。延安整风期间确定了我国党报系统的办报理论,即加强党报的党性,要使党报成为纯粹的党的喉舌,发挥最强大的宣传指导作用,同时也要密切联系群众。此理论一直指导着党报工作。新中国成立之后直至1978年我国媒体改革之前,党和政府对于党报的控制没有实质性的变化,即党报是党和政府的喉舌,报纸成为社会纵向传播系统的一部分,成为组织传播的社会动员与整合工具。随着中国媒体的逐步转型,对媒介的权力和资源的控制都得以放松,这不仅提供了报纸角色转型的重要动力,而且赋予传媒组织一定的自主权,使之开始向"半自主"新闻场转型①。虽然政治场的影响逐步减弱使得新闻场自主性空间不断扩大,但是就党报这类区域性主流媒体而言,无论在革命时期还是建设年代,都是党和国家方针政策的宣传者、主流意识形态的传播者、新闻事业的引领者,在传媒领域内仍然是与政治场最为一体化的角色。

此外,党管媒体的体制也保证了政治场对新闻场的掌控。党管媒体是我国媒体管理的基本原则,是中国特色政治体制在媒体领域的表现,也是发挥媒体功能、服务发展大局的行之有效的管理方式。我国的媒介管理是以宣传管理为中心的,在方式上往往是直接的。主管部门对关系全局的重大决策、重大部署、重要活动、重要会议等等,都会以不同的方式作系统安排和具体要求,以营造迅速形成共识、推进工作的浓厚舆论氛围。管理的具体方式有学者是这样概括的:"党政部门对于新闻场内报道内容的管理与监控通过红头文件、办学习班、报刊审读制度、新闻'通气会'制度、电话与传真通知、'打招呼'等正式与非正式的方式来进行。"②在中国社会,政治场对新闻场的制约体现在产权、人权、财权等各方面,最终会具体表现在新闻场内的新闻生产上,特别是区域性主流媒体的新闻报道上。以下三类典型新闻事件的处理集中体现了政

---

①　吕尚彬、罗以澄:《渐进式改革背景下的中国报纸角色转型分析》,载《中国传媒报告》2007 年第 4 期,第 76—92 页。

②　夏倩芳:《新闻改革与改善新闻管理体制——一种政策和官方话语分析》,载《新闻与传播评论》2004 年卷,武汉大学出版社 2005 年版,第 127 页。

治场对新闻场的影响。

1. 政治场对危机事件尤其是负面突发事件报道的控制

危机可以分为自然危机和社会危机,社会危机又可以分为对基本社会制度带来冲击的危机和对具体价值规范带来侵蚀的危机。地震、洪水、干旱、雪灾以及罢工、游行、示威、矿难、骚乱、战争、恐怖活动、重大案件等,都是危机的表现形式。一般说来,各种危机事件都具备一些共同特点:事件信息量大且密集;高度不稳定性和不确定性;决策时间非常有限;容易发生极具戏剧性的变化;和公众利益紧密相关;可能对社会价值体系构成威胁等。[1] 所以,不论是新闻场还是政治场,在危机事件发生后都会迅速做出反应。

对新闻场来说,突发危机事件如灾难、事故等是社会生存环境中的急剧变动,一方面它打破了日常生活中的平静状态,与普通老百姓的日常生活息息相关,能引起读者的高度关注;另一方面,危机事件具有极高的传播价值,通过新闻媒体的报道,能让受众掌握有效有用信息以应对危机中的日常生活,帮助民众和政府处理危机事件。每遇突发事件,新闻场的行动者不会去区分"坏消息"、"好消息",而都会力求以新闻从业者的敏感性,以最快的速度将最准确的信息传播给受众,这是最典型的新闻场逻辑。

但是对于政治场而言,从宣传的逻辑出发来考虑,往往会区分出"坏消息"和"好消息"。危机事件很多情况下被看作损害管理者在民众中声望和形象的"坏消息",一般都以行政的手段对新闻场采取控制。在民众获取信息渠道不发达的年代,政治场往往采用封锁消息不予报道的做法,然后寻求危机事件的内部解决,所造成的不良影响也能够控制在较小范围。而在网络社会日渐发达、

---

[1]　吴飞主编:《传媒影响力》,中国传媒大学出版社 2005 年版,第 179 页。

民众获取信息的渠道日益增多的年代,政治场内的一些行动者还有采取封锁消息的传统做法,往往造成事件处理更加复杂化,负面影响在区域乃至全国和全球扩散。还有一部分政治场的行动者则采用负面事件正面报道的做法,即淡化灾难事件造成的损失与破坏,突出政府领导和相关管理部门对事件的重视和处理,往往能够有效平息事态,理顺情绪,化解矛盾。

2. 政治场对成就宣传报道的控制

区域性主流媒体是党和政府的喉舌,是人民的喉舌。客观、准确地报道经济、社会、文化等各领域的成就,是重要职责,也是在全社会形成共识、凝聚力量、推进事业发展的重要手段。可以说,新中国成立以来特别是改革开放30多年来所取得的令世人瞩目的辉煌成就,与媒体特别是主流媒体发挥引领引导作用是密切相关的。但我们也要强烈地意识到,在这样的正面宣传过程中,由于一些政治场行动者错误的政绩观等种种因素影响,不少区域性主流媒体受到政治场的不良干预,在报道内容上存在虚构、夸大、重复等问题,在报道形式上存在生硬不生动、空洞不具体、呆板不感人等问题,不能不引起人们的重视。

通常政治场行动者会要求区域性主流媒体全年确保一定的正面宣传报道量,还会要求抓住不同的时间节点,排出一轮一轮的成就性主题宣传。报道计划的编排者在缺少深入调查的情况下,排出了巨大的报道量,要完成这样一个巨大的报道量,就需要不断变换主题,而有的主题宣传排定的话题,恰恰是教训多于成绩,个别主流媒体"听话"的惯习造成报道的失实、拔高甚至胡编乱造。有些话题在不同时段,因某种需要会反复排进报道计划,致使媒体放大、重复甚至喋喋不休。在这一类成就性报道的报道形式上,媒体的行动者缺乏创新意识,往往采取应付式的"你说我登"的方式去处理,严重影响传播的有效性。为了"保险",也是一种多年的惯习,媒体往往就采取未经转化的、直接来自政治场的话语去表现。比如会议报道在标题制作上有一个程式,一般情况下肩题是什么什么会议召开,谁谁谁强调或要求,主标题往往是一句口号式的空洞话语,这种讲话稿式的居高临下的"我说你听"的灌输式方式,会使宣传效果大打折扣。

3. 政治场对新闻舆论监督的控制

新闻监督作为媒介的一种职能,在现实中早已存在并随着新闻媒介载体形式的发展变化,在不同的时期呈现出不同的表现形态,发挥着越来越显著的作用。

新闻传播业一出现就与政治结下了不解之缘。西方宪政历史上,新闻媒介很早就被当作宪政制度必然存在的政治力量而受到重视。在17世纪的英国,新闻界就被称为"第四等级"或"第四种权力"。随着大众传播的发展,新闻媒介在现代国家政治经济生活中的作用越来越重要,成为连接公民与决策者之间的桥梁。新闻监督也成为公民行使权力、管理国家和社会的有效形式。在我国,所谓新闻监督是指党、国家和人民群众通过大众传播媒介工具反映公共意见,对社会上一切有悖于法律和道德规范的行为,对国家机关、国家机关工作人员和公众人物与公共利益有关的事务进行监察、揭露、批评、督促、制约和提出建议的行为。简而言之,就是通过新闻舆论行使监督,或者说通过新闻舆论的方式达到监督的目的。我们可喜地看到,新闻舆论监督越来越受到各级党委和政府的重视,被视为解决问题、推进工作、化解矛盾的重要手段,特别是主流媒体的舆论监督逐步得到改进和强化。但由于政治场对于新闻场存在不恰当的控制与制约,新闻场特别是主流媒体的舆论监督功能还没有充分地发挥。

首先,表现在政治场对新闻场的舆论监督予以干扰和控制。政治场内的部分行动者的角色定位以及对新闻舆论监督的意义认识不足,过于担心新闻舆论监督可能产生的副作用,认识不到揭露问题、批评缺点对促进问题解决、理顺民众情绪的正面作用。有的从自身利益出发,怕新闻舆论监督影响政绩,影响名誉声望;有的因为自身有短处、有疮疤而惧怕暴露;有的错误地认为,媒体公开问题后,会引起民众的恐慌,认识不到遮着掩着会令民众更不安。在具体操作上,政治场的行动者会对媒体特别是主流媒体不时发出报道提示,有些要淡化处理,有些要统一口径,还有些明确要求突出某些内容,更有甚者采取"封口封杀"的极端做法。其实这些处理方式并不能一概否定,关键是掺杂的因素太多,随意性太大,缺乏规则,本质上缺少对党的事业的责任感,缺少社会正义感和同情心,形式上是帮忙,实质上是添乱。

其次,政治场的一些行动者对新闻场的正当舆论监督不予接受甚至抵制。这里所指的政治场的行动者,不是新闻场的管理者,但同样对新闻场能够施加强大的压力,往往会使新闻场舆论监督的权益得不到保证,正当的舆论监督得不到实施。2003 年 8 月 28 日,人民日报第五版以《如此拆房,为谁谋利》为题披露,江西定南县有关部门违法行政,强拆城市私有房屋。当地有关部门本应引以为戒,认真检查、反思自己在各项工作中存在的问题,把批评当动力,举一反三,加以整改。然而,当地政府采取了非常措施——扣压全县当天的人民日报,引起社会各界强烈反响。在群众的强烈呼吁和追问下,才于 30 日下午将报纸送出。全国各大媒体和网站跟踪报道或转发了这一事件。时任中共江西省委书记的孟建柱得知这一情况后,严厉批评该县的错误做法,指出这种错误做法是违背党性原则的,作为党政领导干部对新闻媒体刊登的人民群众的批评意见应该闻过则喜,切实纠正工作中的不足,绝不允许采取压制的做法,并责成赣州市委督促定南县委作出深刻检讨。这样的政治场的行动者干扰新闻场行为的案例在社会现实中屡屡出现,严重损害了地方党委政府的形象。

(二)新闻场与政治场的互动与博弈

在西方社会,政治场控制新闻场是隐形的,有规则的,所以往往让人觉得新闻场的运行是独立的,不受制约的,经常被人们看作是"第四种权力"。其实没有新闻场是不受政治场影响和制约的,西方国家的意识形态和价值观念始终贯穿于新闻场运行的全过程。在中国社会,政治场对新闻场的影响和控制也是不容回避的,我们党的主流意识形态和价值观也会贯穿于新闻场运行的全过程,只是管理方式和控制程度有很大不同,一些政治场行动者控制管理新闻场的直接性和随意性,往往会给人们留下政治场对新闻场控制过度的印象。其实,新闻场的行动者有着很大的行动空间,但不少新闻场行动者往往采取消极被动、无所作为的态度,政治场资源没能得到有效利用,能够发挥的空间没有得到有效拓展,致使媒体的自主性、传播有效性又在很大程度上被"自我限制"。

加拿大学者罗伯特·哈克特和赵月枝研究新闻客观性和政治之间的关系时,曾经指出:"关注新闻和权力之间的关系,并不意味着我们认为这种联系总是坏事。正如福柯所言,权力不仅具有约束性和排斥性,同时还具有创造性和许可性。""但权力并非无处不在地分散、扩散于整个社会,权力更多地是从社会关系和体制中获得,而不是个人特性,所以它是非人格化的。"[①]还有研究学者

---

① 　［加］罗伯特·哈克特、赵月枝:《维系民主——西方政治与新闻客观性》,清华大学出版社2002年版,第7页。

指出,政治场除了支配新闻场之外,还存在着利用关系。政治场靠新闻所传播的大量文化信息正当化自己的统治地位、合法化权力的分配过程。政治权力就是作为这种资本再分配的仲裁者和控制者而存在的,其中心任务便是把各种资本再转换成象征性资本,以便使其自身接受某种看不见的和隐蔽的隶属关系,这一切归根结底是由文化传播(特别是语言)来实行的。① 在这里,他们阐明了政治场和新闻场之间是互动、共赢的关系。

西方学者上述阐明的政治场与新闻场的互动关系,在中国社会有自己独特的表现。在中国的政治生态下,政治场与新闻场特别是区域性主流媒体,具有更突出的一体化特征,互动频繁而广泛,政治场与新闻场一同达成共同的目的。新闻场在与政治场的互动过程中,可以利用政治场的资源,发展和壮大自身,从而实现共赢的局面。这主要表现在三个方面:一是在报道内容上,区域性主流媒体能够获取都市类报纸无法获得的独特资源,形成报道的竞争优势;二是在发行上,区域性主流媒体也能够获取都市类报纸无法获得的发行资源,可以借助行政的力量扩大发行量;三是在经营上,区域性主流媒体能够利用与政府部门和区县紧密的关系,加强活动策划,以活动策划带动广告,实现多方共赢。

1. 新闻场从政治场内获取资源的优势

政治场是新闻场重要的生存环境,政治场行动者的不当观念和做法有时会给新闻场的正常运转带来影响和干扰。但也要看到,政治场还给予新闻场诸多资源,新闻场采取策略性行动,有效利用这些资源将其转化为报道优势、发行优势,就可以增强传播的有效性,增强媒体的影响力。

---

① 高宣扬:《布迪厄的社会理论》,同济大学出版社 2006 年版,第 190 页。

第一,新闻场从政治场中获取信息的优势。

来自政府的消息和声音一直在新闻传媒的信息中占有相当分量,这方面报道内容也是媒体竞争的焦点。美英学者研究表明,1949年至1969年,华盛顿邮报、纽约时报的头版新闻的提供者中,国内外政府官员占所有消息来源的3/4;1979年至1980年美国各地六份报纸均以政府官员为主要消息来源,而以行政主管为消息来源的比例最高;在英国新闻媒介中,社会上层人士或精英分子是新闻的主要消息来源,政府官员及政府发言人借此机会提供观点、界定社会现实,并且制造新闻。① 由此可见,在西方社会,政治场内的大量信息给新闻场带来了丰富的新闻资源。在中国社会,政治场内有价值的与受众密切相关的信息也越来越受到受众的关注。区域性主流媒体以"党和政府的喉舌"的角色,在获取党委政府信息资源上具有很大优势。当地党委和政府的重大决策、重大部署和重要会议、重要活动等信息,都会向党报优先提供。当地的党委和政府各部门为了营造舆论氛围,推动工作,也会把自身活动的信息主要提供给主流媒体。近年来各地政府纷纷建立新闻发布会制度,区域性主流媒体还是能比别的媒体得到更早或更详细的信息。

作为区域性主流媒体,南京日报2009年2月26日刊发了独家长篇通讯《严惩腐败不手软,深挖线索揪贪官——栖霞区原区长助理、迈皋桥街道原工委书记潘玉梅职务犯罪窝串案剖析》,在南京同城媒体引起强烈反响,这是主流媒体获取独特资源,形成报道优势的典型例证。潘玉梅案件是南京市纪委查办的栖霞区原区长助理、迈皋桥街道原工委书记潘玉梅职务犯罪窝串案,是反腐败

---

① 吴飞主编:《传媒影响力》,中国传媒大学出版社2005年版,第171页。

斗争开展以来南京市查办的单笔受贿现金数额最大的领导干部腐败案,也是影响较大的一起窝串案。这一案件共查出违纪违法党员干部15人,其中县处级干部8人,厅级干部1人,已有8人被移送司法机关追究刑事责任。南京日报于第一时间推出这篇独家长篇通讯,随后同城其他媒体所采用的均是南京日报记者采写的通稿。这篇长篇通讯的撰写得到了市纪委尤其是市纪委办案工作点领导和工作人员的大力支持。在长篇通讯见报前的一年多时间里,南京日报记者一直跟踪着这一案件的查办进程,得到市纪委有关人员的配合和支持,他们认真讲述着每一个细节,认真回忆着每一个场景,尽量让记者写得真实、生动。2009年2月25日,潘案进行一审宣判,第二天,南京日报就在第一时间推出了采写过程长达一年的长篇通讯。

这一案例中,不可否认的是,新闻场受到政治场的制约和影响。首先,必须完全按照政治场的要求采写把握,该重则重,该轻则轻;其次,在稿件刊发的时间安排上,也必须按照案件审理的节奏进行,不能随意刊出;再次,由于政治场的影响,对新闻场来说某些具有重要新闻价值的稿件不能发表。不过,潘玉梅案中更重要的是因为新闻场所具备的政治资源优势,使区域性主流媒体的记者能在第一时间采访,获得第一手材料,详细了解案件的始发过程和细节,最终完成了一份详细、生动且独一无二的长篇新闻报道。在媒体竞争趋于同质化的今天,获取独特的信息成为媒体间竞争的一项重要手段,这种新闻的独特性也能为媒体赢得更多的受众,媒体的竞争力也随之增强。

第二,新闻场从政治场中获取发行的优势。

新闻场还能够从与政治场的互动中获取扩大发行的资源,形成发行上的优势。这一点通常会被各区域性主流媒体所利用,南京日报也不例外。报纸要有影响力,必须增强传播效应。增强传播效应,发行是一个重要环节。如果发行量上不去,受众就少,区域性主流媒体的引导力、影响力和竞争力自然就上不去。一个负责任的区域性主流媒体,必须把做好征订发行工作作为一个重要环节来抓。南京媒体众多,竞争激烈,南京日报这样一个区域性主流媒体的生存环境远不如其他城市的同类媒体。在这样一个生态环境中,必须针对目标人群,保持一定的发行量,否则将难以生存,更谈不上发展。南京日报一度时期有效发行量仅有七万多份,支持当时的广告量就很有问题。好比一辆载重量五吨的车子装了七八吨的货,严重超载,风险很大。做大发行量,而且是瞄准高端人群做大精准发行的发行量,对扩大影响力、提升竞争力尤为重要。把发行量做得足够大,就相当于把这辆车子的载重量做成十吨甚至更多,装载的货才能更多。正是基于这样的考虑,才充分利用政治场中的资源,迅速扩大发行,以解决制约自身发展的带有基础性的问题。

在媒体众多、发行量趋于饱和的情况下,扩大发行从长远来看,很重要的是要提高报纸质量,满足受众需求,这是一项带有基础性意义的工作。但要迅速见效,扩大发行,还需要充分利用政治场的资源。对区域性主流媒体来说,可以利用政治场内的行政手段,以扩大发行,增加覆盖。每年市里都会以文件形式要求各级机关、单位以及企业来订阅。事实上,目前大部分的区域性主流媒体读者中,党政机关、企事业单位、高校、科研院所等公费订阅仍占多数,增加零售和个人自费订阅量不是区域性主流媒体发行的主要渠道。

2. 新闻场与政治场互动中的策略性行动

在我国的政治生态环境下,政治场对新闻场控制的模式、新闻场与政治场互动的基本方式,差别是不大的,但是同类的区域性主流媒体的生存境况却有很大差异,其中很重要的因素是新闻场与政治场互动中所采取的策略性行动有很大差异,获取资源以求自身发展的效果有很大差异。

不同区域内主流媒体间并不直接发生相互竞争、争夺广告客户以及受众的情况,但媒体之间的发行量、广告经营收入等指标的排名可被视作一种间接竞争,这种排名在一定程度上能反映出区域性主流媒体在政治场的制约中能动性和自主性的大小。新闻场在与政治场的互动中如能采取更积极、更主动的态度,能动地去获取政治场中的资源,就能形成新闻报道上的竞争优势。新闻生产上的优势最终又能影响发行量、经营收入等。新闻场的行动者越秉持新闻生产的基本规则,采取能动性的策略与政治场进行博弈,越容易在市场竞争中形成优势地位。反之,新闻场的行动者在与政治场的互动中采取被动态度,很少采取或不采取策略性行动,新闻场自身的运作逻辑遭受侵蚀,主流报成了"黑板报",媒体的形象受损,阅读率不断下降,在市场竞争中则会处于劣势地位。

第一,新闻场在危机事件报道中的策略性行动。

危机事件报道的主动权往往掌握在政治场的行动者手中,当政治场对新闻场进行强力控制而不允许报道危机事件时,一般来说新闻场是无法跨越这一底线的。但现在相当多的情况下,政治场的行动者不会采取这种"封口封杀"的极端做法,这时候就需要新闻场的行动者遵从新闻规律,主动地采取策略性行动,通过危机事件的报道增强媒体在受众中的关注度和公信力,从而赢得竞争优势。

2003 年,"非典"爆发后,媒体适时公开疫情,增加透明度。民众的恐慌反而减轻了。记者做新闻监督报道时为了抢占先机,往往会把已采写的信息第一时间发出去，然后可能做追踪报道。这时候，媒体有着强烈的掌握完整信息的需求，公众也关注着事件发展的每一个细节。在这非常时期，被监督者如果反映迟钝、行动迟缓、掩盖真相，就会延误时机，酿成大错，不利的信息、不准确的信息就可能充斥媒体，被监督者将深陷被动之中。反之，如果抓住时机，迅速组织材料，公开事实真相，就能够掌握新闻舆论的发展趋向，有效控制事态的扩大。

2003年的"非典"报道，给我们很重要的启示就是新闻媒体必须及时清楚地向民众公开事实和真相，使人民群众成为危机的知情者和处理者。不公开信息会承担更大的社会成本。在现代技术和信息条件下，以计算机网络为代表的"第四媒体"的信息传播，其传播速度和范围是惊人的。官方舆论不说，民间舆论要说；报纸杂志和广播电视等传统媒体不说，互联网、手机短信息等现代信息媒体要说；国内媒体不说，海外媒体要说；你不提供正确的信息，他就捕风捉影、道听途说、真真假假地大肆传播。就"非典"疫情而言，实事求是最有力量。隐瞒疫情就是在酝酿更大的社会不安定。只有消除了不安定因素才能保持社会安定。谣言止于智者，恐慌止于公开，这就是"非典"事件给我们的启示。2004年春的"禽流感事件"中，政府快速反应，有关预防常识早早发布。推行农业部新闻发言人制度，疫情信息透明，全国各大主流媒体在第一时间予以积极报道。3月16日，农业部宣布中国内地49起禽流感全部扑灭，我国政府在短短50天内不仅赢得了民心，还在AFO和WHO等国际组织的指导下，加强国际交流合作，赢得了世界的赞赏，更彰显了我国政府公开、果断、以人为本的崭新形象，主流媒体在报道这一事件中也大大提升了权威性和公信力。

在新闻监督的过程中，信息的"首因效应"也很重要。所谓

"首因效应"，就是我们常说的先入为主。人们在对一个现象或者一个事件进行判断时，第一印象往往在其中发挥着重要作用。2005年，新奥尔良飓风发生的消息传出来的时候，人们都很迫切地要知道更多的信息：伤亡多少人？灾害中和灾害后应该如何做？政府是怎么救助的等等。这时候，如果新闻场的行动者不能积极主动地采取策略性行动，不及时发布消息，公众就会有意见。危机中，人们的神经很脆弱，信息空白急需填补，小道消息很容易赢得市场，主流媒体是不能缺位的。2004年，在俄罗斯的别斯兰人质事件中，当政府军警和劫匪发生枪战，导致大量人员伤亡后，新闻场的行动者及时向公众发布消息，告知当时是在怎样的情况下军警被迫开枪，并解释这么做是为了减少人员伤亡。这一信息的发布非常及时，避免了新闻舆论的被动。

值得一提的是，新闻场的行动者及时公布的一定要是事实真相。诚实是舆论监督的基本原则，谎言终会被识破。新闻场的行动者要有强烈的职业精神，只要接手调查，就不要满足于支离破碎的点滴信息，更不要止步于政治场所提供的仅有信息，线索不能只从政府一处获取，各方信息都要成为报道的源泉，以免政府一方封锁消息，造成报道无法正常展开的局面。如果你报道的东西不真实，即使你并非故意编造，都有可能被公众识别出来，并可能被称为骗子，严重影响主流媒体的公信力。要不想被公众称为骗子，就要真实地说出真相。新闻场的行动者由于受到采访的局限，并不一定能一次性充分地报道到位，给受众提供完整信息，但无论报道多少，信息必须是真相，不然会失去公众的信任，引起受众的反感。

目前地方政治场的行动者已逐步确立了正视疫情危机、及时公开信息、让公众知情的信息传播机制。而这种新的信息传播机制的逐步确立，也对新闻场的行动者提出了新的挑战。当政治场放宽新闻场对危机事件的报道时,新闻场必须讲究信息传播的方式方法,更好地发挥提供信息、引导舆论的作用。南京日报对2008 年汶川大地震的报道就是新闻场与政治场互动共赢的很好例证。

2008 年5 月12 日,四川汶川县发生里氏8 级大地震,包括南京在内的全国绝大部分地区都有震感。这次地震,是新中国成立以来最为强烈的一次地震,危害巨大,影响面广。南京日报迅速调度力量,有序地组织了各项报道,为营造良好的舆论氛围发挥了重要作用。

在报道内容上,加强策划,突出重点,拿出足够的版面,迅速推出各种形式的报道。第一,灾难发生后,南京日报就在头版充分、及时报道了国家发布的权威信息及党和国家领导人及时关注震情、亲临灾区的活动,进行有力的舆论引导。第二,大规模、集中突出地充分反映全国人民万众一心、众志成城、迎难而上、百折不挠的精神,以及中华民族在大灾中迸发的人性光辉,充分反映人民解放军、武警部队、四川当地人民在抗震救灾中的感人事迹,对这些报道进行突出处理。这些报道激发了市民爱心捐助、有钱出钱有力出力支援灾区的动力和热情。如《武警官兵突破险阻抵达汶川县城》、《就是用手刨也要救出孩子》、《社会各界赈灾钱物不断涌向灾区》、《那一刻,他张开手臂护住》、《温家宝:要在灾难中学会坚强》、《逝去父母身体护女　三岁女孩获救》、《向58 个重灾乡镇挺进》、《72 小时　生死竞速》、《三天三夜,废墟中救出360 名学生》等感人篇章。第三,充分报道南京市委市政府第一时间围绕支援灾区抗震救灾所做出的有力部署和指挥,充分报道南京人民支援灾区的各项行动和感人故事,充分报道南京派往灾区的各支支援队伍在灾区投入抗震救灾的感人事迹。第四,充分做好服务性报道,传播普及地震科普知识及抗震救灾的有关知识等。第五,其他一切与抗震救灾工作和氛围不协调的报道一律停止。南京日报组织的上述抗震救灾报道,分层次、有计划、有重点,形成了强大、有效、正面的舆论氛围。

在报道形式上主动进行策划,尤其注重图片、通讯、特写、言论的运用,在稳妥把握报道基调和导向的基础上,尊重新闻规律,创新形式,提高报道的感染力。一是注重多种体裁的综合运用,通过多种形式进行多维立体化的展示,除各类动态消息、会议消息、活动消息外,采用小通讯、特写、电话连线、言论、对话、现场、简讯、图表等多种形式,使整个报道更具吸引力和感染力。二是整合版面,超常规调度和运用多种版面编排,大规模密集推出抗震救灾特刊。打破常规,及时调整版面设置,将靠前的几个版直接连通,全方位报道抗震救灾工作的各项进展。从13日开始,每天至少有3个整版的规模,最多时达8个整版,统一制作了《抗震救灾·众志成城》、《抗震救灾·同舟共济》、《抗震救灾·八方支援》报眉。19日、20日,在震情报道重点开始转变的节点上,又以"前方"和"后方"两大主题,制作两个通版《南京勇士在前线》、《博爱之都在行动》,集中展示南京人民心系灾区、支援灾区的历史瞬间,形成了强烈的冲击力和震撼效果。20日,围绕首个哀悼日推出《哀悼日·聚焦》、《哀悼日·现场》、《哀悼日·影像》3个整版,从不同的视角、以不同的方式充分表现了哀悼日的场景和故事,令人动容。三是打破常规,创新版式设计,强化报道的版面冲击力和视觉冲击力。这段时间的报道,南京日报打破了常规的版式,围绕抗震救灾的重点调整和设计版面,版面表现令人耳目一新,尤其是头版的变化,给读者留下了深刻印象。如5月20日,报道全国哀悼日第一天的重要新闻,南京日报头版在按照基本原则安排稿件和版面的情况下,创新形式,把报眼位置与下方打通,放了一张天安门前国旗下半旗志哀的大图,与左边头条配的中央领导向地震遇难同胞默哀大图,以及沉底南京市民默哀大图相配合,突出了举国哀悼的氛围。四是强化图片的运用和突出处理。在这一阶段的抗震救灾各项报道中,南京日报特别注重各类图片的运用,每天从新华社图片中精选各类图片,加以突出处理和表现;在与抗灾一线支援队伍进行连线时,也要求多用图片,增强报道效果。19日是全国首个哀悼日,南京日报精选新华社和南京本地图片,推出了图片版《哀悼日·影像》,其强烈的视觉冲击力,给读者留下了深刻印象。

从上述的这些案例中,我们可以发现,政治场对新闻场的控制并非是僵硬的,而是富有弹性的,新闻场有巨大的发挥空间,越创新性地采取策略性行动,媒体就越能够坚守自身的运作逻辑,就会越来越受到受众的认可,权威性、公信力和影响力也会不断得到提升。

第二,新闻场在成就性报道中的策略性行动。

新闻场与政治场的互动中,政治场的行动者所设计的大量成就性报道是新闻场的行动者经常要面对的,如果用被动接受应付的方式去对待,就会成为一种负担。如果新闻场的行动者积极主动地采取策略性行动,着力提高传播有效性,那么尽管政治场交给新闻场的是硬性任务,但相当多的内容会成为报道资源。

在成就性报道中,新闻场采取策略性行动,增强传播有效性,需要在以下几个方面进行转化:一是内容转化,即把政治场要求宣传的主题内容,选择不同的切入点、从不同的视角来表现,把政治场宏大而抽象的主题,化为受众可触可摸可感的内容,强调受众视角、百姓视角,力求立意高、切入点小、角度独特。二是语言转化,即把政治场内的政治话语,转化为新闻话语、百姓话语。三是形式转化,即把政治场内的经验总结、长篇大论的工作报告,用新闻场内的"十八般武艺"进行转化,以新闻化的形式表现出来。以下三个案例充分体现出经过"三个转化"后的南京日报开展成就性报道所取得的成效。

案例一　全国两会报道:从小事着眼,以小见大

一般而言,政治场给新闻场设计的成就性报道任务,主题往往都较为宏大,如果新闻场在具体运作时没有自己的切入点,选题过大,势必要面面俱到,易使新闻行动失去着力点,使报道充斥空话、套话和大话,引起不了受众的兴趣。如果从小事着眼,以小见大,反而能引起受众的关注,从而增强传播的效果。

2007年全国两会是换届的大会,社会各界和国内外舆论都给予了高度关注。南京日报对此的策划和报道组织工作都高度重视,在全国两会开始之日在头版推出了长篇通讯《自主创新闯出南京模式》,全面展示南京充分发挥资源禀赋优势,打造自主创新南京模式的战略、布局、思路、做法以及成效,并配发言论和图片。同时,围绕全国"两会"本身和展示南京5年来经济社会发展各方面成就"两条报道主线",策划了诸多栏目和版面,其中包括头版的《中央媒体看南京》以及"市民议政版"。从3月3日至17日,南京日报"两会"特刊共刊出49个版,刊登稿件近500篇,图片160多幅,开设栏目30多个,有130多人次的江苏全国人大代表、政协委员建言献策的风采在南京日报得到了充分反映。整个全国"两会"的报道,有策划、有组织、有计划地推出,高潮迭起,亮点不断,形成了非常好的舆论宣传效果。

在全国两会召开期间,南京发生了一件社会新闻,南京日报在第一时间策划出"爱心接力"系列报道,凸显了南京"博爱之都"的城市形象和南京新时期的市民精神,给参加全国两会的江苏团人

大代表和政协委员留下了深刻的印象。2007年3月初,东北24名赶考学子和12名家长因天气原因不能按时到考点报名,几乎要错过报名时间。南京警方和出租车司机群体获知后,第一时间组织起来,由警车和28辆出租车组成了一支特殊的"爱心"车队,赶往南京禄口机场迎接远道而来的客人并为车队护送领路,使考生赶上了报名,这一"爱心接力"行动深深感动了远方的客人。3月12日,对这一事件,南京日报加强策划,浓墨重彩,以《"南京不愧是博爱之都"》为题在头版头条推出,并配发了短评《他们,让南京骄傲》和照片,形成强有力的感染力和冲击力。报道推出当日即引起了广泛的社会反响,也受到省市领导的高度认可。当时的省市主要领导都先后作出批示对这一事件给予关注,对报道给予充分肯定。接着南京日报进一步追踪报道,从3月13日开始,在头版开设《"爱心行动"大家谈》栏目,相继推出《"'爱心接力'发生在南京不奇怪"》、《爱心车队在南京》、《为同行喝彩,为行业添彩》、《人人都献一点爱,南京将会更美好》、《让博爱之都涌现更多爱心品牌》、《南京拥有"和谐的社会气候"》等一系列文稿。这场"爱心接力"的报道策划在读者中引起强烈反响,也很好地呼应了全国两会的舆论氛围。

　　案例二　改革开放30年成就报道:强化互动,受众参与

　　新闻场的行动者在展开成就性报道时,如果采取应付态度,以材料堆砌的方式,或按照"来稿照登"惯习去处理,就不会引起受众的关注,也不会受到受众的欢迎,传播效果就不好;如果从受众需求出发,加强与受众的互动,设计平台载体,吸引受众参与,则能增强报道的贴近性、吸引力,提高传播的有效性。

　　在开展改革开放30年成就报道中,南京日报特别注重与受众间的互动,策划各种活动,打造各种平台,吸引市民参与,取得了良

好的传播效应。这一大型成就性报道活动有四个重要的组成部分，每一板块都强化受众的参与。

第一板块推出大型评选活动"改革开放30年·影响南京的30件大事"。这项活动由市委宣传部、市地方志办公室、市委党史办、南京日报社共同举办，2008年4月份启动，先推出"改革开放30年·影响南京的100件大事"系列报道，由社会各界推选改革开放30年影响南京的100件大事，南京日报记者采访经历大事的当事人，并请专家点评。11月起，包括南京日报在内的几家主办单位在前期工作的基础上，根据权威史料选出100件大事，12月5日在南京日报整版刊出，请市民投票，并联合龙虎网开通网上投票平台。12月18日投票结束，经专家评审会再投票，定下30件大事后在南京日报刊登，并选择其中的10件大事进行大规模集中报道。

第二板块推出《改革开放30年·我亲历我感受》征文。10月份栏目在头版推出，向社会各界征文，让30年中生活变化大、感受至深的市民，叙述他们生活方式的变化、家庭的变化、个人命运的变化，通过他们的经历，来反映普通百姓作为见证者和亲历者的所思所感所悟。

第三板块推出《改革开放30年·影像记录》征图活动。向市民征集图片，用图片的形式反映30年改革开放给市民生活带来的巨大变化，突出贴近性，多用对比图片，形成强烈反差，以通版表现，增强感染力。

第四板块回顾和总结。通过轻松活泼的形式，请各行各业、各界人士畅想未来30年南京将发生什么变化，个人生活将发生什么变化，最终以跨版的形式一次性表现，引导市民对建设美好未来的信心和向往。

案例三 跨江发展报道:以案例对比做新闻

就事论事式地报道新闻事件,不容易受到受众的关注,把事件放在更广阔的视野中去分析,在更大范围内确立坐标,往往有助于受众对事件的深入了解,给受众以启发,传播效果也会随之增强。

2007年,南京提出跨江发展的重大发展战略,跨江发展战略到底如何理解,意义有多大,前景是什么样,孤立地去报道很难有好的效果。于是,南京日报策划了相关城市跨江发展"三城行"。为做好跨江发展重大主题报道,报社专门成立了一个由10人组成的采访报道组,一组记者深入采访南京江南江北发展情况,展现市党代会召开近一年来加快推进跨江发展的新举措、新进展,另三组记者分赴重庆、武汉、杭州三大跨江发展城市,了解三个城市跨江发展的现状、做法、成效以及值得南京借鉴的经验。四路记者采访归来后,报社组织了一个碰头分析会,各路记者汇报采访情况及写作思路,报社确定报道方案,推出"跨江发展看南京"特刊,着力报道南京跨江发展战略的布局、进展、展望和市民感受,而重庆、武汉、杭州三大城市跨江发展的报道,则作为"延伸报道",分别占一个版的篇幅,主要表现3个市跨江发展的特点和给南京的启示,在读者中产生强烈反响。这一策划还获得了2007年南京市好新闻评比重大主题报道策划奖。

以上三个典型案例,都存在一个相同的特点,成就性宣传的要求,需要经过策划,以一篇篇能引起受众关注的报道去表现。这些能动性的转化所取得的效果是显著的,政治场的目标能够很好地达成,新闻场由于改进和创新了报道形式,报道的实效性也会得到增强,新闻场与政治场在互动中实现了共赢。

第三,新闻场在舆论监督报道中的策略性行动。

舆论监督扮演着"社会守望者"的角色,具有预警功能。普利策新闻奖的创始人约瑟夫·普利策说过："倘若一个国家是一条航行在大海上的船,新闻记者就是船头的瞭望者。他要在一望无际的海面上观察一切,审视海上的不测风云和浅滩暗礁,及时发出警告。"①

新闻场实施舆论监督是其重要的不可或缺的职责,也是与政治场进行互动博弈求得共赢的重要内容。新闻舆论是广泛存在于公众之中的重要社会力量,是一种公共意见。正确运用新闻媒介工具,引导人们的社会行为,批评某些不正确的活动与事件,从而达到监督领导机关及其工作人员的言行、控制整个社会运行的目的,是政府工作新闻监督的基本内容。只有把新闻舆论监督渗透到我国经济、政治和文化等活动的全过程和各领域,才能有效地组织人民群众自觉参加国家管理、社会事务管理,行使当家作主的民主权利,才能保证政府机关"廉洁、勤政、务实、高效"。只有弄清楚新闻监督主客体、新闻监督的意义以及如何有效实施新闻监督,才能使新闻监督成为政府工作的推进力量、支持力量。

新闻监督的客体即被监督对象,主要表现为被监督者的各种不同的行为,包括党的行为、国家行为、社会团体行为和个人行为等。党和国家机关及其工作人员的行为状况,应当是新闻监督的重点。如果党和国家机关及其工作人员,违背了党纪和国法,损害了党、国家和民众的利益,那么,民众就可以运用新闻舆论工具,进行揭露、批评、抨击,以达到对其工作或行为进行制约、限制、督促的目的。党和国家机关及其工作人员作为新闻监督的客体,应该特别重视民众的利益、愿望、意志和情绪。民众的意见和要求需要及时准确地通过新闻媒介工具反映出来形成舆论压力,以实现新闻舆论监督。

---

① 贾亦凡:《从集体失语到连篇累牍》,载《新闻记者》2003 年第 6 期,第 12 页。

新闻监督的主体从广义上讲是所有公民,从狭义上讲是代表民众要求的新闻场的行动者。民众的新闻监督往往是通过新闻场的行动者来行使的。新闻舆论监督主体并不是无组织、无纪律地随意大造舆论,而是在法律范围内通过一定的形式进行监督。一般说来,分散的、无组织的舆论只有形成系统的、集中的、有组织的意见并传播出去,才能获得更多人的认同,摆脱分散、个别的无力状况,形成强大的社会舆论力,影响党和国家及其工作人员的工作和行为,从而起到监督作用。目前,代表民众履行舆论监督的行为主体,主要是各级新闻媒体,其中主流媒体的舆论监督最能引起社会反响,影响力也最为显著。党政机关中流行的一种说法"不怕被通报,就怕上党报",从中能反映出主流媒体在舆论监督中的影响力。在新闻舆论监督过程中,新闻场行动者手中掌握着强大新闻媒介工具,肩负着重大责任。

新闻媒体实施监督的"合法性",体现在两个方面,一是媒体承担着向公众传达信息、让公众知情的责任;二是新闻具有干预社会生活的重要社会监督职能。正因为如此,新闻场行动者要站在党和国家利益的立场上,站在民众利益的立场上,细心地体验、洞察和反映社会各利益阶层的呼声、要求、愿望,揭露和纠正各方面的问题;要努力在社会各利益阶层同政府之间,在社会各利益阶层之间,架起相互沟通理解的桥梁,引导和促进问题的解决。新闻场行动者的特殊地位要求他们在传播新闻舆论时,务必兢兢业业,谨慎从事,本着促进工作改进、端正政府作风、化解民众矛盾、理顺公众情绪、遏制腐败滋生的目的,力求产生良好的社会效果。

新闻场与政治场的互动博弈中要能顺利实施舆论监督,还需要坚守一些基本的规则。

一是保持真实性。真实性是新闻监督的首要前提,新闻的生命在于真实,离开了真实,新闻就成了谎言,失去了存在的意义。《联合国国际新闻道德信条》第一条就规定:报业及其他所有新闻媒介的工作人员,应尽一切努力,确保公众所接收的消息绝对正确,他们应该尽可能查证所有消息的内容,不能任意歪曲事实,也不可以故意删除任何重要的事实。新闻监督的真实性要求新闻舆论揭露和反映的每项具体事件,以至每个具体细节都要有事实根据,如实地反映事件的面貌及人们对事件的态度和看法,而绝不能杜撰虚构、捕风捉影、夸大缩小,或者枉加评论。就某一具体事物而言,也有现象与本质、主流与支流、正面与反面、内容与形式、局部与整体、内部联系与外部联系的区分,因此,对事物真相的了解不能离开事物普遍联系的整体。做不到新闻监督的真实性,往往成为新闻场受到政治场施加压力的重要缘由。

二是坚持指导性。在其他形式的监督中,监督主体对监督客体具有政治、法律、行政、经济或其他某种约束力或强制性,而新闻场行动者实施的新闻监督则不然,它是一种非强制性监督,不具有任何约束力或强制性,只具有指导性。这也是新闻监督的重要特点之一。新闻监督是通过反映舆论、影响舆论、促成新的舆论来起作用的,而在这一过程中都具有倾向性和指导性。对新闻舆论机构来说,反映什么,不反映什么,多反映什么,少反映什么,有自己的选择性和倾向性,这些都与新闻场的观点、立场、方法有关。新闻场的这些特性,必然对新闻监督的形式、方法和效果产生影响。新闻场往往对其认为是正确的、有利的新闻舆论大力加以传播,而把自己认为错误的、不利的新闻舆论加以抑制,这样,被大力传播的新闻舆论对人们的影响范围就大,而被抑制的新闻舆论其影响范围则小。新闻场通过控制新闻舆论对政治场施加压力,也影响公众对问题的判断,影响公众的取向。但在我国,从根本上来讲新闻场与政治场行动者的取向是一致的,都要在形成共识、凝聚力量、推进工作上汇合、聚焦。新闻监督跑偏了指导性的方向,往往是新闻场受到政治场干预的又一重要缘由。

三是力求及时性。新闻场行动者在实施新闻监督中,不存在种种环节和层次,只需要经过大众传播媒介的反映就能形成有力的社会舆论监督效果,具有及时性的特点。新闻监督的内容一般都是社会上比较敏感的问题,关注的人比较多,传播速度也比较快,尤其是在互联网上,几小时甚至几分钟前发生的事情瞬间就能广泛传播。新闻场行动者敏锐地挖掘暴露形形色色的问题,能给被监督者造成一种威慑,并引起中央或地方党委政府的关注和重视,促使职能部门顺势依法介入,促成问题的解决或状态的改善。同时,新闻场行动者如果能够及时反映并引导人们的思想情绪、观点与看法,也会及时化解矛盾,促进问题的解决,减轻社会压力的积累,起到“社会安全阀”的作用。在屡屡带来深刻教训后,政治场的行动者越来越意识到及时性新闻监督在迅速平息事件、化解矛盾中的作用。

四是确保公开性。新闻监督是通过大众传播媒介实行的,是一种公开的监督形式。这种公开性就是把揭露的内幕、批评的对象、事件的原委,通过各种形式公之于众,并引导人们依据客观事实去正确判断和认识是非、真假与美丑。新闻监督具有公开性的特点,使得它在民主政治建设中的地位显得更加重要。列宁说:“在我们看来,一个国家的力量在于群众的觉悟。只有当群众知道一切,能判断一切,并自觉地从事一切的时候,国家才有力量。”[1]新

---

① 列宁:《全俄工兵代表苏维埃第二次代表大会文献》,《列宁全集》中文第二版第33卷,第16页。

闻监督的公开性,要求政治场行动者通过新闻舆论工具公布决策意图和决策过程,只有这样,民众才能参与讨论,发表意见,使政治场行动者通过新闻舆论工具了解人们对其制定的决策的不同看法,从而使决策程序与内容不断完善。新闻监督的公开性,还要求政治场行动者通过舆论工具公布其行为准则及有关规定。新闻监督的公开性,要求通过新闻媒介把民众急切关心、想要解决的问题及时反映出来,同时也公开有关部门解决这些问题的方案以及暂时不能解决的原因,做到下情上达、上情下达,使领导机关与民众彼此沟通,互相理解,有效地加强了领导机关与民众的联系。

新闻场行动者要能有效实施舆论监督,还需要有强烈的监督意识。区域性主流媒体在相当长时期没有履行好监督职能,主要从事正面宣传和典型报道,这是媒体发展的不正常时期。现在的情形有明显改观,加强和改进新闻舆论监督是政治场时常发出的声音和要求,在具体操作中,各媒体也有各自的表现。但我们也要意识到,长时间形成的不能做舆论监督或淡化舆论监督的惯习,使相当多的区域性主流媒体的监督意识大为弱化,监督行动大为消减。新闻媒体特别是区域性主流媒体太过担心舆论监督遭受政治场行动者的干扰和抵制,其实政治场行动者的观念也在发生变化,明智的政府管理者往往会运用媒体的舆论监督,为解决一些棘手问题营造气氛、鸣锣开道,塑造形象。

北京市在2003年就制定一套新闻发布制度,从制度的层面上规定了对媒体舆论监督权的尊重,成为对该领域刚性力量缺失的有效填充。在此之前,新疆伊宁市颁布《关于不得拒绝新闻媒体采访的若干规定》明确提出:各部门、各单位均要对新闻采访实行"首问负责制",实事求是地回答记者提问,不得采取回避、推诿或"无可奉告"的态度。"各部门、各单位应积极配合记者进行采访报道和舆论监督,不得以任何借口拒绝新闻采访。"2005年7月,经过近一年的酝酿和修改的《深圳市预防职务犯罪条例》(草案)完成第四稿。草案将新闻记者在宣传和报道预防职务犯罪工作过程中依法享有知情权、任何单位和履行职务人员要自觉接受舆论监督等内容纳入其中。该《条例》第二十条规定:"新闻记者在宣传和报道预防职务犯罪工作过程中依法享有知情权、合理怀疑权、批评建议权和人身安全保障权。任何单位和履行职务的人员都应当配合、支持,自觉接受新闻媒体的舆论监督。新闻媒体对其宣传报道负责。对新闻媒体揭露出来的问题,主管部门应当在七日内进行全面调查,并向社会公布调查结果。"对违反《条例》规定的,第二十六条也做出了相关的处理规定。芜湖市政府专门出台了《关于加大对政府工作舆论监督力度的若干规定》,要求各县区政府和市政府各部门、各单位要积极支持市各新闻媒体的舆论监督工作,对于交办的事项,要以高度负责的精神,认真调查核实,依法及时处理,抓好落实,及时反馈办理情况。同时强调,对市各新闻媒体交办的政务监督事项,有置之不理或拖延不办或敷衍应付等行为之一的,将依照《芜湖市党政机关问责办法》予以处理。新闻发言人制度和立法立规支持新闻监督都是在制度上保证新闻监督有效性和政府信息公开性的有益尝试,值得肯定和推广。可以看出,新闻场行动者实施舆论监督的环境在明显改善,在相当多区域,新闻场行动者的监督行为在制度上得到了有效保护。舆论监督潜在的空间是巨大的,新闻场行动者如果能强化监督意识,把握监督技巧,拓展监督领域,强化监督力度,舆论监督职能的发挥是大有可为的。

在中国社会,新闻场与政治场有着较强的一体化特征,新闻场的行动者采取策略性行动,需要特别注重与政治场在促进全局工作、中心工作目标达成上的一致性,这样才能顺利地实施新闻舆论监督,实现政府推进工作、媒体扩大影响的共赢局面。

新闻场的行动者积极主动与政治场合作,策划开展舆论监督,更容易得到政治场的认同,也可以免受被监督者的纠缠,更能增强新闻场的权威性和公信力。新闻场行动者在组织实施舆论监督中需要着眼于党委政府的工作中心和群众关心的热点问题,选择工作阻力比较大、群众反映比较强烈、经过努力可以解决的问题,开展舆论监督。重点要针对党政机关中违背党的路线方针政策、干扰中心工作、有令不行、有禁不止、损害群众利益的违法乱纪行为进行批评和揭露,起到排除不利因素、改进机关作风、提高工作效率、优化投资环境、推进反腐倡廉、强化党和政府同民众联系的作用。监督主题的选择要注意代表性、针对性,善于从党和政府重视、民众关心、实践中普遍存在这三方面的结合点上发现问题,抓住那些既能反映事件本质,又有法可依、有政策可循的倾向性问题进行新闻监督。

监督的主题来源于信息采集后的分析。需要根据政府不同阶段的工作重点安排监督计划;需要从设立的举报电话和举报信箱的渠道,收集民众的投诉,倾听民意;需要同纪检监察部门、信访部门以及其他党委、政府、司法工作部门加强联系,获取舆论监督的信息,据此把握舆论监督主题。

深圳主流媒体在深圳市实施"净(环境干净)畅(道路通畅)宁(社会安宁)工程"过程中,主动与政府沟通联系,抓住一些老大难问题开展舆论监督,为政府采取措施鸣锣开道,既得到了政府的支持,又受到市民的赞誉。新闻场的行动者充分反映民众意愿,针对领导关注、群众反映比较集中的环境污染、交通堵塞、治安形势恶化等社会热点问题,开辟专栏、推出专版、专题,开设热线电话,设立"曝光台",披露存在的问题,进行及时、准确、强势的报道,在全市形成了一股浩大的声势,形成了较好的舆论监督氛围,有力地推动了深圳市各项工作的开展。2004年3月,市政府开展"梳理行动"之前,深圳特区报根据政府工作步骤与目的,策划推出多个监督报道重点,并与政府工作的推进节奏相协调。罗湖区"东门大世界"盘踞着一股黑恶势力冠丰华公司,10年来凭借其复杂社会关系和华丽的"红顶子",违法经营、欺行霸市、暴力抗法、违法乱搭建,成为城中一霸。市委市政府决心在"梳理行动"中予以铲除。按照市委的安排,深圳主流媒体先行"侦查",深入调查揭露该公司恶行。3月29日,深圳特区报率先在头版头条报道《"东门大世界"何日得安宁》,通过记者现场采访,披露东门大世界"违规搞经营、层层乱搭建、恶势力横行"的问题,还配发多幅现场照片。30日,继续在头版推出《"冠丰华"为何如此猖獗》,不仅报道了群众的强烈反响,而且更深入地揭露了东门大世界的后台冠丰华集团公司的恶行,并配以评论《除掉这股恶势力》,表明了主流媒体的态度。紧接的一周时间内,在主流媒体的带动下,各媒体联合作战,清算"冠丰华"10年来的累累恶行,如深圳特区报在头版显著位置刊发《10年内13次暴力抗法　打伤群众300多人——"冠丰华"绝对是恶势力》、《组织200多人强占宝安电子城——"冠丰华"黑手伸得长》、《"冠丰华"这样做生意》。一时间,"冠丰华"的恶行激起全市人民的愤慨,在舆论压力下,"冠丰华"头目先是假惺惺认错,企图避重就轻,蒙混过关。但随着揭露深入,"冠丰华"头目潜逃外地,警方在强大的舆论支持下,果断采取行动,追捕缉拿犯罪嫌疑人。由于媒体的公开揭露与报道,这股为害百姓10年的黑恶势力被顺利快捷剿灭了。

　　海南新闻舆论监督中心成立后,海南日报的第一个选题是昌江黎族自治县乌烈镇政府公款吃喝问题,这在海南是个普遍性的问题,早已引起民众的强烈不满。海南日报抓住这一话题进行策划报道,对那些滥用公款吃喝的行为形成了强大的舆论压力,使已被揭露的单位赶紧清退吃喝欠款,尚未触及的单位也赶紧主动偿还欠款,对狠刹海南特区公款吃喝风、制止奢侈浪费起到很大作用。

1999年5月,珠海市召开了机关作风建设大会。对于机关作风建设这类活动,从机关到老百姓都已经习以为常,谙熟套路。如何把市委市政府整顿动真格的信息传达给社会,珠海市主流媒体让成立不久的特别报道组策划出一组关于"伤心果园"的报道:一名投资建果园的台湾商人,种下才一个星期的近2000棵果树被市规划国土局执法人员连根拔掉,理由是:树木属林业局,土地属国土局。这位商人申辩说:人家中山市可不是这样办事的。工作人员却答:好哇,那你去中山吧,反正无所谓。这组追踪报道充分暴露了珠海投资软环境差这个一直讳莫如深的问题,而且点名批评了政府部门之间职责不清、工作人员态度粗暴的状况。这组报道推出后,在社会上引起强烈反应。市委市政府旗帜鲜明地表态支持新闻舆论监督,使这一事件成为珠海改变政府职能部门工作方式、营造有利于企业发展环境的良好开端。

南京市创建全国文明城市过程中也有效运用了舆论监督的力量。创建文明城市是南京市委市政府一段时期的中心工作,市委市政府对工作不力的部门和干部加大了督查力度,明确要求新闻场加大舆论监督力度,对存在问题进行曝光。这无疑给南京日报舆论监督一个很好的契机。这样的舆论监督稿件,在呼应市里中心工作的同时,因为背后有市委市政府的支持,不会引起被监督部门的强烈反弹,不会对报社带来太大压力。因此,为了能够推进市委市政府的工作,南京日报针对某些创建文明城市中难以攻克的问题如黑网吧、领导人问责制、市民闯红灯现象等进行策划,推出《18名责任人被问责追究》、《辅警劝阻闯红灯竟遭拳击》、《4家违规网吧经营遭严惩》等稿件,并配以短评督促有关部门解决问题。稿件见报后引起了上至市领导、下至普通市民的关注,有效推进了问题的解决,发挥出了区域性主流媒体的职能作用,赢得了读者的信任。

从上面的事例中我们可以看出,选择一些群众反映强烈、具备解决条件、政府着力推动的一系列问题,展开新闻舆论监督,这是新闻场行动者策略性行动的重要选择。

二、新闻场针对经济场的策略性行动

经济场对新闻场的侵蚀和干扰在布尔迪厄场域论述中,是最充分的。它以法国电视媒体为例,详尽地分析了经济场对新闻场的影响,给了我们很多启发。要有经济收益,就要有广告量;要有广告量,就要有收视率;要有收视率,就要报道吸引受众眼球的新闻;而最吸引眼球的新闻往往会集中到社会新闻。"社会新闻,这向来是追求轰动效应的传媒最钟爱的东西;血和性,惨剧和罪行总能畅销,为抓住公众,势必要让这些佐料登上头版头条,占据电视新闻的开场……"①十几年前,布尔迪厄对法国社会经济场影响新闻场的这些阐述至今看来还显示出大师的睿智,这种现象在现今中国社会不少媒体仍然不同程度存在。但我们也看到,布尔迪厄过于强调经济场对新闻场的影响,而且他的分析是单向的。在中

---

① [法]皮埃尔·布尔迪厄著:《关于电视》,许钧译,辽宁教育出版社2000年版,第14页。

国社会,经济场与新闻场之间作用是双向的、互动的,特别对于区域性主流媒体来说,新闻场的行动者可以采取策略性行动,消减来自经济场的侵蚀和干扰,把经济场对新闻场的影响控制在有限的范围内,维护新闻场内部逻辑,同时还可以有效利用经济场资源,形成竞争优势。

(一)经济场对新闻场的制约

布尔迪厄在《关于电视》中有关经济场对新闻场的制约和侵蚀有详尽深入的阐述,他所描述的这种现象,在中国社会也较为普遍地存在。按照新闻的逻辑,媒体是更负有社会责任的公益角色,新闻报道是一种公共物品,服务于公众利益,以满足受众需求为出发点;按照市场的逻辑,媒体则会成为追逐物质利益的经济组织,新闻报道是一种一般商品,服务于媒介自身的商业利益,以谋利为出发点,两者的冲突显而易见。

首先,新闻内容的娱乐化、浅层化的现象与经济场的侵蚀有着重大关联。在市场利益的驱动下,新闻场会更加重视受众的需求,当然这种所谓的注重受众需求更多是把受众等同于单纯的消费者,缺乏理性、只需要满足感官刺激获得即时休闲放松的娱乐性群体,因而在报道中尽可能去挖掘事件趣味性、场面的刺激性,并以娱乐化的方式呈现,这样,以暴力、性、煽情、离奇等为主基调的社会新闻被媒体大肆渲染,出现强烈的报道浅层化、庸俗化倾向。这在布尔迪厄的《关于电视》中也有相似论述,而且随着竞争越来越激烈,经济场对新闻场的干扰和制约越来越明显。这种现象在以市场为导向的电视频道、电台频率以及都市类媒体和专业化媒体中表现更为突出,但并不表示在区域性主流媒体中就不存在。在20世纪90年代以后,伴随着主流媒体发行量的下滑和经济效益的持续下降,在各类市场化程度高的媒体竞争压力下,有些区域性主流媒体抛弃了区域性主流媒体的本质要求和风格特色,转而模仿都市类媒体的风格:以大量社会新闻、文体娱乐新闻等"软新闻"代替政治、经济、科技新闻等"硬新闻"。不少地方党报也出现这样明显的倾向,有人称之为"一版交给党,其他版面找市场"。结果是各类媒体要闻中发大量的工作稿、公文稿、活动稿,其他新闻则更加休闲化、娱乐化甚至热衷炒作社会丑闻、明星轶事,用庸俗的手段吸引受众眼球,谋求收视率、收听率和阅读率,以获取经济场给予的广告收益,严重损害区域性主流媒体形象。

　　第二,新闻场需要考虑到广告商的利益诉求。对于任何一张处于市场化竞争中的媒体而言,都要依赖广告经营才能得以生存,新闻场生产与再生产的物质资源大部分要由广告商来提供,广告、赞助的不当组织会使得媒体的自主性大为削弱,媒体报道所秉持的原则会受到侵蚀和干扰。经济场的市场逻辑很多时候看起来更像是一种刚性的逻辑,往往最先妥协和牺牲的是新闻场逻辑。对于某些广告大客户的利益,媒体在经济利益上不得不考虑,尤其当这些作为新闻场的广告大客户的负面新闻或不利消息出现时,新闻场为了不得罪广告客户,同时也是为了获取自身经济利益,可能会丧失新闻逻辑中公平、客观的原则,进而对这些负面消息予以淡化处理,例如不在新闻中出现广告大客户的名字,不会强化广告大客户的负面内容,有时甚至干脆不报。相反,对广告客户有利的新闻,则会遭遇公关,作充分报道。这些做法事实上都是对新闻逻辑本身的侵蚀,对公共利益的侵害。

　　第三,新闻场内的报道还要考虑到政府所支持的本地企业的利益诉求。这里的经济场已经不仅仅是经济场本身,同时也涉及到政治场的利益。对于某个行政区域内企业尤其是大企业而言,新闻场也必须考虑到这些企业的利益诉求。这些企业不仅为本地的经济发展作出重要贡献,企业的发展好坏成了衡量政府形象的重要标志。针对这些企业内部或者是经济行为中的负面问题,即使企业和新闻场本身的关系并不密切,并不直接与新闻场发生经济行为,但是出于政治场的干预,新闻场也不得不考虑企业的利益,如同对待自身的广告大客户一样来对待这些企业的负面新闻或不利消息。在这种条件下,受政治场和经济场双重控制和制约的新闻场本身也难免会偏离自身的新闻逻辑。比如,区域性主流媒体对本地规模企业存在的产品质量问题往往采取知情不报的态度,因为一篇报道就可能使一个企业置于死地,这对于政治场、经济场来说是难以容忍的。南京冠生园月饼馅用隔年陷料是多年的"行规",本地媒体一直就很清楚,但从来没有报道过,也没有想到要报道,因为即使写了这样的报道,也难以刊发。但后来央视做了专题,对内幕进行了曝光,冠生园作为多年老字号企业一夜之间垮掉,最终倒闭。也不是说区域性主流媒体对本地企业没有批评的余地,但如果会对本地企业造成伤筋动骨的影响,这样的报道要发出来还是会有很大压力的。

（二）新闻场与经济场的互动与博弈

如同新闻场对待政治场一样,新闻场也不会完全受制于经济场的制约。特别是区域性主流媒体,一味追求经济利益不符合其在中国政治生态环境中的基本定位和角色期待,走得越远风险就会越大,因此,它不会放纵经济场对其侵蚀,以致新闻场内部完全按照商业逻辑来行事。一方面,它会采取新闻场自身的逻辑应对来自经济场的种种干扰和侵蚀;另一方面,新闻场也能利用自身的有利资源实现与经济场之间的共赢。

1. 新闻场以自身逻辑拒斥经济场的侵蚀

在中国社会,经济场对新闻场的干扰和侵蚀与政治场对新闻场的控制不尽相同。由于新闻场与政治场之间的天然亲缘关系,政治场对新闻场的控制是一种刚性要求,新闻场更易于接受这种控制,即便是新闻场对政治场的控制方式和控制规则的不确定性会带来摩擦,但不会触及政治场的"底线",而是表现为一种策略性的转化。

布尔迪厄所论述的法国社会新闻场,对于商业逻辑是"束手就擒"的,经济场对新闻场的干扰和侵蚀是单向的,新闻场面对经济场的压力是被动的,无能为力的。在中国社会,区域性主流媒体已获取了政府相当多的垄断性资源,生存问题并不是第一位的,即便自身因资金问题难以运转,也会有政府财政"兜底",因此,相对于更加市场化的非主流媒体而言,它更有资本以新闻场中的新闻逻辑拒斥经济场的影响,新闻场内有认知能力的行动者会对来自经济场的侵蚀表示出拒斥。南京日报曾叫停一起虚假广告的例子,能很好地说明区域性主流媒体如何抵制来自经济场的侵蚀。

2007年8月29日,南京日报登出一篇名为《真实的谎言——关于〈非常学习3＋1〉涉嫌违规宣传的调查》的深度报道。《非常学习3＋1》这一出版物宣称只要经过训练,孩子就能变成一目十行、过目不忘、肉眼扫描、整书存脑的天才学生,对此,南京日报的深度报道组记者经过调查后,指出这一广告本身涉嫌夸大宣传,揭露这一虚假广告的真面目。而第二天,《非常学习3＋1》的广告商立即在南京日报上投放广告,广告内容与报道立意完全相对,试图消除影响,继续误导受众。报社领导发现了这一半版广告之后,立即叫停广告商决定投放的后五个半版广告。这样的一个决定虽然损失了一笔还算可观的广告收入,但是守住了新闻场自身逻辑的"底线",而这种坚守对一个区域性主流媒体来说显得更为重要。

　　区域性主流媒体通常不会因为广告商的利益而侵害自身运行逻辑,不会因在报纸上刊登大量广告而减少有价值新闻内容的刊登。内容虚假、低俗的广告,一般会遭到区域性主流媒体的拒绝,明智的新闻场行动者还会对其予以揭露和批判,较少考虑这一类广告投放的流失。区域性主流媒体自身的逻辑一般都会使其不屈从于经济场的干扰和侵蚀,不会按照利益最大化的原则来行事,往往在与经济场互动中寻找一个契合点,实现共赢。

　　2. 新闻场利用经济场资源获取竞争优势

　　新闻场除了对经济场的侵蚀提出拒斥外,更多时候新闻场与经济场是在互动博弈中求得共赢。区域性主流媒体的策略性行动表现在将新闻资源转化为一种合理的经济资源,与经济场协作策划活动,把区域性主流媒体的资源优势真正转化为竞争优势,把在新闻传播领域的权威、公信等品牌优势转变为在经营领域的市场优势,为目标客户量身定做,提供全方位服务,赢得与主流媒体地位相称的市场份额和经济效益,与市场类媒体形成错位竞争,走出区域性主流媒体经营工作的新路子。

　　区域性主流媒体往往不在一个区域的媒体市场竞争中占据强势主动地位,靠"上门广告"难以支撑其自身生存和发展,单纯靠广告营销策略也难以获取可观的广告增量。但区域性主流媒体在贴近中心工作、服务中心工作,履行宣传报道职责的同时,也可以挖掘出其中蕴藏着的潜在的经营资源。不少区域性主流媒体往往太过看重自身经营上诸多制约因素,采取无所作为的态度,其实它与各级党委政府、部委办局有着密切的联系,这本身既是一个巨大的新闻报道资源,也是一个巨大的经营资源。利用好这些新闻资源能提高媒体的影响力,而挖掘出经营资源则能有效地增强媒体竞争力。

作为区域性主流媒体,南京日报根据这样的思路,近年来与政府联动,加强活动策划,以活动策划带动广告,实现多方共赢,取得了重大突破。目前在全市上下形成强大影响力的活动有"年度地产风云榜"、"公务员最喜爱车型评选"、"南京都市圈商业巡礼"、"好房热卖会"、"新街口时尚高层论坛"、"文明南京品牌服务高层论坛"等,这些活动策划注重发挥区域性主流媒体的特性,围绕市里的工作重点和社会关注的热点展开,营造了推进工作的舆论氛围,满足了企业的报道需求,媒体自身也取得可观收益。

2009年,南京日报契合市委市政府"扩内需、保增长、促发展"的战略部署,及时推出了"2009消费推动年"的大型策划。这个贯穿全年的活动,将新闻宣传、广告营销整合到一起,同时最大限度地整合了政府资源、客户资源。南京都市圈商贸旅游业巡展,是"2009消费推动年"的重点活动,南京日报利用自身优势,在市政府大力支持下,整合了都市圈其他9个城市的资源,由包括南京在内的都市圈10个城市政府联合举办,各市的政府办、发改委、经协办、商贸局、旅游局参与承办,立足都市圈区域市场,组织资源的整体营销,打造了一个搞活流通、拉动消费、促进区域经济融合的全新都市圈消费平台。这项活动获得了很大成功,为主管部门推进工作营造了氛围,为企业塑造社会形象、推介产品提供了服务,报社也取得了良好的社会效益和经济效益。

南京日报类似这样成功的活动策划还有很多,这些活动策划的关键是把握住了市里的重大决策部署,满足了相关参与企业的宣传需求,履行了主流媒体营造氛围、推动工作的职能,实现了多方共赢的效果。

3. 新闻场为经济场打造服务平台形成合作共赢局面

新闻场要获得自身的发展,就要学会与经济场互动,强化服务意识,为参与方提供周到服务,在服务中获取收益。端着架子,高高在上,感觉良好,万事不求人,这样的心态和做法是不适应媒体的市场竞争环境的。区域性主流媒体需要淡化经营的官方色彩,下指令的方式已经无效。要立足于服务,满足客户需求,与经济活动主体建立良好的人脉关系,共同策划打造服务平台,在服务中赢得广告,获取收益,形成参与各方合作共赢的局面。

近年来,南京日报从目标客户的需求出发,发挥区域性主流媒体的权威性和公信力优势,打造出一系列优质的传播平台,陆续推出《南京地产》、《第一商业》、《创富南京》、《汽车周刊》、《教育周刊》、《旅游周刊》、《财经周刊》、《精致生活周刊》、《南京都市圈周刊》、《玫瑰之约》等专刊,这些平台发挥出强大的集聚效应,吸纳了报社相当份额的广告量,保证了基本广告量的可持续性。

南京日报商业广告的策划就是调整思路,在逆境中谋求突围的有效尝试。商业广告向来被大家认为是区域性主流媒体非优势广告行业,南京日报在2007年确立了以新思路打开商业广告市场战略,打造区域性主流媒体特有的商业广告经营平台,拓展新的领域,优化广告结构。为了影响引领商业广告市场,南京日报策划推出了《第一商业》专刊,为目标市场、目标客户提供平台,为各种活动的策划提供载体。为确保这一战略的实施,报社成立了商业专刊部,在体制、机制上给予保障。两年多的实践表明,这一举措的实施是富有成效的,商业广告量有了大幅增长。2008年6月,南京日报又策划推出了《创富南京》专版,这是面向企业和企业家而特设的形象包装平台。区域性主流媒体通常会为党政机关包括区县设计形象宣传的平台,其实企业和企业家更需要这样的平台。《创富南京》专版对企业和企业家形象宣传方面的资源进行全面梳理,提供周到服务,在服务中取得双方的共赢。这个专版的推出还带来了另外一种效应,企业"一厂一店"式的报道得到了有效遏制。

区域性主流媒体的读者群是社会影响力和消费能力最强的高端读者群,对客户的开拓工作要提高针对性,不能漫天撒网,要优化客户结构和广告结构,集中精力在区域性主流媒体应该开拓的领域深入开拓,使重点打造的平台产生"首选效应",出现品牌楼盘、别墅楼盘广告首选区域性主流媒体,名品名店、名家名企青睐区域性主流媒体的现象。这应成为区域性主流媒体经营策划的取向和调整追求的目标。

4. 新闻场为经济场策划个性化服务方案获取广告资源

区域性主流媒体做经营,要凸显自身特点,具体操作中还表现在为知名的企业家、品牌企业和政府部门量身定做宣传策划方案,塑造其公众形象,提升社会影响力,以助推区域经济社会发展。

南京作为区域性中心城市,商贸流通业在南京都市圈城市扮演着"领头羊"的角色,是南京第三产业发展的亮点,在南京经济社会发展中有着很重的分量。南京在推动转型发展、产业升级过程中,也把繁荣发展商贸流通业作为重要举措。2007年12月,为契合市里中心工作,南京日报与主管部门一同策划了大型主题报道"南京商业街区巡礼"。当时南京有10多个商业街区,但多年都没有做专题性宣传。有些街区对宣传方案表示认同,积极参与,还有不少老街区觉得已家喻户晓,没有宣传的意愿。报社对街区情况进行摸底后,针对每一街区的特点,量身定做了个性化策划方案,报社甚至把有些街区的宣传策划做出大样上门征求意见,很快得到了各街区的认同,充分挖掘出了各街区塑造社会形象、吸引人气的潜在需求。比如大明路汽车一条街的宣传,就有一个从不愿宣传到强化宣传的过程。第一次上门就被对方婉言谢绝,但我们把握住他们的潜在宣传需求,从宣传立意、宣传形式到宣传内容,充分阐明我们的策划意图以及可以实现的宣传效果,写出了《大明路速度》重头文章,深度总结分析了大明路汽车一条街近年来的发展历程,图文并茂制作了一个整版和一个跨版两种形式的版样,大明路汽车街管委会和所在区领导对这个创意和策划效果大加赞赏,当即表示选择跨版宣传。跨版推出后,引起强烈社会反响。紧接着,《湖南路效应》、《奔驰的宁南》、《胜太路模式》等一个个各街区的宣传专版相继推出,形成了整体的主题宣传效应。

类似这样的策划还有很多,比如南京日报策划的"中国商会组织与民营经济高峰论坛"。近几年,南京的商会工作有声有色,在经济社会发展中十分活跃。市委主要领导在一次会议上说,要进一步加强商会工作的研究,在更高的层次上推进商会经济的发展,为全市经济发展做贡献。南京日报借此机会与商会主管部门市经协办联合策划,举办一场大型"中国商会组织与民营经济发展高峰论坛",得到了在宁各大商会积极响应,温州商会率先申请承办,很短时间就完成了筹办的各项准备工作,温元凯、宋林飞等国内知名专家学者,全国苏商、徽商、浙商、闽商、粤商等"五商"的领军人物和各知名企业家在论坛上发表精彩演讲。南京市委市政府的领导和世界华人华商联合会执行主席梁海洋博士均出席论坛并致辞。论坛第二天,南京日报推出特刊,全面展示商会工作及各商会领军人物的风采,塑造了在宁各商会的公众形象,提升了社会影响力。

区域性主流媒体在塑造企业的品牌形象、提升企业的社会影响力上,有其独特的优势。在区域性主流媒体经营策划中,可以充分挖掘这一优势,在服务品牌企业过程中获取经营资源。栖霞集团是一家房地产上市公司,在南京有相当知名度,是南京日报的重要客户。2009年,栖霞集团没有面向南京市场的房产销售,常规广告也很少投放,不少非时政类媒体放弃了与其经营上的沟通。而南京日报抓住2009年是该公司成立25周年的契机,为其策划推出《感受栖霞》系列品牌专栏,在封二版连续推出30多篇半版篇幅的专栏文章。建发集团去年临近岁末,也没有楼盘销售广告要做。但报社房产部门得知该公司首获"江苏房地产综合实力50强"荣誉的消息后,主动为其量身定做,策划系列品牌宣传方案,立即得到对方高度认可,双方商定用5个半版的篇幅推出《建发:用心筑就未来》等系列报道。苏宁环球集团也是一家上市房地产公司,旗下的楼盘均属中低端项目,南京日报不是其主投媒体。但我们另辟蹊径,策划推出《房道:苏宁环球启示录》品牌专栏,共刊发10个半版的系列报道。

由此可以看出,区域性主流媒体的经营是有自己独特优势的,潜在的市场需求也是巨大的,关键是在区域经济社会发展的大背景下,寻求一个好的结合点,发挥出区域性主流媒体的优势,发掘出市场的潜在资源,从而使区域性主流媒体的资源优势转化为竞争优势,区域性主流媒体的社会影响力转化为市场竞争力。

区域性主流媒体不仅要恪守自身的新闻场运作逻辑,还有一个调整广告经营运作逻辑的问题。广告经营重要的是提高传播的有效性,这就需要强化为客户的服务意识。要立足于服务,满足客户需求,赢得广告;而不是采取"揭短打压"的做法,获取广告。如果采取"拳打脚踢"的策略,今天这里打一拳弄五万,明天那里踢一脚搞十万,广告不可能持续,不可能稳定,更严重的是对媒体形象造成伤害。立足服务,增强广告效应,是区域性主流媒体开展广告经营获得成功的重要路径。

三、新闻场针对公众生活场的策略性行动

新闻场不光要考虑与政治场、经济场之间的互动与协作,以谋求共赢,还必须正视公众生活场的力量、公众生活场对新闻场形成的压力。媒体要学会融入公民社会,发挥其整合社会、凝聚社会、主导社会的作用,维护社会整体的统一性,促进政府与社会的良性互动。

在布尔迪厄有关场域的分析中,对公众生活场的形成、内部逻辑以及新闻场与公众生活场之间的互动关系,并没有详尽的阐述。在中国社会,公众生活场的形成是改革开放后近二三十年间伴随公民社会的发育、成长而逐步建构的。公民社会的力量虽然还不够强大,但日益发展,已经成为新闻场重要的生态环境因素。这部分内容中,我们将分析公众生活场的形成及新闻场与公众生活场之间的互动与融合。

(一)公众生活场对新闻场的压力

在我国,公众生活场虽然还远未成熟,但随着公民社会的形成和迅猛发展,也显示出旺盛的成长势头,已形成强大的社会力量,这种力量还在不断生长。

公民社会的发育和成长会促进公众生活场的形成和强化,而民间组织是公民社会的基础。在我国,民间组织的迅猛发展是与改革开放进程相伴随的,改革的重要取向就是建立一整套市场经济体制机制,与此相适应很重要的一个方面就是转变政府职能。改革开放以来,相当一部分传统体制下由政府承担的职能,就是政府不该管、管不了也管不好的职能,除了一部分交给市场来做之外,民间组织成为重要的承接载体。民间组织在改革开放以来特别是近年来获得突飞猛进的发展。目前,一方面,各类民间组织要

把政府让渡出来的社会公共事务承担好、做到位,就需要进一步壮大和成熟;另一方面,随着政府管理体制改革的进一步深化,政府让渡和转移的社会公共事务还会更多,这样,民间组织还需要进一步发展。

我们还要看到,网络公民社会的崛起也是公民社会发展成熟的重要标志。1987年9月14日,北京计算机应用技术研究所发出了中国第一封电子邮件:"Across the Great Wall,we can reach every corner in the world"(越过长城,我们能达到世界的每一个角落),这对中国人来说,是具有里程碑意义的网络事件,这一天也被确定为"网民节"。1994年,互联网真正走入寻常百姓家。有专家认为,中国真正意义上的网民产生于这一年。进入新世纪以来,网民的数量从开始的仅几百万迅速发展到3亿多。网络社会总体呈现的还是积极的一面。从"邱庆枫事件"中单纯地利用互联网表达公民态度,到"孙志刚事件"中网络舆论的呼声最后促成《城市生活无着的流浪乞讨人员救助管理办法》的颁布实施,再到"厦门PX案"中网络舆论引发出公共事件,互联网在民主监督中的作用越来越大。在轰动一时的"华南虎事件"中,诸多打假网民是作为一个"英雄群体"存在与合作的,并且主流网民表现得相当理性与成熟。① 虽然网络世界还存在这样那样的问题,还需要进一步规范提升,但网络已经成为发表民意、形成舆论、影响政府决策的"虚拟空间",成为影响社会的重要现实力量。

现代市场经济发达国家,民间组织都得到充分发展,公民社会也相当成熟。在我国,公民社会的迅速发育发展,为推进市场经济

---

① 漆菲:《中国互联网22年变迁:网络公民社会正在崛起》,载《国际先驱导报》2008年9月18日。

体制的建立、促进政府职能的转变提供了有力的配套支撑,同时,又在增进社会公益事业、提高民众对政府决策的参与度、推动民主化进程、维护社会稳定、改善社会管理等方面担当重要的角色。中国的公民社会与西方国家的公民社会相比有自身的政治生态环境,也有自己的特色特征。建立和完善相关法律法规,为民间组织快速、健康发展创造良好的政策环境,促进公民社会的发展和成熟,是我国社会发展的重要取向。

我们也要看到,目前公民社会的发展还处于初始阶段,远未成熟。

一是民间组织的数量不足,承担的政府转移出来的行业和事务性管理职能还相当有限。据统计,国际上每万人拥有民间组织的数量,法国为110个,日本为97个,中国只有2.1个。

二是相当多的民间组织对政府带有明显的依附性,独立性不够,品质不高。在西方,民间组织大都是在公民社会中生发出来的,在一种宽松规范的环境中迅速发展壮大,有着很强的独立性和运作能力。在我国,如何减少政府对民间组织发展的干扰,完善和壮大民间组织,还有很多工作要做。

三是民众公益意识不强,对社会事务的参与度不高,民间组织公共事务的参与能力、公益事业的推进能力都很弱。参与民间组织的社会公众特别是有一定社会影响力的精英人士的数量还很少,民间组织管理松散,协调力不强,影响力不大。据统计,我国民间组织总支出约占 GDP 的 0.73%,远远低于发达国家 7% 的水平,也低于 4.6% 的世界平均水平。2006 年我国慈善机构接受国内私人捐款不超过 40 亿,仅占 GDP 的万分之二左右,大大低于其他发展中国家的水平,而美国私人慈善捐款 2005 年高达 2600 亿美元,占 GDP 的 2% 以上。

　　四是民间组织的相关法律法规不完善、不健全,民间组织生存发展的环境有待进一步优化。目前已出台了《社会团体登记管理条例》、《民办非企业单位登记管理暂行条例》等文件来规范和引导民间组织发展,并发挥了一定的作用,但还缺少管理民间组织的一般性法律。《社会救助法》、《慈善法》刚刚完成起草和论证,还未经全国人大批准通过。各级地方政府、相关部委还单独制定了若干管理规定,或制定有关条例的实施办法和细则,这对民间组织的发育起到了一定的规范作用,但同时也设置了过多过高的"门槛",不利于民间组织的生成发展。种种限制又使不少民间组织未经登记和批准而纷纷出现,造成民间组织的无序发展。据民政部2004年统计,截至2003年底,民政部门共登记各类非营利组织26.66万个,而国内专家学者推算,中国各类非营利组织实际数目约为300万个。不规范的、未经登记的民间组织的大量出现,不利于公民社会健康发展,给社会稳定、社会秩序带来很大隐患。

　　尽管在公民社会的成长发育过程中还存在种种问题,但民间组织成长之迅猛、运作领域之广阔、深入发展空间之巨大,是十分惊人的。随着公民社会的日益强盛,公众生活场在参与公共事务、增进公益事业方面也日益显示出强大的力量。作为新闻场的重要生态环境,公众生活场的力量是不容忽视的。

　　我们还要注意到,民间组织还会成为影响政府决策的压力集团。不同民间组织关注的话题不同,开展公益活动的领域不同,行为理念也不同。各类组织成员会有其自身对社会的判断、看法和行动准则。同一个组织内的成员有观点和行动上的一致性。政府一项项决策的出台,相应的民间组织成员会给予高度关注,他们有着强烈的表达诉求的愿望,他们的建议是有高度代表性的民意表达,他们还能形成一种强大的舆论压力。政府决策的完善和组织实施都有赖于民间组织成员的支持。国外发达国家每项重大决策的制订都会倾听相关民间组织成员的意见,这已经成为一种重要的决策机制。新闻场行动者的重要职责就是传播政府决策的意图、内容,解读决策的意义,而做好这项工作不能不考虑给政府决策带来压力的公众生活场的力量。

公众生活场的力量还体现在对新闻场经营的影响上。新闻场行动者对公众生活场中某一组织的理念、行动不认同,并作逆向呼应时,便可能会遭到该组织成员的排斥,更得不到支持;相反,新闻场行动者作正向呼应,就会得到民间组织成员的接纳和支持。媒体的经营客户也可能就是某一民间组织的成员,他们的理念和主张也会给新闻场带来压力。新闻场需要考虑公众生活场的力量,但是,新闻场有新闻场自身的逻辑和行为准则,也不会一味地顺从和迎合,而是会谋求互动、融合与共赢。

(二)新闻场与公众生活场的互动与融合

公众生活场行动者最重要的行为指向是参与公共事务、增进公益事业,可以看出,新闻场行动者与公众生活场行动者有着一致的行为准则,相当多的话题、判断、主张是共同的,两个场域之间是在互动中相互融合,在融合中相互促进。新闻场行动者采取策略性行动,主要在新闻报道、资源整合、活动组织等方面实现与公众生活场之间的融合,形成协调共赢的局面。

1. 新闻场在新闻报道中的策略性行动

新闻场与公众生活场在参与公共事务、增进公益事业等方面有着广泛的一致性,因此,通常情况下新闻场的行动者在报道过程中与公众生活场行动者的行动是相互促进的。

在民间组织发育成长的过程中,新闻场行动者对其充分关注,作正向呼应,起到了有力的推动作用。在我国,改革开放以来,媒体特别是区域性主流媒体倾注极大热情报道各类民间组织开展的捐助、帮扶、环保、志愿服务等各种行动,报道民众对公益行动的正向反应,以形成良好的舆论氛围,激发公众的参与,放大行动的效应。可以说,公众生活场的成长壮大与新闻场的推波助澜是分不开的。

民间组织的理念、对社会问题的判断和看法以及行动,会因为媒体的介入而放大社会效应,同时,媒体对民间组织的报道也能提升其影响力,塑造媒体的公众形象。消费者协会的"打假"行动借助媒体的报道,打击推进力度会显著加大;而媒体参与报道也能吸引受众关注,扩大影响力,展示责任媒体形象。

近年来,南京日报持续关注慈善、志愿服务、扶贫帮困等各类公益活动,有力地推动了社会公益事业的发展,同时,媒体负责任的社会形象也得以塑造。南京日报与南京慈善总会联办南京慈善专版,每两个月推出一个整版。在2008年汶川特大地震期间,加大力度,推出了15个专版,对引导社会公众关注灾情、捐款捐物发挥了重要作用。有关民间组织开展各类公益活动的报道几乎每天都见诸报端,有影响的慈善类报道有《弥留之际,向孤儿捐出第三笔爱心款》、《一笔来自大洋彼岸的特殊捐款》、《爱心涌向遭受雪灾困难群众》、《短短一年,5000人注册慈善义工》、《南京百市民设立个人冠名慈善基金》、《八兄妹要做捐献遗体志愿者》等等;有影响的志愿服务类报道有《南京,60万志愿者在行动》、《中国赴尼日尔青年志愿者南京出征》、《南京志愿者服务队抵达德阳》、《7800名消防志愿者上岗》、《"萤火虫助残社"送来光明和温暖》等等;有影响的助学帮困类报道有《"阳光家园爱心助学协会"3年资助万名贫困生》、《10名灾区大学生新生学费有着落》、《186名贫困生每个将获4000元助学金》、《"圆梦行动"资助大学贫困新生》等等。

网络社会是公民社会的重要组成部分,网民关注的话题、事件和态度是对社会现实的反映。只有打破新闻舆论场与网络舆论场的界限,才能使新闻场与公众生活场充分融合。为此,南京日报适时推出了《网闻》专版,把网络的热议话题搬上平面媒体,让平面媒体贴近网民,融入网民。

在新闻场与公众生活场的互动过程中,新闻场行动者采取策略性行动,一方面有效地促进公众生活场目标的达成,另一方面实现了新闻场与公众生活场的融合,塑造了自身良好的公众形象。媒体行动者的得当行动在公民社会日趋成熟过程中成为一种巨大的推动力量,同时,媒体也更会受到社会公众的接纳,获取更好的生存发展环境。新闻场的策略性行动还表现在:把报道投向普通民众,反映他们对社会的看法,反映他们的利益诉求,反映他们的生活态度和生存状态,增强媒体对社会公众的贴近性。我们也要看到,新闻场是有自身逻辑的,行动者也有自身的行为准则,不会一味地迁就公众生活场中某些行动者的偏激观点、非理性行为,而会发挥出媒体"把关人"的作用,维护更广大的社会公众利益。还会对各类民间组织的运转规则、经费使用等各方面展开监督,使其更加透明公开,促进其健康发展。

2. 新闻场在资源整合中的策略性行动

新闻场行动者有着强大的动员、组织、整合社会资源的能力,通过对某一话题的报道引起社会公众的强烈关注,发动社会成员积极参与,促成一项项公益事业、公益活动的开展,在此过程中实现与公众生活场的紧密互动与融合。

2008年汶川发生特大地震后,南京日报在第一时间与市慈善总会发动捐赠活动。南京数十家房地产开发商积极响应,纷纷加入为地震灾区捐款的活动,短短几天时间主办方便募集资金500多万元,并在市慈善总会设立了专门账户,用于为灾区孩子重建一个美好、安全的校园。

受地震影响,四川绵竹的茶叶卖不出去了。当地茶叶协会负责人找到南京日报领导,报社领导安排跑口记者立即联系南京一家茶城,协调辟出专门摊位为绵竹茶农卖茶叶。同时开辟《喝绵竹茶,献一份爱》栏目,连续不断推出相关报道,呼吁社会公众购买"爱心茶"。如《新茶积压,两万绵竹茶农向南京求援》、《热心市民踊跃购买爱心茶》、《八成买茶市民家里不缺茶》、《首批千斤爱心茶销售一空》、《市建工局系统购买1200袋茶》、《绵竹茶叶协会负责人表示——爱心茶热卖对绵竹茶产业恢复起到作用》等等。一时间,由于南京市民纷纷响应,茶农两个多月时间就售出14000斤茶叶,得款40多万元,解决了灾区茶叶滞销问题。绵竹茶农和茶叶协会非常感动,专门给报社送来锦旗;绵竹市政府也专门给南京市委市政府发来感谢信,感谢南京日报的善举。

近年来,南京日报每年都与团市委举办希望工程圆梦行动,媒体通过对考上大学交不起学费孩子的报道,呼吁社会各界伸出援助之手,帮助孩子顺利入学。此项活动每年都捐助200名贫困学生,每人4000元,解了大学新生的燃眉之急。

南京日报还发起了为贵州苗乡小学捐建图书室活动。南京中医大学学生陈晓明去贵州偏远山区支教,支教结束就留在当地小学任教,并娶了一名苗乡姑娘为妻。他的最大心愿是为当地孩子建一个图书室。南京日报记者独家报道了这一新闻,并呼吁社会各界献爱心,实现陈晓明老师的愿望。两个月时间推出十余篇报道,如《"被孩子们需要真幸福"》、《捐款捐书助建山区孩子图书馆》、《山里孩子图书室爱心援建在继续》、《一市民送来万元建爱

心图书室》、《南京支教大学生　月亮山人都知道》、《"在这里我找
到了精神家园"》、《"在大山里和她一起慢慢变老"》等等。报社
全程报道事件发生的过程,在这期间社会各界纷纷响应,积极捐款
捐书。团省委领导还从专项基金中拿出近2万元,委托报社捐赠。
南京日报记者带着捐款和图书,跋山涉水送到苗乡小学,建起了图
书室,受到当地政府和群众好评。

南京日报还与有关方面共同举办各类评选活动,如与市慈善
总会联合开展了首届南京十大慈善之星评选,与团市委共同举办
十大杰出志愿者和十大先进志愿者组织评选活动。这些评选活动
都被充分报道,吸引了社会公众的广泛关注和参与,有效地放大了
活动的效应。

新闻场行动者通过报道整合社会资源,承担社会公共事务、开
展社会公益活动,让参与者得到鼓励,未参与的社会公众形成认
同,有效增强了社会公众的公益意识。新闻场因促成各类公益事
业的发展而更加得到社会公众的赞赏,新闻场与公众生活场得到
进一步融合。

3. 新闻场在活动组织中的策略性行动

新闻场的行动者不仅通过对社会公众的更多报道和社会资源
的整合来强化与公众生活场的融合,还通过主导策划社会公益活
动进一步塑造负责任的媒体公众形象。人们都会认为媒体仅仅是
作新闻报道的,其实,中外媒体都会以极大热情投入资源,策划组
织各类社会活动,扩大媒体影响力,使自身进一步融入社会,与公
众生活场之间建立良好的互动关系。一个融入公众的媒体更容易
为公众所接受,一个倡导公益活动的媒体也一定是一个具有良好
公众形象的媒体。

近年来,南京日报充分利用社会力量,策划组织社会公益活

动,在社会上引起了很好的反响。

近年来,随着城市的发展,外来民工占城市人口比重越来越大,如何丰富这个群体的文化生活,给他们提供展示自己才艺专长的舞台,帮助他们更好地融入城市生活,促进城市和谐,南京日报在这方面做了不少有益尝试。2007年3月,南京日报组建了全国首家民工艺术团——南京民工艺术团。两年多来,通过组织一系列公益活动和演出,培养了一批民工歌手,在社会上形成广泛影响。

南京日报刊登了民工艺术团招募团员信息后,在南京打工的外地民工纷纷报名,他们中有厨师、有保安、有搬运工,这些普通民工,内心对艺术抱有极大热情,对舞台充满了向往。通过选拔,南京民工艺术团首批团员产生。2007年3月18日,南京民工艺术团首批团员在南京人民大会堂举办的晚会上精彩亮相,当晚与他们同台演出的,有在央视春晚大受好评的《小城雨巷》原班底、在央视元宵晚会上演唱《挥挥手》的民工李路正等。次日南京日报头版重点报道了民工艺术团首次亮相演出的消息,并配评论《共唱和谐之声　共享和谐成果》,同一天的文娱新闻版以《民工是红花　艺术家是绿叶》为题,以大半版篇幅图文并茂展现了民工团员在舞台上的风采。2008年底,团员陈太峰报名参加央视"非常6+1"节目并入选,2009年2月央视邀请他赴京参加录制专题节目"情暖农民工",并在节目中演唱了一首《民工兄弟》。之后,央视又专程来宁给陈太峰拍摄了专题片。陈太峰说:"是南京日报给了我机会。如果没有南京日报组织的民工艺术团,我不可能实现自己的舞台梦,更不可能走上央视。"一系列活动的举办,为一批年轻团员提供了展示的机会和平台,大大丰富了他们的文化生活。为了提高团员的艺术修养和演艺水平,南京日报还聘请黄宏、于文华及有德乡、顾雪珍等一批演艺界专家、名人担任民工艺术团的顾问,不定期对团员进行指导和培训。

南京民工艺术团成立两年多来,深入到工地、企业、社区、学校演出,展示了新市民形象,也为城市接纳新市民起到促进作用。团员人数从最初的10余人增加到20多名,开展各类演出和活动30多场次,吸引观众20多万人次。2007年底,南京民工艺术团的组建入选当年"南京市精神文明建设十件大事",首批团员也入选2007年度十大"感动南京"人物。

2008年7月,南京日报发挥区域性主流媒体优势,联合南京市委统战部等单位,整合各方资源,搭建了一个汇聚社会各界爱心、伸出援手帮助贫困大学生的又一平台——"爱心助学圆梦大行动"。这项行动,包括三个"子活动"——"光彩事业 爱心助学"行动、"希望工程圆梦"行动和"让贫困生走进名校"行动,这三个行动面对的对象不同,操作方式也不尽相同,但目的只有一个——让更多贫困生能上得起大学。在活动中,来自南京各区县的310名家境贫困的大学新生圆了大学梦。短短一个多月,南京日报热线征集和持续报道引起了强烈反响。一些企业负责人打进捐赠热线表示,"贫穷不该成为孩子成才路上的绊脚石,我们愿意尽最大努力帮助他们"。"民营企业家要有一颗关爱社会的爱心,回馈社会、回馈百姓的感恩之心"。民营企业家代表在捐赠仪式上发言时说,民营企业要承担社会责任,通过自己的努力帮社会分忧,帮百姓解难。同时,民营企业还要团结起来,履行自己的责任,帮助更多贫困百姓。还有爱心市民直接打电话给贫困生,鼓励贫困学生不要在困难面前低头,"我们会一直在你们身边,你们一定要鼓起勇气,为明天而拼搏"。一位为贫困生捐赠学费的市民表示:社会上缺的并不是爱心,而是一个奉献爱心的平台,作为媒体,南京日报搭建了这样一个平台,让需要帮助的人从这里获得帮助,让有爱心的人奉献爱心。社会各界的爱心帮助,让不少受助学生懂得了"感恩"二字,更加坚定了自强不息、感恩社会的信念。

为配合纪录片《南京》在南京的放映,南京日报组织了"进高校、进社区、进企业"百场公益放映等系列活动;为解决民工读书难问题,南京日报开通捐书热线,呼吁社会各界给民工捐赠图书,并依托鼓楼区图书馆成立了全市首家民工流动图书馆;南京日报联合市体育局策划组织了"与青奥同行,为申奥加油"为主题的南京市首届全民健身节……这些都是新闻场与公众生活场之间良好互动的生动案例。

可以看出,新闻场行动者强化与公众生活场的互动,主要体现在强化对各类民间组织的报道,体现在整合社会资源以增进社会公益事业,还体现在策划组织社会公益活动,实现与公众生活场之间的融合。新闻场为进一步融入公众生活场,获取公众生活场资源,还将报道更多地投向普通民众,反映他们对社会的看法、利益诉求、生活态度和生存状态,增强媒体对社会公众的贴近性。新闻场通过报道和活动的策划进一步强化全社会参与公益活动的意识,同时使新闻场行动者的社会责任意识得到增强,主流媒体负责任的社会形象得以塑造。新闻场与公众生活场协调互动具有十分重要的社会现实意义。

四、场域间互动的空间拓展

布尔迪厄认为,外部的影响总是被转译为场域的内在逻辑,外部影响的来源总是以场域的结构域动力作为中介①。前文论述了

---

① [美]戴维·斯沃范:《文化与权力:布尔迪厄的社会学》,陶东风译,上海译文出版社2006年版,第148页。

政治场和经济场对新闻场的影响、制约、互动和博弈,以及新闻场与公众生活场之间的融合,这些影响会被转译为新闻场内的新闻生产以及新闻媒体自身的资源。

新闻场与政治场的互动过程中,新闻场有着巨大的潜在拓展空间。新闻场可以从政治场中获取信息方面的优势,还可以通过行政手段获取发行方面的优势。新闻场的行动者采取策略性行动,可以将危机事件报道、成就性报道、新闻舆论监督这些政治场最为关注的内容尽可能按照新闻规律进行传播,提高传播有效性,更好地履行传播主流意识形态和主流价值观的职责。新闻场与政治场之间的关系不是单向的,而是双向互动的,在某种程度上甚至是一体的,新闻场在与政治场的互动中可以实现合作共赢。

新闻场与经济场的互动过程中,新闻场可以保持自己的自主性,消减经济场对其的干扰和侵蚀。新闻场的行动者采取策略性行动,不至于使报道内容趋向娱乐化、轻浮化及表面化,更不会为获取更广泛的受众、满足普通民众的猎奇心理而行动。新闻场可以利用经济场资源获取竞争优势,还可以打造服务平台获取广告资源,形成参与各方合作共赢的局面。

新闻场与公众生活场的互动过程中,可以通过调整报道和发挥在公众生活场中的沟通协调作用,获取资源,实现融合。新闻场还可以通过对公众生活场中民间组织和普通民众的关注,以及策划组织社会公益活动,赢得社会公众的支持。公益活动是新闻场沟通协调公众生活场的重要形式,能使民众更全面、更广泛地认同区域性主流媒体,而区域性主流媒体的良好社会形象也能得以建立和提升。

第六章　区域性主流媒体的取向

调整和确立源点问题,梳理和强化特质问题,这是新闻场特别是区域性主流媒体内部运作需要坚守的基本逻辑。新闻场与政治场、经济场和公众生活场等之间的互动,也需要其行动者主动采取策略性行动,消减其他场域对新闻场的侵蚀和干扰,分享和利用其他场域的资源,形成新闻场新闻报道和发行经营的竞争优势,以求得合作共赢的效果。区域性主流媒体行动者在上述过程中的一切行为,都有一个最基本的取向,那就是更加有效地传播主流意识形态和主流价值观,更能遵从新闻规律满足受众需求。这对所有区域性主流媒体都是共性的。

那么,如何确保新闻场自身基本逻辑得以坚守,新闻场域与其他场域间互动时行动者能主动采取策略性行动以获取共赢,最终指向传播针对性和有效性的增强、媒体影响力的扩大和优化呢?这往往需要通过制度安排来支撑和保障。对所有区域性主流媒体而言,这同样是共性的,是普遍适用的。当然,不同区域性主流媒体,会遇到不同的具体问题,需要不同的解决办法,也就意味着它们会作出各自不同的制度安排。在本研究中,将以南京日报这一个案为例,重点论述其结合自身所遇到的问题而做出的制度安排,即新闻场内部对行动者行为进行具体操作层面一系列机制的建立,以确保提升和优化影响力的策略性行动的常态化和持续性。

第一节　区域性主流媒体的运作取向

无论是新闻场内部基本逻辑的坚守还是新闻场与其他场域关系的互动,都有一个基本取向问题,即提高区域性主流媒体传播主流意识形态和主流价值观的有效性,增强贴近受众需求的意识,提升媒体社会影响力。

一、恪守基本逻辑以增强传播有效性

布尔迪厄对新闻场的分析是简略的,一方面或许因为作为媒体的局外人其对媒体的运作不能深入地把握,更重要的是西方媒体内部的运作相对比较单一,没有经历过运作出发点演变和确立的过程。在中国社会,媒体很晚才意识到要面向"受众市场",使其具有产品属性,虽然媒体产品是特殊的产品。是产品就需要考虑受众这一消费者的需求,要以满足受众需求作为运作出发点,因此,中国媒体特别是区域性主流媒体存在着源点的调整问题。把媒体运作的出发点调整并确立为受众需求,其目的也就是通过新闻场行动者的运作,使媒体更能强化对受众的服务性,更贴近受众,也更能为受众所接受,从而增强传播的针对性和有效性,扩大和优化媒体的影响力。

区域性主流媒体的特质包括媒体普适性角色规范和独特角色的职责。对普适性角色规范,中西方学者和媒体组织及从业人员都有类似概括,是媒体共通的自律要求,也是媒体赢得受众认同,提高传播有效性、增强社会影响力的最基本规范。但中外媒体对提供真实报道、秉持社会公正、承担社会责任、倡导社会关爱、增进光明与美好、保持诚实态度等等角色规范的信守,是会受到各种因

素干扰的,自媒体产生以来,媒体组织和从业人员一直在重申这些基本规范,这本身就是一种佐证。在中国社会,媒体特别是区域性主流媒体恪守普适性角色规范所受到的影响,呈现出中国社会生态环境作用下的特殊性。区域性主流媒体因其在新闻舆论场中的特殊地位,还扮演独特的角色,还需要履行独特角色的职责。强化区域性主流媒体的特质,是区域性主流媒体这一新闻场需要恪守的又一基本逻辑,一方面是普遍适用于各类媒体的角色规范的恪守,另一方面是体现区域性主流媒体特质的独特角色职责的履行,实质上就是在坚守媒体运作的"底线",也是媒体实施长期战略、打造品牌优势的基础,是确保增强传播有效性,扩大和优化媒体影响力的根本途径。

二、采取策略性行动以增强传播有效性

在西方社会,新闻场会受到来自其他种种场域的干扰和侵蚀,使新闻场内的行动者应该坚守的规范得不到遵守,新闻场内行动者的行动往往被布尔迪厄等学者描述为被动的、无能为力的。在中国社会,新闻场与政治场、经济场、公众生活场等其他各场域的互动中,新闻场同样受到其他各场域的影响,但往往会采取能动性策略消减其他场域因素的侵蚀和干扰,恪守自身运作基本逻辑,并积极通过与各场域之间的互动和博弈来获取报道资源、经营发行资源,形成报道优势,增强经济实力,塑造责任媒体形象。采取什么样的策略性行动,多大程度上使传播有效性得以提升,对不同的区域性主流媒体来说,有着不同的拓展空间。

在区域性主流媒体实践中,提升和优化影响力成为其重要的运作取向。南京日报近年来在改版中提出"责任铸就形象"的办报理念,从受众需求出发,强化社会责任,积极塑造美好的人格化特征,强化党报特性,全面实施改版,有效地提高了传播的有效性,同时增强与政治场、经济场、公众生活场互动协作的意识,充分利用社会资源,发展壮大自身,增强竞争力,扩大影响力,取得了较明显的成效。2009 年 8 月,在中国广告协会报刊分会联合清华大学、央视 CTR 等权威机构举办的"中国报刊广告投放价值排行榜"评选中,南京日报从全国 300 多家强势报刊中脱颖而出,入选全国日报十强,位列城市日报第三。在南京日报运作实践中可以看出,新闻场的策略性行动需要强化把持基本取向的意识。其实重要的是,还需要把这种强烈意识化作具体的措施,并通过制度化安排建立若干机制,为之提供保障和支撑。保障机制的建立是区域性主流媒体确保运作取向的一个重要环节,但建立什么样的机制,需要媒体根据自身情况作出具体安排。

第二节　规范行动者行动的若干机制
——以南京日报为例

若干机制的形成和建立就是对新闻场行动者在具体操作层面上的规范,对符合媒体运作取向的行为以褒奖的方式给予强化引导,这不仅能提升新闻场内行动者的工作积极性,也能保证提升和优化影响力的手段是连续且常规的。

媒体内部考核制度是一种有效的绩效提升手段。在传统计划经济的影响下,媒体内部缺乏有效的考核制度,往往存在干多干少干好干坏都一个样的弊病,造成员工安于现状,惰性滋长的局面,这在多年传统体制运作中,形塑了员工的惯习。市场经济体制下,报纸走向了市场,直接面向广大读者,和其他媒体同台竞争,分享有限市场。媒体外部的竞争环境需要以内部建立的优胜劣汰竞争机制去应对。有效机制的建立,能保持媒体良性运作的常态化和连续性,使媒体的一招一式都得到规范,而不是东一榔头西一棒的即兴行为,这样,就为媒体行动者从办报理念到具体的操作要求,提供了强有力的支撑、保障和引导。我们认为,以创新思路调整确立办报定位和取向,并以新的管理理念建立一整套运作机制,这是在激烈的媒体竞争环境中拓展发展空间、实现实质性跨越的重大策略。

下面将以南京日报为例,全面系统地介绍在中国这样一个政治生态环境中,一个区域性主流媒体在坚守新闻场内部的基本逻辑,以及与政治场、经济场、公众生活场互动过程中,如何更为有效地传播主流意识形态和主流价值观,在社会舆论场中发挥引领引导作用,在媒体竞争中增强竞争能力,形成舆论强势,为此而生成出的具有持续性、稳定性的若干机制。

一、满足受众需求的保障机制

主流媒体需要确立以受众需求为媒体运作的出发点,为此,媒体需要强化行动者的受众意识。如何能够吸引受众来阅听媒介产品,更多地凝聚社会注意力,便成为构建媒介影响力的基础和前提。在新华社"舆论引导有效性和影响力研究"课题组2004年的一项受众调查中,有90%的被调查者希望新闻媒体"迅速地为大众提供新的信息";70%的被调查者希望新闻稿件能"信息量大、丰富全面";69%的被调查者希望"贴近生活、实用性强"。① 由此可见,足够的信息量成为受众的重要需求。与此同时,新闻稿件的

---

① 新华社"舆论引导有效性和影响力研究"课题组:《主流媒体如何增强舆论引导有效性和影响力之二》。

质量也应该被重视,足够数量的稿件可填满报纸,但稿件质量不高同样无法赢得受众。因此,南京日报在改版过程中,十分注重用考核制度保证稿件的量的充足、质的提高,以满足受众需求。

(一)保证新闻稿件质与量的制度安排

将受众需求放在第一位,具备足够信息量是对媒体最基本的要求。在南京日报新的考核办法中,对员工发稿量的界定成为基础性内容。办法中规定,采编人员每月定额考核的数量任务是必须完成的,这是"硬杠杠",是基本工作要求。正因为这一硬性规定,南京日报在因改版而减少和剔除无法赢得读者兴趣和注意力稿件的情况下,保证了足够多的稿件,解决了稿荒问题。

对数量任务提出要求,能有效解决稿荒问题,确保稿源充足。但如果只满足于稿件数量,也可能导致采编人员一味求量而不重质,版面就会缺少亮点稿,报纸质量难以得到保证。不少传统主流媒体经常会发一些篇幅冗长、无关痛痒的工作稿、场子稿、关系稿,读者不感兴趣甚至会反感,对版面形成很强"杀伤力"。在改版酝酿阶段,南京日报有针对性地扭转这一现象。比如一篇一两千字的稿件,挤掉水分后仅发三四百字的短消息;可发可不发的稿件,一律不发;大力度清除缺乏新闻性、枯燥无味、鸡毛蒜皮、话题陈旧、缺乏主见、写法老套的稿件,同时以满足受众需求为出发点,加强策划,引导鼓励采编人员采写解读性强、话题热门、贴近民生、观点鲜明、引导有效、形式新颖、体现民众诉求的稿件。报社以这样新的要求,通过一定程序,确定每个月度的好稿,以提升媒体的品质。考核办法把两个方面的要求结合起来,规定采编人员既要完成一定的稿件数量,也要完成一定的好稿数量。报社视完成情况,给予采编人员相应的奖励。稿件数量和好稿均能很好完成的,给予充分奖励;只完成一项任务的,奖励相对减少;两项任务均未完成的,不予奖励;对于连续2个月或累计3个月两项任务均未完成的采编人员,实行转岗。这样的考核强化了对采编人员采写稿件的引导,有效解决了缺稿、缺好稿的问题。

好稿的数量问题解决了,但是发稿不均衡的问题又出现了。好稿较为集中的几天,报纸就好看;好稿不足的几天,报纸就平淡。要让报纸每天都出彩,就要建立一种机制,保证每天有足够的好稿见报。那么,如何激励大家每天都提交出彩稿件?考核办法出台了新规,对各新闻版内容进行好稿考核。每个版面每天必须有一条好稿,超过的给予更高奖励,不能完成的减少奖励,从而保证了好稿发稿的均衡性。

主任、副主任和主任助理是报社采编队伍核心力量,他们的工作状态如何,对报纸质量至关重要。改版前,这部分人员正常参与部门值班审稿,就可以全额享受相应岗位的奖励。这种机制安排不利于调动主任的积极性。于是,报社修订补充了考核办法,规定明确:各部门每月必须完成的头版重点稿、深度报道篇数,部门主任、副主任为考核责任人,超额完成加大奖励,未完成减少奖励。这一机制有效保障了报社强化的头版重点稿、深度报道的发稿任务。后来又有主任提出,部门主任的奖励要与部门员工的发稿情况挂钩。报社进一步调整完善对新闻部主任的考核机制,经过详细模拟测算、讨论筛选,最终确定如下方案:五个新闻部门的主任、副主任和主任助理,分别拿出各自奖励总额的40%,形成各自"奖池"后再作二次分配。分配依据包括原有的头版重点稿、深度报道和好稿篇数要求,同时还有所在部门员工的考核情况。这样,部门员工的数量奖、质量奖多了,主任的奖励也会随之增加。这一机制有效地增强了主任的策划意识,增强了在部门组织稿件、提高质量的意识。

（二）保证稿件贴近受众的制度安排

主流媒体提高稿件质量的意识需要强化,同时还需要找准提高稿件质量的路径。我们认为,最重要的是要改变"我说你听"的说教式报道方式,让报道更具贴近性、亲近性、服务性。

主流媒体经常要报道会议消息,而会议报道很容易写得生硬、呆板、工作味十足,但一旦强化了受众意识,会议报道同样可以出彩。如《133万人将享受基本医疗保险》一稿,写的是市委常委会,当天会议是讨论《南京市城镇居民基本医疗保险暂行办法》这份文件。按照以往写法,就会报道会议讨论情况,写出一篇常规的会议报道。其实,受众并不关心会怎么开,而关心的是与他们密切相关的基本医疗保险的政策内容。记者抓住了会议中的亮点——惠及133万南京人的基本医疗保险问题,深度解读这项政策对市民的影响,为引起受众关注,还把重要信息在标题上突出处理,产生了意想不到的效果。有的读者反映,"这样的会议报道我们爱看"。有的读者说:"这样报道会议突破了传统,让我们了解市里领导的确是在为百姓做实事。"这篇稿件的采写,是一次将会议的重要性和信息的贴近性兼顾的成功实践,是增强会议报道针对性、可读性和吸引力、感染力的成功实践。对这篇稿件,报社给予了充分褒奖,不仅评为高等级的好稿,还给予总编即时奖,这在采编人员中起到很好的引导作用。

贴近受众,还表现在贴近随着时代变迁而变化的受众心理。我们认为,需要强化凸显"人文关怀"、注重"世界眼光"、发掘"本土文化"、介入"社会热点"的现代都市党报特性,来更好地满足受众的阅读需求。以副刊为例,打造现代都市党报副刊,是南京日报创新办报的一个重要方面。报社把办好副刊作为提升报纸质量、提高传播有效性、培养读者忠诚度的重要手段,并且提出"突出引导性、强化可读性"这样一个鲜明取向。根据这一取向,报社在新一轮改版中,主要是从强化现代都市党报特性着力引导。副刊只要围绕这四个方面做版面、组织稿件,就会得到好稿,得到奖励,相关采编人员的意识就更强了,现代都市党报副刊的特色就愈加鲜明了。

尤其是在凸显"人文关怀"上,报社推出两个全新副刊版《心理在线》、《时尚生活》。《心理在线》针对当前社会特殊转型期,围绕现代人的种种心理问题,邀请权威心理医学专家坐堂,帮助解析深层原因,舒解心理压力,传播心理健康知识,满足读者需求。《时尚生活》则针对拥有较高知识层次和收入水平的现代都市党报读者,倡导新生活理念,报道新生活方式,传递新生活资讯,为读者提供积极健康时尚内容。这两个版在版性上都体现出浓厚的人文关怀色彩,报社在考核上给予充分倾斜引导,促使编辑很好地贯彻了报社的意图。开版至今,《心理在线》、《时尚生活》已推出100多期,其中被评为好稿的有半数以上。一些稿件如《公务员如何应对心理问题》、《肥姐,你真的快乐吗》、《汶川震后,如何心理减灾》、《唐山亲历者,我们这样走过》、《董玉飞之死的警示》等,在读者中引起较大反响和共鸣,也受到受众包括心理学专家的好评。

二、强化主流媒体特质的保障机制

南京日报作为一个区域性主流媒体,在新闻内容和形式上有自身的个性化特征。新闻内容上,南京日报根据自身的定位,不会着眼于报道娱乐八卦和市井新闻,吸引受众眼球,而是要通过强化传播权威资讯、深度解读政策、关注热点话题、发出主流声音,从而对社会舆论产生引导和主导作用,形成更大和更优的传媒影响力。基于这样的认识,南京日报在改版过程中,从考核制度安排上强化引导,让更多权威性强、服务性强、引导性强、有深度、有理性、有观点的新闻稿件和栏目出现在报纸版面上,确保了改版意图的实现。

(一)保障稿件深度的制度安排

深度报道是主流媒体的重要特征,南京日报为了强化这一特征,专门开辟了深度报道专版,抓住读者关心的热点问题,进行深入剖析、理性引导。对这类稿件,其在考核制度上也给予了着重的倾斜引导,保证了深度报道见报的质量和频率,满足了高端受众的需求。

随着媒体竞争的日趋激烈和新媒体的兴起,深度报道日益成为纸质主流媒体区别于都市报、广播、电视、网络的独特优势。用翔实的材料、正确的观点、深刻的分析,发出自己的声音,不仅是主流媒体扩大高端读者群、满足读者对新闻信息深层次、全方位需求的重要途径,也是主流媒体的重要职责。主流媒体要想有效发挥舆论引导作用、提升影响力和竞争力、强化品牌建设,加强深度报道是一条重要途径。基于这样的认识,南京日报在新一轮改版中,明确提出把强化深度报道作为改版重要举措,新辟"深度报道"版,在选择主题、采写方式及运作保障等方面,进行了创新性探索和实践,大力推出,每周不少于3个版。报社从考核奖惩上对深度报道版给予倾斜。首先,从分数好稿上倾斜,对记者形成足够吸引力。深度报道版的稿件分值在所有版面中最高,远高于头版头条重点稿的分值。考核方案还规定,深度报道记者在完成每月3篇深度报道稿件的情况下,可以获得接近全月数量任务一半的分值,多发稿还可以有加分奖励,这对记者起到了强烈的激励效应。新规施行后的一个月内,深度报道记者的月发稿量明显增加。深度报道被打为好稿的几率也明显高于动态稿件,报社全年好稿中深度报道所占比例最高。其次,把任务量化到部门,对主任实行考核。考核办法明确,各部门每月必须向深度报道版发稿至少1篇,超额的部门主任给予当月奖励,完不成的当月奖励会受到影响。这样,承担深度报道任务的各部门主任就有了一定的压力和驱动力,在这样的考核引导下,南京日报深度报道的稿源渠道拓展了,报道主题丰富了。几年来,深度报道版一直得以正常运转,这在全国同类媒体中是不多见的。

稿件的深度不仅体现在深度报道上,也体现在各类型的稿件中。以注重"世界眼光"为例。南京日报反复强调采编稿件时要学会放在全球大背景下分析比较,增加稿件的广度和深度。深度报道都体现出这样的意识,其在副刊中同样也得到充分体现,这和考核一以贯之地鼓励和引导有很大关系。编辑只要把"世界眼光"意识贯彻到稿件采编中,稿件通常就能被评为好稿。比如《大灾后,国外如何重建家园》《酒后驾车行为　国外严惩》《国外如何应对食品安全危机》等一大批稿件,都是抓住当时社会热点,关注其他国家有无类似事件,又是如何应对化解的,给受众以启发,这些稿件大都被评为好稿。

主流媒体的报道强化稿件的深度,加强分析性,增强说服力,这也是提升媒体品质的重要方式。南京日报为此有针对性地着眼于机制的建立,有效地保持和提升了媒体的品位。

(二)提高政务报道有效性的制度安排

南京日报作为主流媒体是地方党委政府中心工作报道的主要承担者。地方党委政府往往是通过地方主流媒体的报道来形成共识、凝聚力量、推进工作的。如何提高政务报道的有效性,这是主流媒体不可回避的现实问题,处理不好会直接影响到媒体的形象,影响到受众的接受程度,因此需要有创新的思路、创新的做法,切实提高传播的有效性。

　　主流媒体的政务类报道存在的最大问题,就是此类报道的弱效传播、无效传播。一个主流媒体,受众不感兴趣,缺乏社会影响力,往往是因为政务类新闻的不当报道带来的"黑板报效应"造成的。而受到读者好评的、社会影响力大的主流媒体,往往又是因为政务类新闻做得出彩而成为亮点的。我们认为,要提升媒体的品质,必须从受众需求出发,尊重传播规律,提高政务类报道传播有效性,这同样需要制度化安排作保障。在具体操作上,媒体行动者需要采取策略性行动,对硬性宣传任务加强策划,用创新的思路将其转化为报道资源,增强报道的实效性。

　　中心工作报道主要包括工作报道、典型报道、成就报道等稿件,通常作为重点稿发在头版。改版以来,南京日报在创造性地做好头版重点稿上,花了很大力气。包括建立重大主题策划机制,每周召开重点选题会,通报相关信息,对重大主题作出分析策划,落实报道安排,确保报道踩准市里中心工作的节拍,增强党报特性,让市里更满意;强化受众意识,让读者更满意;从考核机制上对既能体现市里意图又能关注受众需求的稿件,给予充分倾斜,在这两方面结合得较好的报道,都能打为好稿,甚至拿到总编即时奖。不仅如此,和深度报道一样,报社也把头版重点稿作为对各新闻部门考核的重要指标,对每个部门都明确考核篇数,按照与深度报道相同的考核办法兑现奖励。种种激励保障举措,促使主任和记者多思考多琢磨,挖掘条口内与中心工作相关的报道线索和资源,不仅在量上做足,更注重创造性地表现。

　　(三)强化引导舆论的制度安排

　　在文化多元、观念多样的舆论生态下,主流媒体是主流舆论的坚守者、维护者,通过有效的舆论引导,主流媒体也能赢得公信力和影响力。南京日报在改版中强化新闻报道配发短评的形式,并在其他报道中强化引导意识,增强引导舆论的有效性。

"新闻＋短评"是改版后的常用报道形式,已成为南京日报的一个亮点。报社提出要紧跟新闻事件和重点报道配发短评,鲜明地亮出本报观点,对读者进行即时有效的引导。改版以来,相当多重大主题报道、深度报道、社会热点和舆论监督报道都配发了短评,"重要消息＋短评"成为一种常态。专家评价我们的做法:"实现了短评与新闻报道的有效互动,使读者在接受信息的同时,也接受了党报的观点,更好地做到了引导舆论。"在这个过程中,考核发挥了重要的鼓励引导作用。有的单一的新闻稿,原本可能发都发不出,或者可发可不发,即使发出来,也不可能评上好稿,但如果不失时机配以精当短评,就能发出来,而且还能被评为好稿。比如《明年婚宴相当集中》一稿,内容本身谈不上精彩生动,主要通过采访酒店餐饮界人士,告诉读者奥运年婚宴"好日子"全被订满,价格水涨船高,相似内容之前也有同城媒体报道过。单发这样的稿件,不可能被评为好稿。但是,这篇稿件见报时配发了短评《有爱,天天都是好日子》。短短三百字的小言论,娓娓道来,入情入理,观点鲜明,凸显出责任媒体的形象,为一篇普普通通的新闻稿带来"点石成金"的效果,最终这组报道被评为好稿。

对受众关注的重要话题,进行深入反思,表明媒体的主张,作理性引导,也能产生独特效果。比如对高考这样受众普遍关注的话题,我们就曾通过深度报道的方式引导受众调整看法。每年高考分数揭晓后,很多媒体都会把目光聚焦高考"状元",讲述他们的骄人成绩和学习体会。这样的做法,年复一年,显得老套,客观上也给其他考生形成压力,对所谓"状元"的心态也可能造成不良影响。这时候,如何引导考生和家长树立理性的平常心态就显得非常重要。我们换个思路,推出《当年,他们高考失利》,让四位曾经遭受高考挫败的成功人士现身说法,他们的种种经历和感悟向读者讲明这样一个道理:成才的途径很多,高考的一次挫折不等于一生的失败,只要有自强不息的精神,一样能在未来的人生道路上取得成就,活得精彩。在高考分数出来的第二天推出这样的报道,对于失利考生和家长调整情绪,以平和之心面对挫败,同时引导人们理性面对高考,发挥了积极作用。这篇报道见报后在社会上引起强烈反响,报社也给了最高等级的好稿,强化对这类报道的奖励,也促进了采编人员更好地创新报道思路,增强引导舆论的有效性。

三、场域间互动协作的保障机制

区域性主流媒体要履行好职责,要求得自身的发展,必须学会与政治场、经济场、公众生活场等场域的互动、协作和博弈,而这种互动关系是有取向的,这就是提高传播有效性,增强媒体影响力。为了始终能够保持媒体这一运作取向,同样需要有一系列的制度安排。

(一)保障新闻场与政治场互动共赢的制度安排

对于区域性主流媒体来说,政治场是一个不可回避的影响因素,要把政治场对新闻场的要求通过创新性策划转化为报道资源,形成报道优势,增强传播效果,更好地履行好主流媒体的责任。如何引导新闻场的行动者在互动中始终朝着这一取向去努力,需要相应的制度安排。

以2007年南京日报全国两会报道为例,面对这一重大主题的成就性报道任务,报社精心策划,周密组织,在做好程序性报道的同时,注重从小事着眼,以小见大,引起受众高度关注,取得很好的传播效果。全国两会开始之日在头版推出长篇通讯《自主创新闯出南京模式》,全面展示南京充分发挥资源禀赋优势,打造自主创新南京模式的战略、布局、思路、做法以及成效,并配发言论和图片。围绕全国两会本身和展示南京5年来经济社会发展各方面成就"两条报道主线",策划了诸多栏目和版面,包括头版的《中央媒体看南京》以及"市民议政版"。在两会期间,又抓住南京发生的一则社会新闻,策划"爱心接力"系列报道,凸显了南京"博爱之都"的城市形象和南京新时期市民精神,给参加全国两会的江苏团人大代表委员留下了深刻印象。在整个两会报道过程中,这些稿件、版面、栏目等,不断被打为好稿,有效激励了采编人员的积极性和能动性,一项看似硬性、主题宏大的宣传报道任务被完成得精彩圆满、有声有色。

再比如跨江发展报道,同样是市里交待的重要报道任务,报社采取策略性行动,从满足受众需求的角度精心策划,推出后受到市里好评,也在社会上引起强烈反响。围绕"跨江发展"的重大主题,南京日报推出了相关城市跨江发展"三城行",分析重庆、武汉、杭州三大跨江发展城市的现状、做法、成效以及值得南京借鉴的经验。之后以南京跨江发展为重点,推出"跨江发展看南京"特刊,着力报道南京跨江发展战略的布局、进展、展望和市民感受,表现三个城市跨江发展的特点和给南京的启示。

对于在两会报道以及跨江发展这样的重大主题报道中,既能有效传播中心工作,又能抓住受众关注点的若干稿件,报社在考核上都予以充分褒奖,不仅评为好稿,还给予总编及时奖,其中跨江发展的报道还获得南京市好新闻。这样的奖励起到了使这一类报道更符合传播规律、更能满足受众需求的效应。

(二)保障新闻场与经济场互动共赢的制度安排

媒体不是在真空中,而是生存在市场化、商业化的社会生态环境中,市场法则、商业逻辑会影响其正常运转。区域性主流媒体必须强化"党的属性"意识,强化传播主流意识形态和主流价值观的职责意识,主动采取策略性行动,消减经济场对新闻场的侵蚀和干扰,增强传播有效性,提高传播影响力。

区域性主流媒体要履行好职责,必须善于利用社会资源,发展壮大自身事业。经济主管部门、各区县、各企业等,都是经济场的重要组成部分,媒体在经营发行过程中,离不开与他们的互动。对媒体给予支持的,在报道上对其就会有所倾斜,这是主流媒体中较为普遍的现象。但我们在把握过程中,通过考核制度,使这种倾斜控制在一定的度之内,不至于对媒体正常运转产生实质性影响。正面宣传,一定不作无中生有的报道;舆论监督,也不采取"大事化了"的做法。如果超出这样的度,那么采编人员就会在每周的讲评会上受到批评,在每天的评报上也会受到质疑。而这种批评和质疑,会对每个部门及其采编人员形成强大的压力。这样的制度安排,保证了媒体行动者守住媒体运作的"底线"。

在利用经济场的资源求得新闻场的发展方面,报社也有相应的制度安排。与政府部门或区县联合起来策划活动,如果既能营造推动经济发展的良好氛围,又能吸引企业参与,产生良好的经济效益和社会效应,就能得到褒奖。全年业绩明显,会有相应奖励,还会按照评选奖励办法评为征订能手、策划能手和经营能手,并在报社张榜表彰。

采编人员不能直接参与经营发行活动,但会对经营发行工作给予配合支持。报社从制度安排上规范了采编人员行为规则,那就是把采编工作业绩作为主导因素。在经营发行上所作的努力,也会有所体现,但是有限度的。办法规定:"采编人员 A 等以下记者编辑被评定为征订能手、策划能手的,年终评定等级时调高一个采编排序等次。同时获得两个称号的,只调高一个等次,且不再给予奖励。"对在宣传策划、征订发行上有贡献的采编人员给予调高采编排序等次的奖励,这反映出经济场对新闻场的制约和影响,但新闻场行动者可以通过策略性行动,以制度化的安排消减来自经济场的侵蚀和干扰,把这种负面影响控制在相当有限的范围内。2008年底,报社进一步弱化这种影响,虽然仍评选各类"能手",但仅作经济奖励,不再享有调级优待。这表明,在新闻场与经济场的互动博弈中,新闻场完全可以通过策略性行动,作出制度化安排,拒斥经济场对新闻场的侵蚀和干扰,确保新闻场自身运作的规范。

(三)保障新闻场与公众生活场互动协作的制度安排

随着公民社会的日益发育和成熟,公众生活场的力量也逐步增强。新闻场不得不面对公众生活场的压力,采取积极的策略性行动,这主要体现在两个方面,一是报道重心的调整,二是公益活动的组织策划。

一方面通过制度安排,使报道向社会公众倾斜,把目光更多投向他们的利益诉求、生产生活、生存状态、喜怒哀乐,特别是突出对凡人善举的报道。如《爱心送考接力》、《500万彩票归还买主》、《退休干部下乡租房照顾孤儿》、《一个失明女生创造的奇迹》、《民警下河救人博得群众掌声》、《高速路上生死大营救》、《石桥30位男干部当上代理妈妈》、《十多市民身体围成"马路产房"》等一大批给读者留下深刻印象的社会新闻稿件。这些稿件在考核时,无一例外都被评为好稿,有的还拿到了总编即时奖,记者采写这类报道的积极性被有效调动起来,凡人善举报道成为南京日报一大亮点。有阅评员对此评价说:"对凡人善事报道的实践和探索的意义在于,媒体作为和谐社会的建设者要展现出一种新的价值取向和报道视角。"从全年的报道总量上看,对社会公众关注的稿件、对民生问题介入的稿件,分量越来越重,这与报社考核制度的引导是密切相关的。我们认为,媒体融入公民社会,为公民社会所接受,与社会公众才不会形成"阻隔",才能谋求自身的发展,才能找准自己的社会角色定位,才能有效地发挥主流媒体的引领引导作用。

另一方面通过制度化安排,鼓励策划组织社会公益活动,与公众生活场之间建立良好的互动关系。几年来,我们接连不断地推出一系列社会公益活动,如南京民工艺术团、"百万月饼送民工"、"爱心助学圆梦大行动"、《南京》"进高校、进社区、进企业"百场公益放映等系列活动、成立全市首家民工流动图书馆、南京市首届全民健身节……这些都是南京日报这个新闻场与公众生活场之间良好互动的生动案例。所有参与策划组织这些活动的采编人员,报社考核时都会被予以加分,给予奖励。

四、媒体运作稳定性的保障机制

"责任铸就形象"是南京日报的办报理念,围绕这一办报理念,报社有方方面面的设想和安排。办报的过程,就是把这些设想和安排化为实际的操作,以达到预期的效果。只有把办报理念有效转化为行动者的自觉行动,体现在媒体呈现给受众的每个细节之中,满足受众需求,媒体传播有效性才能得以提升,影响力才能得以扩大。在这个过程中,很重要的一点是要保持常态化运作,使这种效果得以长久保持,一以贯之地体现办报理念,而考核恰恰是保持媒体运作稳定性的重要工作机制。

(一)强化行动者规则意识

办一张报纸,如果只靠人来盯,比如总编盯主任,主任盯员工,那只能阶段性地解决问题,很容易出现"抓一阵好一阵,不抓就松懈"的局面。与"用人盯"的办法相比,考核机制的意义就在于,让采编人员变被动为主动,变"你让我做什么"为"我要做什么"。"用人盯"的特点是,不断要与采编人员说你要做什么,自上而下统一思想;而考核的规则一旦明确,采编人员自己就明白要做什么,自下而上形成共识,后者无疑更能发挥采编人员的自觉性和主动性。

以排序为例,南京日报采编人员分为 ABCDE 五个等级,不同等级享受相应级别的基本工资和奖励。在实际操作中,采编人员的奖励部分会拿出在全报社统一考核,作二次分配。直接体现等级差异的基本工资部分,虽然每档差别不大,但记者编辑仍然很看重,因为等级本身体现的是报社对其工作的认可程度。"我在报社是个出色员工吗?"主要就是通过 ABCDE 来体现的。而考核恰恰是决定采编排序的唯一依据。每年年底,报社根据记者编辑一年来的数量奖和好稿奖总和进行综合排名,按照一定比例,确定采编人员等级,这个等级将伴随其未来一年。这就让记者编辑明确而强烈地感受到:能拿什么等级,不是报社谁说了算,而是取决于我每天做了什么,做得怎样。我要好好干,每天都要好好干,只有这样,才有可能成为 A 等。2007 年底采编人员排序时,很多人最初都是将信将疑,果真一切都按稿分和好稿说话吗? 报社考核小组严格按照既定规则测算,排序结果全部在部门公示,有任何异议都可以随时反映、查询。所有的分数,包括小数点后面的数字都是精确的。因为哪怕只是计算上的小小失误,都容易让人联想到"暗箱操作",进而质疑整个排序结果,形成极大负面效应。结果排序下来,有的记者从 C 等一下进入 A 等,有的从 B 等进入 D 等,依据就是稿分和好稿。也有记者当时还存疑虑,今年如此,明年还会这样吗? 第二年基本排序规则依然未变。几年下来,大家已对考核规则的严肃性不容置疑。尊重规则,力争上游,成为每位记者编辑贯穿始终的自觉意识。

相当一部分新闻单位都会把员工收入与职称、工作年限挂钩,这就容易使一些采编人员把精力引导到其他方面,总想着职称拿到就万事大吉,年限一到就躺倒不干,而不是专注于采编工作本身。我们在考核上作出这样的安排,最大的好处就是把大家的精力都集中到办报上,强化规则规范,使之成为提升报纸质量、支撑报纸正常运转的重要手段,把员工潜在资源最大限度激发出来,让大家清楚地知道:我能做到什么程度,报社就会给我什么样的业绩评价。

(二)强化行动者相互依存意识

考核规则一旦明确,主任和员工就清楚地知道自己要朝哪个方向努力,如何去努力,主任的考核与员工的考核是相互关联的。从这个意义上讲,考核是一种工作机制,能在报社各个层面发挥出管理效应。

首先,需要尽可能明确好稿的评判标准,以便于主任和员工共同领会、把握。考核不规范,稿件的评判标准就不明确,有的原本可以拿个好稿,实际上却没能得到;有的根本就不应拿好稿,结果出来是好稿。评判随意,标准不确定,主任和员工的积极性就会受损。新的考核办法确定了好稿的规则和程序,明确了好稿评判的标准,主任就会督促员工按照明确的好稿要求去努力,多写稿,写好稿。考核中设计了"整体都要上"的工作机制,将主任的考核与每位员工的业绩挂钩。每到月底,考核小组都会在报社重点选题策划会上通报各部门完成好稿的情况。如果完不成任务,主任们也许对奖励减少不会太过看重,但最重要的是"面子"上不好看。主任们都会有这样的心理压力,这就会推动他们不断地策划选题、推出好稿。主任所在部门的员工发稿少、好稿少，不仅员工的奖励会少，主任的奖励也会受到影响。这样，主任就会努力带好部门队伍，提高采编人员的业务素养。这种工作机制同样也会对员工产生积极的管理效应。以前员工写多写少、写好写坏与主任无关，现在则是紧密相连。对员工来讲，我做不好不仅是我个人的事，还会"连累"到主任，做好了，会让主任面上有光。这就给采编人员增加了一份责任，促使其会带着更强烈的责任感去做事。

（三）强化行动者争先意识

报社是一个业务性很强的单位，需要业务人员特别是业务骨干来支撑。很重要的一个方面就是形成一种导向，让大家更加尊重业务人员尤其是业务骨干，这同样也是报社制度安排的一种指向。在这一点上，我们的考核作为一种工作机制，发挥出强大的支撑引导作用，不断地营造氛围，创造条件，对优秀记者编辑给予优厚待遇，充分褒奖。

以评选首席记者编辑为例，报社从2008年开始建立了首席记者评聘机制，一年一聘。进入首席候选的A等记者，由考核小组严格按照考核办法，打分排序算出。在这个基础上，再在全报社进行民主测评、投票推荐。最终评出的几位首席记者编辑，报社从各方面对他们进行鼓励。比如可以优先牵头采编组合报道，见报稿件署名"本报首席记者（编辑）"；报社为他们开辟工作室和个人署名专栏。这些都赋予首席强烈的荣誉感。报社在物质上也对他们给予优厚待遇，改善办公条件，发放工作津贴。种种做法，都体现了对首席记者编辑的充分肯定，在全报社营造奖掖先进、鼓励冒尖的氛围。大家都去竞争"首席"，竞争的结果是对报社事业发展起到促进作用。这和市场规则很相似，市场也是设定一种规则，在这个规则之下让大家去争取财富，成为赢家的自己拥有了财富，整个社会获取的财富也会更多。同样,我们的首席评聘机制,也是在正常的规则之下,让大家去竞争,个人会有回报,队伍受到了锻炼,报社事业发展更会得到有力推动。这就是一种"互不服输"而展开竞争的好状态。

新闻场内部逻辑分析以及新闻场与其他场域的互动,都是为了影响力优化和提升这一基本取向,考核正是保证这一取向的制度化安排,它能充分保证新闻场行动者在实现提升和优化影响力这一目标时趋于常态化,能使区域性主流媒体真正做到将受众需求作为源点,并坚持新闻场自身的逻辑,承担好主流媒体的社会责任。

不过也要看到,任何制度都不可能顾及所有相关因素,特别是有些考核规则无法定量,难以把握,操作中还会受到考评人员主观性的影响,不可能保证每一次的考核结果都绝对准确、公正,为此,报社设立了复议机制,对采编人员提出的申诉进行讨论和确认,以使其更趋公正。我们还要看到,考核机制的建立都具有阶段性,不是一劳永逸的,媒体发展过程中还会不断出现新的情况、新的问题,这就需要在新闻场内部不断地完善考核制度和实施过程。以上介绍的是基于南京日报具体情况而设计的制度安排,之所以如此过细地阐述,是因为这样的保障机制对保持区域性主流媒体的运作取向具有至关重要的作用。不同的媒体可以针对媒体自身的情况作不同的制度化安排,但设计保障机制对区域性主流媒体是具有普遍意义的。

第七章　总结与讨论

以上各章对区域性主流媒体的一系列基本问题逐一进行了探讨,本章将总结研究得出的基本观点和基本判断,也分析了运用场域理论对中国区域性主流媒体研究形成的理论创新点,还指出了有待进一步研究的问题。

第一节　基本结论及主要创新

用布尔迪厄的场域理论研究我国区域性主流媒体的一系列基本问题,拓展出了若干新的领域,形成了一些基本结论,丰富了场域理论研究的内涵。

一、场域研究中可以得出的基本结论

用布尔迪厄场域分析的视角来研究中国媒体特别是区域性主流媒体的运作状况以及与其他影响领域的互动关系,不仅拓展了若干全新探讨领域,还使已有研究切入的领域得以进一步深化,在这个过程中形成了若干判断和结论,主要有以下几点:

1. 区域性主流媒体存在源点调整问题,需要确立受众需求为运作出发点。

在中国社会,一些区域性主流媒体一度忽视传播形式的创新,不关注受众需求,不注重传播效果,在新的舆论环境中呈现出"边

缘化"趋势。随着改革开放的不断深入,社会分化加剧,多元化进程加速,公民社会逐步形成,信息渠道的多样化使受众的阅读选择大大丰富,"我说你听"的灌输式传播在相当一部分受众中不再奏效。因此,区域性主流媒体要承担好传播主流意识形态和主流价值观的职责、提高传播有效性、强化社会影响力,就需要调整和确立媒体运作的源点,即以受众需求为出发点。面对新的社会环境,区域性主流媒体特别需要适应受众状况的变化,强化受众意识,实现媒体运作出发点的转换,这是媒体运作的基本逻辑之一。

2. 区域性主流媒体既要恪守普适性角色规范,又要履行独特角色的职责。

区域性主流媒体的特质包括媒体普适性角色规范和独特角色的职责。普适性角色规范,是媒体共通的自律要求,也是媒体赢得受众认同、提高传播有效性、增强社会影响力的最基本规范。中外媒体在各自的生态环境中都会传播各自的主流意识形态和主流价值观,但都声称和遵从基本的从业规范。在信守普适性角色规范的过程中,中外媒体都会受到各种因素干扰。在中国社会,媒体特别是区域性主流媒体恪守普适性角色规范所受到的影响,呈现出中国社会生态环境作用下的特殊性。区域性主流媒体因其在新闻舆论场中的特殊地位,还扮演独特的角色,还需要履行独特角色的职责。强化区域性主流媒体的特质,即恪守普适性角色规范,履行好独特角色的职责,是区域性主流媒体这一新闻场需要恪守的又一基本逻辑。

3. 区域性主流媒体可以通过采取策略性行动,应对其他场域的影响和压力,坚守自身运作逻辑,消减侵蚀和干扰,并从社会生态环境中获取资源,提高传播有效性,形成竞争优势。

在西方社会,新闻场会受到来自其他种种场域的干扰和侵蚀,使新闻场内的行动者应该坚守的规范得不到遵守,新闻场内行动者的行动往往被布尔迪厄等学者描述为被动的、无能为力的。在中国社会,新闻场与政治场、经济场、公众生活场等其他各场域的互动中,同样受到其他各场域的影响,但其往往会采取能动性策略消减其他场域因素的侵蚀和干扰,恪守自身运作基本逻辑,并积极通过与各场域之间的互动和博弈来提高传播有效性,获取报道资源、经营发行资源,形成报道优势,增强经济实力,塑造责任媒体形象。采取什么样的策略性行动,多大程度上使传播有效性得以提升,对不同的区域性主流媒体来说,有着不同的拓展空间。

4. 在中国社会,政治场是影响新闻场的主场域,其他场域也会对新闻场带来影响,但影响的强度和方式是不同的。

在中国,政治场与新闻场特别是区域性主流媒体,具有强烈的一体化特征,有着目标的一致性。从某种意义上讲,新闻场是政治场的组成部分,但在运作过程中又有着各自的运作方式和运作逻辑,形成自身的边界。政治场对新闻场的作用是直接的、"行政管理式"的,也是日常化的、有力的。在中国社会,政治生态环境是新闻场特别是区域性主流媒体这一新闻场最重要的环境,政治场是新闻场的主场域。没有新闻场是不受政治场影响和制约的。西方社会,权力场域也对新闻场产生深刻影响,但作用的方式是不同的。在布尔迪厄的场域分析中,新闻场与政治场之间的关系和互动没有深入展开。在本研究中,新闻场与政治场之间的互动关系却是研究的重点。在中国社会,政治场对新闻场的影响和控制也是不容回避的,但新闻场的行动者通过采取策略性行动,可以从政治场中获取信息方面的优势,还可以通过行政手段获取发行经营方面的优势,以提高传播有效性,强化社会影响力。在我国,经济场和公众生活场是新闻场另两个重要的相关场域。新闻场可以主动采取策略性行动,保持自主性,消减经济场对其的干扰和侵蚀。这一点与布尔迪厄分析的法国社会经济场单向地侵蚀新闻场的情况有很大的差异。另一方面,新闻场也能利用经济场资源,在互动与博弈中实现共赢。公众生活场也是新闻场的重要相关场域,并且已经对新闻场形成压力。新闻场行动者可以通过调整和强化报道,整合社会资源,增进公益活动,赢得社会公众的认同和支持,有效实现与公众生活场之间的融合。

5. 场域之间的作用关系不是单向的,而是双向互动的。

以往场域间关系研究,研究者集中于研究一个场域对另一个场域的作用,而忽视了被影响场域的反作用,这在布尔迪厄的新闻场研究中体现得十分明显。在布尔迪厄对法国社会的场域分析中,经济场对新闻场的干扰和侵蚀是强有力的,也是单向的,新闻场是被经济场的商业逻辑所左右的,是无能为力的。在中国社会,不论是政治场还是经济场和公众生活场,对新闻场的干扰和影响都是存在的,但不是单向的,而是有着巨大的双向互动空间的。新闻场行动者采取策略性行动,可以大为消减其他场域的侵蚀,并能利用其他场域的资源,在互动中实现共赢。

6. 新闻场、政治场、经济场及公众生活场都有自身的运作逻辑,但新闻场在与相关场域的互动中是有共同取向的。

新闻场运作逻辑是承担社会责任,恪守从业规范,遵从新闻规律,提高传播有效性,强化社会影响力。政治场运作逻辑是做出决策,推进工作,改善民生,维护稳定。它对新闻场的要求是遵从宣传逻辑,即承担宣传党的路线方针政策、教育群众、指导工作的政治使命,在政治上与执政党保持一致,以正面宣传为主,把握正确舆论导向。经济场逻辑是一种"盈亏逻辑",也就是一种典型的市场逻辑。经济场与新闻场发生关联,就会表现出经济场的行动者以自身利益最大化为出发点作用于新闻场。公众生活场中的主体——民间组织也有自身运作逻辑,即着眼于公共事务的担当和社会公益事业的增进。各民间组织成员的行动逻辑构成了公众生活场运作的基本逻辑。新闻场特别是区域性主流媒体的行动者与政治场、经济场、公众生活场的互动中,不是盲目的,而是有明确的取向的,那就是更好地承担主流意识形态和主流价值观的传播责任,消减各方因素的干扰和侵蚀,恪守普适性角色规范,履行独特角色的职责,提高传播有效性,强化社会影响力。新闻场行动者取向的意识强弱,会使媒体运作呈现出不同的效果。

7. 新闻场行动者的策略性行动和取向需要有制度化安排来保障。

普适性角色规范的恪守,独特角色职责的履行,都是在强化区域性主流媒体的特质。中外媒体组织和媒体从业人员自媒体产生以来就一直在重申要遵从基本的从业准则,这正是媒体人不易做到不为外在干扰、恪守自身逻辑的佐证。从中外媒体的运作状态及区域性主流媒体个案研究中可以发现,重要的是要将"准则"化进一项项具体制度安排之中,使之成为对媒体行动者的"刚性"要求,使策略性行动及其取向得到支撑和保障,从而实现区域性主流媒体提升和优化影响力的行动和策略的常态化和持续性。

二、探讨过程中实现的主要创新

在用场域理论对中国区域性主流媒体进行研究的过程中,书中并没有用布尔迪厄及其后继学者已有的成果简单解读中国新闻场特别是区域性主流媒体这一特定新闻场的运作状况,而是力求对场域研究留下的学术探讨的深度空间和广度空间作进一步拓展,以求得用场域理论研究中国媒体的本土化再生,实现学术创新

并能转化为实践依据。具体地讲,主要体现在以下几方面:

1. 深入探讨了中国新闻场运作状况,梳理出区域性主流媒体内部的运作逻辑以及演变规律,并全面展开了源点问题及普适性角色规范的恪守和独特角色职责的履行问题。

布尔迪厄作为社会学家具备独到的分析眼光,他看到了法国社会中经济场对新闻场的侵蚀,以及新闻场对其他更多场域的影响。但他毕竟是新闻场的局外人,对媒体内部运作状况不太了解,虽然他专门研究了法国的电视媒体,但没能对电视及其他形式的媒体内部结构和运作规律展开深入分析,而是侧重于新闻场与其他场域特别是经济场关系的研究。这虽然呈现出一个十分有价值的开拓性的研究视角,后继者也有进一步的拓展研究,但还是显示出了局限性。本书作者是中国社会有代表性、典型性意义的区域性主流媒体的管理者和具体运作者,对中国社会生态环境也有深入了解,这为用场域理论视角展开对中国环境中的区域性主流媒体一系列基本问题的研究提供了基础性条件,由此形成了若干有创新性意义的结论。

2. 阐明了中国新闻场与政治场、经济场及公众生活场的互动关系,提出政治场是影响新闻场的主场域,新闻场在与其他场域互动中不是被动的、无所作为的,而是可以采取策略性行动有效应对,求得协调和共赢的。

用场域理论对中国新闻场一系列基本问题进行研究,是一项开拓性工作,虽然也有学者和媒体人对电视等具体媒体的运作或某一方面问题展开研究,但从已查阅的资料来看其研究还是浅显的、有局限的。本研究梳理出对新闻场影响最为密切的政治场、经济场和公众生活场,对其进行界定并对其内部运作逻辑进行分析,深入探讨了与新闻场的互动关系以及新闻场采取的若干策略性行动。研究中提出政治场与新闻场的一体化特征、目标一致化的特点,并阐明政治场对新闻场具有主场域意义。新闻场受到其他场域的影响不是消极被动的,可以采取策略性行动消减侵蚀和干扰,恪守自身的运作逻辑,获取资源,提高传播有效性,形成媒体竞争力。

3. 用场域理论在中观层面讨论影响中国区域性主流媒体传播有效性的一系列基本问题,是一项既有学术意义又有实践意义的创新性工作。

提高传播有效性、增强传媒影响力可以从多角度、多层面展开研究,国内外学者对提高传媒影响力的研究大多集中在新闻业务层面,这是有意义的,但用场域理论剖析中国新闻场特别是区域性主流媒体自身运作逻辑,以及社会生态环境作用于中国新闻场的几个主要领域的内部结构和运作规律,并阐述不同领域对区域性主流媒体产生的影响,以及新闻场采取策略性行动的有效应对机制,这对区域性主流媒体更好发挥社会舆论场中的主导作用具有实践意义。本研究拓展了关于传媒影响力中观层面问题的探讨。

4. 提出了媒体普适性角色规范的恪守和独特角色职责的履行,需要有针对性地作制度安排,并解读了有代表性、典型性意义的区域性主流媒体的具体保障机制。

中外媒体的运作都是有其基本取向的,一方面要承担传播主流意识形态和主流价值观的责任,另一方面要满足受众需求,增强服务性、贴近性,提高传播有效性。作为中国区域性主流媒体,如何将社会责任意识、角色规范的恪守意识通过媒体人有针对性的制度化安排,形成若干保障机制,使媒体运作取向的实践保持持续性和常态化,这样的探讨是一个新的思路。

第二节　有待未来研究的问题和建议

在区域性主流媒体的场域分析中，提升和优化区域性主流媒体的影响力，无论是源点的调整和确立，还是角色规范的恪守，以及保证运作取向的制度化安排，都是区域性主流媒体自身的问题，但在场域关系分析中，可以看到区域性主流媒体还受到来自政治场、经济场和公众生活场等社会环境各领域的影响。虽然区域性主流媒体有采取能动性策略来消减影响并获取资源的能力和拓展空间，但这种能力和空间是巨大的，也是有限度的，它不能完全消解来自其他场域的干扰和侵蚀。这里就提出了另外一个问题，即政治场和经济场应当在区域性主流媒体影响力的提升和优化中发挥怎样的作用？书中对这一问题未作探讨，而它与区域性主流媒体的运作又是密切相关的，不是可有可无的，有待进一步研究。

一、政治场管理规则的强化

媒体特别是区域性主流媒体承担传播主流意识形态和主流价值观的责任，中外媒体概莫能外，但是政治场对新闻场作用的方式在不同社会形态会有着较大的差异性。

在西方社会，政府对于媒体也是有监管的，但为何媒体以"第四种权力"的相对独立性形象出现呢？这与西方社会对媒体监管的方式有关系。西方主要是依靠规则和法律来管理媒体，更重要的是为媒体的正常运转制定了一整套完善的法律和规则，使媒体的权利和义务得到了明确的界定，这样，媒体就能把法的理念内化为媒体从业人员的行动准则，只要不越过法律底线，政府及其他机构和个人都不能随意干涉媒体运作。当然,在战争等特殊时期,政府会对媒体直接管制,但这是非常态化的。西方社会的管理方式是与西方整体管理制度相适应的,我们不能全盘照搬。

在我国社会,新闻场是政治场的重要组成部分,政治场对新闻场的管理和要求是直接的,这有利于迅速调度社会资源,传播党的主张,形成广泛共识,推进事业发展。我国的政治体制具有"集中力量办大事"的显著特征,这样的特征也会烙在政治场对新闻场的监管方式上,有利于把持传播主流意识形态和主流价值观的基本取向;有利于形成基于党的路线方针政策的社会共识;有利于增进社会分化带来的多元利益主体之间的协调;有利于集中舆论资源抑制不良风气、倡导良好社会风尚等等。但也要看到,这样的管理方式也有局限性。政治场的直接管理方式往往也会使其直接面对矛盾,增大社会风险。管理方式的不确定性也会使媒体难以把握规律,增强了随意性。值得探讨的是,如何适应我国政治生态环境,保持有效管理的特性,同时借鉴吸收外国媒体管理的经验,加强专项法律法规建设,界定媒体的权利和义务,保证其运作的正确取向和运转秩序,重要且紧迫。

二、经济场运作规则的强化

媒体特别是区域性主流媒体受到经济场的影响是伴随市场化进程并且逐步增强的。在我国社会环境中,相当长时期不存在像西方社会中经济场对新闻场侵蚀干扰的情况。在当前高度市场化的环境中,不仅非主流媒体要直面市场竞争,区域性主流媒体受到来自经济场影响的趋势也越来越强,如何有效应对,这是处于市场化竞争中的中外媒体面临的共同难题。

西方社会,媒体在相当长时期是置身于市场经济环境中的,其市场化程度也是充分的，经济场也就成为媒体十分重要的相关场域。在布尔迪厄的场域分析中，深刻阐述了经济场对电视媒体的侵蚀和干扰现象，他对电视为追求收视率获取广告额而牺牲自身运作逻辑的过程进行了揭示。在布尔迪厄的分析中，新闻场面对经济场单向的侵蚀和干扰是被动接受的，无能为力的，其实，经济场的运作有严格市场法则的规范，新闻场行动者也是有准则的，尽管如此，强大的市场逻辑力量还是使新闻场的行动产生变形和扭曲。

在我国社会，经济场同样会给新闻场带来严重侵蚀和干扰。布尔迪厄很多年前对法国电视媒体所描述的为追求收视率获取广告额而牺牲自身运作逻辑的现象，在中国现实社会中同样存在。我们从中可以看到，布尔迪厄所揭示的媒体在社会现实运作中所受的侵蚀干扰带有规律性，这样的剖析显示出智慧的力量。我国建立市场经济体制时间还不长，市场化取向的改革还有待进一步深化，与之相适应的法律法规还需要进一步建立和完善，对经济场的行为还需要规范。以广告市场为例，广告是媒体取得收入的重要途径，但我国目前的广告市场发育还不完善，还存在无序的现象，重要原因是缺乏一个强有力的行业监管机构，没有强制性的规则约束。目前我国仅由工商行政管理部门负责对广告市场的监管，国家工商行政管理局设有广告监管司，各省市工商行政管理局力量更为薄弱，监管的力度不足。缺规则，弱监管，经济场就必然会行为失当，从而给新闻场带来干扰。媒体包括区域性主流媒体已置于市场经济的竞争环境中，在利益的驱动和压力下，其角色规范意识稍有松懈，就会导致动作变形。可以看出，在中国社会，经济场对新闻场的这种影响比西方社会更为深刻，但之所以没偏得更远，是由于政治场的有力监管对其产生了消减作用。当前需要强化的是完善经济场的规则,特别是规范广告市场秩序,同时形成新闻场、政治场、经济场三方良性互动、相互促进的运作机制,这有待在未来的研究中作进一步展开。

参 考 文 献

一、英文部分

Andersson, C. M. , G. Bjäräs, P. Tillgren, and C. Östenson: "Local Media Monitoring in Process Evaluation: Experiences from the Stockholm Diabetes Prevention Programme", *Journal of Health Communication*, Apr. 2007, pp. 269 –283.

Atton, C. : "News Cultures and New social Movements: Radical Journalism and the Mainstream Media", *Journalism Studies*, Nov. 2002, pp. 491 –505.

Benson, R. : "Bringing the Sociology of Media Back In", *Political Communication*, Jul. -Sep. 2004, pp. 275 –292.

Benson, R. : "Field theory in comparative context: A new paradigm for media studies", *Theory and Society*, Jun. 1999, pp. 463 –498.

Benson, R. : "News Media as a 'Journalistic Field': What Bourdieu Adds to New Institutionalism, and Vice Versa", *Political Communication*, pp. 187 –202.

Berelson, R. B. and M. Janowitz: "Reader in public opinion and communication", *The American Journal of Sociology*, Jul. 1951, pp. 88 –89.

Bolin, G. : "Television Journalism, Politics & Entertainment:

Power and Autonomy in the Field of Television Journalism", *the 5th Anniversary Conference LSE*, Sep. 2008, pp. 21 – 23.

Chomsky, N. : What Makes Mainstream Media Mainstream, Http://www. chomsky. info/articals/199710 – – . htm.

Cohen, B. : *The Press and Foreign Policy*, Princeton, 1963.

Cooley, C. H. : *Social organization: a study of the larger mind*, New York, 1909.

Couldry, N. : "Media Meta-Capital: Extending the Range of Bourdieu's Field Theory", *Theory and Society*, Dec. 2003, pp. 653 – 677.

Dicknson, R. : "Studying the Sociology of Journalists: The Journalistic Field and the News World", *Sociology Compass*, May 2008, pp. 1383 – 1399.

Feldman, O. and K. Kawakami: "Media Use as Predictors of Political Behavior: The Case of Japan", *Political Psychology*, Mar. 1991, pp. 65 – 80.

Filho, C. B. and S. Praca: "The political and Journalistic Field in Brazil: Autonomy and Habitus", *Associaco Brasileir de Pesquisadores em Jornalismo*, 2006, pp. 47 – 70.

Gans, H. t. : "The message behind news", *Columbia Journalism Review*, Jun. 1979, pp. 205 – 253.

Geoge, G. , L. Gross, M. Morgan and N. Signorielli: "The Mainstreaming of America: Violence Profile No. 11", *Journal of Communication*, Summer 1980, pp. 10 – 29 .

Gitlin, T. : "Media Sociology: The dominant paradigm", *Theory and Society*, Sep. 1978, pp. 205 – 253.

Guo, Zhongshi: "To Each According to Its Niche: Analyzing the Political and Economic Origins for a Structural Segregation in Chinese Press", *The Journal of Media Economics*, Jan. 2001, pp. 15 – 30.

Held, V. : "The Media and Political Violence", *The Journal of Ethics*, Jun. 1997, pp187 – 202.

Hovland, C. I. , A. A. Lumsdaine and F. D. Sheffield: *Experiments on Mass Communication*, *Studies of Social Psychology* (*Studies in social psychology in World War II, Vol. 3.*), Princeton, 1949.

Kepplinger, H. M. : "Reciprocal Effects: Toward a Theory of Mass Media Effects on Decision Makers", *Harvard International Journal of Press/Politics*, Spring 2007, pp. 3 – 23.

Kunelius, R. : "good journalism", *Journalism Studies*, Oct. 2006, pp. 671 – 690.

Marlière, P. : "The Rules of the Journalistic Field: Pierre Bourdieu's Contribution to the Sociology of the Media", *European Journal of Communication*, Jun. 1998, pp. 219 – 234.

McCombs, M. and Donald L. S. : "The Agenda-setting Function of the Mass Media", *Public Opinion Quarterly*, 1972, pp. 176 – 187.

McCombs, M. and Donald L. S. : *The Emergence of American Political Issues: The Agenda-setting of the Press*, West Group, 1977.

McLeod, J. , L. B. Becker and J. E. Byrnes: "Another look at the agenda-setting function of the Press", *Communication Research*, Apr. 1974, pp. 131 – 166.

Mcquail, D. : *Towards a Sociology of Mass Communication*, London, 1969.

Meyrowitz, J. : "Shifting Worlds of Strangers: Medium Theory and Changes in 'Them' Versus 'Us'", *Sociological Inquiry*, Jan. 2007, pp. 59 – 71 .

Newton, K. : "Mass Media Effects: Mobilization or Media Malaise", *British Journal of Political Science*, Oct. 1999, pp. 577 – 599.

Newton, K. : "May the weak force be with you: The power of the mass media in modern politics", *European Journal of Political Research*, Mar. 2006, pp. 209 – 234.

Paul, P. : "The Demographics of Media Consumption: News, Noticias, Nouvelles", *American Demographics*, Nov. 2001, pp. 26 – 32 .

Peterson, R. C. and L. L. Thurstone: *Motion Picture and the Social Attitudes of Children*, New York, 1993.

Phillips, D. : "The Impact of Mass Media Violence on U. S. Homicides", *American Sociological Review*, Aug. 1983, pp. 560 – 568.

Polumnaum, J. : "China's Media: Between Politics and the Market", *Current History*, Sep. 2001, p. 269.

Rausch, A. S. : "Role of Local Newspaper Media in Generating a Citizen Volunteer Consciousness", *International Journal of Japanese Sociology*, Nov. 2002, pp. 102 – 117.

Robert, M. E. : "How the Media Affect What People Think: An Information Processing Approach", *The Journal of Politics*, May 1989, pp. 347 – 370.

Russell, A. : "Digital Communication Networks and the Journalistic Field: The 2005 French Riots", *Critical Studies in Media Communication*, Oct. 2007, pp. 285 – 302.

Rüdiger, S. : "Mass Communication, Personal Communication and Vote Choice: The Filter Hypothesis of Media Influence in Comparative Perspective", *British Journal of Political Science*, Apr. 2003, pp. 233 –259.

Ryan, B. and N. Gross: "The Diffusion of Hybrid Seed Corn in Two Iowa Communities", *Rural Sociology*, Mar. 1943, pp. 15 –24.

Schramm, W. : ' The nature of communication between Humans", in Schramm, W. and D. F Roberts, editor, : *The process and effects of mass communication*, Urbana, 1971, pp. 3 –35.

Shanahan, E. , M. McBeth, P. Hathaway and R. Arnell: "Conduit or contributor? The role of media in policy change theory", *Policy Sciences*, Jun. 2008, pp. 115 –138.

Swanson, D. L. and A. S. Babrow: "Uses and Gratifications: The Influence of Gratification-Seeking and Expectancy Value Judgments on the Viewing of Television News", *Journal of Broadcasting & Electronic Media*, Summer 1987, pp. 237 –254.

Thompson, K. and A. Sharma: "Secularization, moral regulation and the mass media", *The British Journal of Sociology*, Sep. 1998, pp. 434 –455 .

Tichenor, P. J. , G. A Donohue and C. N Olien: "Mass Media Flow and Differential Growth in Knowledge", *Public Opinion Quarterly*, Summer 1970, p. 159.

Vangsnes, E. : "Revenues and Newspapers: On Critics and Rhetoric in Local Media", *Journal of Popular Culture*, Spring 1993, pp. 101 –114.

Washington, L. Jr. : "Facts, Fallacies, and Fears of Tabloidization", *USA Today*（*Society for the Advancement of Education*）, 24 Dec. 1999.

Weaver, D. H.:"What Voters Learn from Media", *The Media and Politics：Annuals of the American Academy of Political and Social Science*, Jul. 1996, pp. 34 – 47.

二、中文部分

［美］艾尔·巴比:《社会研究方法基础》,邱泽奇译,华夏出版社 2002 年版。

［美］奥格尔斯:《大众传播学:影响研究范式》,关世杰等译,中国社会科学出版社 2000 年版。

柏健:《探寻、回应底层真实的声音——论主流媒体的社会责任感和使命感》,载《新闻前哨》2005 年第 2 期。

［法］布尔迪厄、［美］华康德:《实践与反思:反思社会学导引》,李猛、李康译,中央编译出版社 1998 年版。

卜宇:《凸显责任创新运作——〈南京日报〉新一轮改版的实践与思考》,载《中国记者》2007 年第 12 期。

卜宇:《用责任铸就党报形象——南京日报 2007 年春季改版实践与思考》,载《传媒观察》2007 年第 7 期。

蔡雯、许向东:《集中优势资源　打造主流媒体影响力》,载《采·写·编》2005 年第 1 期。

蔡雯、许向东:《"注意力"不可忽略　主流媒体如何提升"影响力"》, http://media. gxnews. com. cn/staticpages/20050311/ne-wgx42311774 – 336112. shtml。

常昌富、李依倩:《大众传播学:影响研究范式》,中国社会科学出版社 2000 年版。

陈力丹:《最近几年我国新闻传播学的学科发展》,载《陈力丹自选集》,复旦大学出版社2004年版。

陈力丹:《传媒形态如何影响我们的生活——传播学研究的一个新视角》,载《新闻记者》2003年第11期。

陈绚:《"主流媒体"赋予及政府关系的道德层面评价》,载《国际新闻界》,2009年第3期。

程言之:《面对突发事件主流媒体不应沉默》,载《新闻记者》2006年第6期。

[美]大卫·克罗图、威廉·霍英尼斯:《媒介·社会:产业、形象与受众》,邱凌译,北京大学出版社2009年版。

[美]戴维·阿什德:《传播生态学——控制的文化范式》,邵志择译,华夏出版社2003年版。

[美]戴维·斯沃茨:《文化与权力:布尔迪厄的社会学》,陶东风译,上海译文出版社2006年版。

党东耀:《新媒体场域下的社会问题新闻报道》,载《华中科技大学学报(社会科学版)》2008年第11期。

[美]德弗勒、鲍尔·洛基奇:《大众传播学诸论》,杜力平译,新华出版社1990年版。

丁柏铨:《中国当代理论新闻学》,复旦大学出版社2002年版。

杜飞进:《认清主流舆论的历史方位　提高主流舆论的引导能力》,载《新闻战线》2008年第2期。

范红:《论新闻话语中的霸权建构》,载范红主编《媒介素养读本》,清华大学出版社2008年版。

高宣扬:《布迪厄的社会理论》,同济大学出版社2006年版。

郭中朝:《改变党报党刊发行难必须在增强感染力上下功

夫》,载《新闻界》2002 年第 5 期

何春晖、毛佳瑜:《媒体影响力的量化指标》,载《传媒视点》2006 年第 10 期。

黄旦:《媒介是谁:对大众媒介社会定位的探讨》,载《新闻与传播研究》1997 年第 2 期。

黄剑:《美术场域"艺术家"角色的建构——对民国前期(1912—1937)上海美术活动的社会学研究》,上海大学社会学博士学位论文,2007 年 6 月。

江绍高:《新形势下主流媒体的导向作用》,载《科学社会主义》2001 年第 1 期。

贾亦凡:《从集体失语到连篇累牍》,载《新闻记者》2003 年第 6 期。

贾亦凡、陈斌:《2006 年度十大假新闻》,载《新闻记者》2006 年第 12 期。

蒋星亮:《围绕地方特色弘扬核心价值观——从〈珠江商报〉的实践看地方主流媒体的责任》,载《地市报业》2008 年第 10 期。

[美]卡尔·霍夫兰:《传播与劝服》,参见张国良主编:《20 世纪传播学经典文本》,复旦大学出版社 2003 年版。

[美]克利福德·克里斯蒂安:《媒体伦理学:案例与道德依据》,华夏出版社 2000 年版。

[美]利昂·纳尔逊·弗林特:《报纸的良知——新闻事业的原则和问题案例讲义》,萧平译,中国人民大学出版社 2005 年版。

李黎:《主流舆论建构中议程设置的若干问题探讨》,载《新闻战线》2009 年第 6 期。

李良荣:《论中国新闻媒体的双轨制——再论中国新闻媒体的双重性》,载《现代传播》2003 年第 4 期。

黎柏孺:《新闻戏剧化的背后》,载《网路社会学通讯期刊》2005 年第 49 期。

梁成山:《试论新闻场对文化生产场的控制——〈关于电视〉述评及其应用》,载《西安石油大学学报》2008 年第 1 期。

林晖:《中国主流媒体与主流价值观之构建》,载《新闻与传播研究》2008 年第 2 期。

刘梓良:《一项具有重要意义的研究成果——写在〈全国省级党报现状与改革途径新探索〉问世之际》,载《新闻记者》2001 年第 11 期。

刘佳:《危机报道的“滚动三角模式”及涵义》,载《新闻大学》2004 年第 3 期。

刘勇:《重塑权威、重塑核心——省级党报改革发展的现实选择》,复旦大学新闻学博士学位论文,2004 年 4 月。

刘建明:《解读主流媒体》,载《新闻与写作》2004 年第 4 期。

刘学义:《话语权转移——转型时期媒体言论话语权实践的社会路径分析》,中国传媒大学出版社 2008 年版。

吕尚彬、罗以澄:《渐进式改革背景下的中国报纸角色转型分析》,载《中国传媒报告》2007 年第 4 期。

陆静斐:《从“常德劫案”谈收视率问题——简析布尔迪厄的媒介批判理论》,载《新闻爱好者》2001 年第 2 期。

罗斌:《受众调查与新闻改革——兼探新时期中国整体新闻受众的演变》,中国社会科学院研究生院硕士学位论文,2001 年 4 月。

罗建华:《“后都市报时代”:向主流媒体演进》,载《南方新闻研究》2004 年第 4 期。

[美]梅尔文·L.德弗勒、埃弗雷特·E.丹尼斯:《大众传播通

论》,严建军等译,华夏出版社 1989 年版。

[法]皮埃尔·布尔迪厄:《关于电视》,许钧译,辽宁教育出版社 2000 年版。

[法]皮埃尔·布尔迪厄:《科学的社会用途——写给科学场的临床社会学》,刘成富、张艳译,南京大学出版社 2005 年版。

浦争鸣:《公共危机中地方主流媒体舆情引领功用》,载《城市党报研究》2008 年第 3 期。

祁念曾:《主流媒体与大报风范》,载《新闻界》2002 年第 1 期。

任琦:《走向主流媒体? ——看都市类报纸的转型》,载《中国记者》2003 年第 1 期。

邵志择:《关于党报成为主流媒介的探讨》,载《新闻记者》2002 年第 3 期。

[美]斯蒂文·小约翰:《传播理论》,陈德民、叶晓辉译,中国社会科学出版社 1999 年版。

[美]斯坦利·J. 巴伦:《大众传播概论:媒介认知与文化》,刘鸿英译,中国人民大学出版社 2005 年版。

沈正赋:《传媒核心竞争力及其影响要素解读》,载《新闻大学》2004 年冬。

孙立平:《改革前后中国国家、民间统治精英及民众间互动关系的演变》,中国农村研究网:http://www. ccrs. org. cn/show_2390. aspx。

孙立平:《总体性社会研究一对改革前中国社会结构的概要分析》,载《中国社会科学季刊》1993 年第一卷。

孙瑞祥:《新闻传播与当代社会——一种传播社会学理论视阈》,天津社会学科学出版社 2003 年版。

[美]约翰·H. 麦克马纳斯:《市场新闻业:公民自行小心》,

张磊译,新华出版社 2004 年版。

俞正梁等:《全球化时代的国际关系》,复旦大学出版社 2000
年版。

喻国明:《影响力经济》,南方日报出版社 2003 年版。

孙玮:《人类会娱乐至死吗——波兹曼〈娱乐至死〉引读》,载
《新闻记者》2005 年第 10 期。

田萌、蒋乐进:《都市类报纸的区域影响力研究——以杭州
〈都市快报〉与〈钱江晚报〉为案例》,载《新闻知识》2006 年第
1 期。

田秋生:《市场化生存下的党报新闻生产》,复旦大学新闻学
博士学位论文,2008 年 4 月。

魏杰:《徘徊于政治场域与竞技场与之间——中国传媒集团
困境分析及结局之探索》,西南政法大学新闻学硕士学位论文,
2007 年 4 月。

魏晓薇:《对报刊虚假发行量说不》,新浪传媒,2003 年 7 月
30 日。

王永恒:《媒介的力量——抗战时期〈新华日报〉及其影响》,
华中师范大学中国近现代史博士学位论文,2004 年 5 月。

王庆洲、陈封:《在改革创新上突破发展——地市级党报应以
自身优势努力打造地方主流媒体》,载《传媒》2004 年第 6 期。

吴畅畅、赵瑜:《场域、资本与商业化——解读湖南卫视现
象》,传媒学术网,2006 - 11 - 21,http://academic. mediachina. net/
article. php? id =5164。

吴飞主编:《传媒影响力》,中国传媒大学出版社 2005 年版。

夏倩芳:《新闻改革与改善新闻管理体制——一种政策和官
方话语分析》,载《新闻与传播评论》2004 年卷。

新华社"舆论引导有效性和影响力研究"课题组:《主流媒体如何增强舆论引导有效性和影响力之一——主流媒体判断标准和基本评价》,载《中国记者》2004 年第 1 期。

徐桂红:《激励有效性需要制度保证》,载《江淮论坛》2004 年第 6 期。

许莲华:《媒介新闻价值取向与受众需求的关系认识》,载《广东外语外贸大学学报》2004 年第 7 期。

徐聪:《地方主流媒体如何做大做强》,载《城市党报研究》2002 年第 5 期。

吴刚:《打造区域新主流媒体地市晚报的发展之路》,载《传媒》2004 年第 6 期。

杨茜:《场域·惯习·资本·反思——布尔迪厄传播思想管窥》,河北大学传播学硕士学位论文,2006 年 5 月。

于德山:《布尔迪厄的新闻场域理论及其现代意义》,载《新闻知识》2005 年第 5 期。

喻国明、张洪忠、靳一:《报纸仍然是最具有影响力的媒介》,载《新闻与写作》2007 年第 7 期。

喻国明:《关于传媒影响力的诠释——对传媒产业本质的一种探讨》,载《传播论坛》2003 年第 2 期。

余丽丽:《社会转型与媒介的社会控制——透视中国传媒调控机制嬗变的动因、轨迹与逻辑》,复旦大学新闻学博士学位论文,2003 年 4 月。

张宸:《当代西方新闻报道规范:采编标准及案例精解》,复旦大学出版社 2007 年版。

张意:《拆解新闻场的七宝楼台:布尔迪厄的媒介批评》,载《文艺研究》2008 年第 4 期。

张志安:《编辑部场域内的新闻生产》,复旦大学新闻学博士论文,2006年4月。

张国良:《现代大众传播学》,四川人民出版社1998年版。

张国良主编:《新闻媒介与社会》,上海人民出版社2001年版。

赵彦华:《媒介影响力的质量标准》,载《中华新闻报》2003年9月22日。

赵淑兰:《党报影响力及其市场因素的理论分析》,载《新闻战线》2005年第11期。

赵晓亮、朱学文:《成就报道:问题、原因及对策》,载《中国记者》2002年第2期。

郑西帆:《社会转型期的中国传播学发展轨迹》(博士论文),2004年4月。

中视金桥媒介研究中心:《如何评估电视媒体影响力》,载《传媒新动向》2007年第12期。

朱国华:《习性与资本:略论布迪厄的主要概念工具(上)》,载《东南大学学报(哲学社会科学版)》2004年第1期。

朱国华:《场域与实践:略论布迪厄的主要概念工具(下)》,载《东南大学学报(哲学社会科学版)》2004年第2期。

朱伟珏:《超越主客观二元性——布迪厄的社会学认识论与他的"惯习"概念》,载《浙江学刊》2005年第3期。

[日]竹内郁郎:《大众传播社会学》,张国良译,复旦大学出版社1987年版。

周飚、周晓:《受众需求:新闻策划的原动力》,载《理论观察》2007年第1期。

后　记

　　多年来,不管是在市级机关和区县工作,还是在媒体工作,我一直保持着对社会现象和种种问题探究的兴趣,也一直保持着与各领域专家学者的交流和联系,特别是我的老师、著名社会学家宋林飞教授,他也一直指导鼓励我结合自身工作,确定一个课题作深入研究和探讨。选择区域性主流媒体发展策略这一课题加以研究,并将成果付梓出版,也算是近年来结合自身工作所作阶段性思考的结晶。

　　对一些新的社会现象进行深入的分析思考,寻求对种种问题的解决方案,是我在多年工作和学习中养成的一种习惯。当我以社会学的视角去观照我国社会现实时,发现国外对社会各个领域的实证研究相当充分,覆盖面也相当广阔,而社会学在我国若干领域里的研究还有很多空白点,这也影响着社会决策的科学化。我们现在要解决的是,一方面跟上国际学术的前沿步伐,加强对热门话题的研究,更重要的是要对社会有准确、客观的把握和认识,加强对各领域的实证研究。近年来,不少社会现象都引起我的兴趣,有的是我的工作让我关注思考一些问题。从研究汽车社会的来临到研究工读生群体,再到研究一个区域的基督教传教状况等,这些问题一度都让我产生探究的欲望,也搜集了大量资料,不少问题也有过深入思考,有的已着手展开研究。在这个过程中,宋林飞教授都与我作深入的交流,给出实质性的指导指点。虽然一些课题最终并未深入展开,但我对这些课题的资料搜集和思考,还是耗费了不少时间和精力,整个过程也让我收获良多。最终确定研究区域性主流媒体的发展策略,还是受到我的工作影响更多些,我的兴趣也更浓厚些。

我刚从南大校门走出时,虽然学的是哲学专业,但做的第一份工作就是在媒体,一干就是十年,之后在不同岗位又工作了十多年,但还是与媒体有一定联系。三年前我又回到媒体,主持南京日报这样一个区域性主流媒体的工作,在此期间对南京日报从整体的思考布局,到具体的操作安排,可以说都下足了功夫,付出了太多时间和精力,也取得了显著成效,南京日报在业界的影响力日益攀升。2009年,南京日报通过运作思路的调整和几年的创新实践,不仅成功地渡过了难关,而且取得了新的辉煌,当年广告发布量和实际到款额双双过亿,成为全国党报为数不多的“亿元俱乐部”成员,还在全国排名争先进位,进入全国日报十强、城市日报前三,取得了历史性突破,实现了南京日报人多年的梦想。

成功的实践需要有科学的决策,科学的决策需要有理性的指导。为了弄清区域性主流媒体在中国社会环境中的生存发展规律,我带着对职业的敬畏和强烈的兴趣展开了课题研究。在搜集资料过程中,我发现目前国内外用社会学视角研究区域性主流媒体这一领域的成果甚少,深入展开研究并形成完整的理论框架,推进难度相当大,我切实感受到集中精力超负荷投入的艰辛,但我更享受着探究社会事实真相、获取分析解释、寻求操作路径过程中层层推进、获得成果的喜悦。我接触了社会学的若干理论,其中布尔迪厄的场域理论引起了我的兴趣。如何观照、反思我国区域性主流媒体的基本状况、办报思路和传统做法,布尔迪厄提供了一个很好的分析框架,但其研究的不确定性,一些理论概念上的模糊之处以及没有深入展开的地方,特别是如何用场域的视角分析研究我国区域性主流媒体,这些既增加了我展开课题研究的难度,增加了挑战性,同时也给了我创新拓展的空间。我觉得展开这项研究,对分析清楚我国媒体的生存环境,透彻解读区域性主流媒体的源点问题、根本性特质和个性化特征,以及我国区域性主流媒体的新闻场生态环境等一系列基本问题,促进主流媒体影响力的提升与优化,具有一定的学术价值,也具有重要的现实意义。

当我完成课题研究并成书出版时,让我想到的是在书稿撰写过程中给予我指导、关心和帮助的老师、朋友和家人,我要向他们表示诚挚的谢意。我特别感谢宋林飞教授的指导和鼓励,多年来,他以深厚的学养、平等讨论的方式,给了我太多学术研究从入门到深入的具体帮助。

在我梳理办报思路、推进创新办报实践、总结办报做法以及检索文献、查阅资料、制作图表、问卷设计和发放等过程中,报社同事给了我大力的支持,我表示衷心的感谢。本书使用了在我牵头负责的与有关机构共同开展的南京日报受众调查和影响力研究课题中的部分数据分析,对参与人员,我也表示真诚的谢意。

卜　宇

2009 年 12 月

责任编辑:孙　牧　陈鹏鸣
装帧设计:徐　晖
责任校对:邱丽娜

图书在版编目(CIP)数据

区域性主流媒体策略研究/卜宇 著. -北京:人民出版社,2009.12
ISBN 978－7－01－008686－6

Ⅰ. 区… 　Ⅱ. 卜… 　Ⅲ. 传播媒介-研究-中国 　Ⅳ. G219. 2

中国版本图书馆 CIP 数据核字(2010)第 018231 号

区域性主流媒体策略研究

QUYUXING ZHULIU MEITI CELUE YANJIU

卜　宇　著

人 民 出 版 社 出版发行
(100706　北京朝阳门内大街 166 号)

北京新魏印刷厂印刷　　新华书店经销

2009 年 12 月第 1 版　2009 年 12 月北京第 1 次印刷
开本:700 毫米×1000 毫米 1/16　　印张:17.5
字数:210 千字

ISBN 978－7－01－008686－6　　定价:38.00 元

邮购地址 100706　北京朝阳门内大街 166 号
人民东方图书销售中心　电话 (010)65250042　65289539